謹將本書獻給我的真理啟蒙者

陳炎興教授

王清揚牧師

郭清松教師

聖經通識叢書

道成為人的耶穌

約翰福音析讀

吳道宗 著

基道出版社

▼

聖經通識叢書

道成為人的耶穌

約翰福音析讀

Rediscovering the Bible

Book of John

作者

吳道宗 Wu, Daniel Tao-Chung

責任編輯

許寶瑩

內文設計

莫可雅

封面設計／封面製作

胡立強／陳琦

■

出版／發行

基道出版社

香港沙田火炭坳背灣街 26 號富騰工業中心 10 樓 1011 室

LOGOS PUBLISHERS

Unit 1011, 10/F., Fo Tan Ind. Centre, 26 Au Pui Wan St., Shatin, Hong Kong

電話：(852) 2687-0331　傳真：(852) 2687-0281

網址：https://www.logos.com.hk

承印

陽光（彩美）印刷有限公司

●

7/2006 初版

Cat. No. LP162B

ISBN-10: 962-457-308-5

ISBN-13: 978-962-457-308-4

Printed in Hong Kong

刷次	13	12	11	10	9	8	7	6	5
年份	2028	2027	2026	2025	2024	2023	2022	2021	

聖經書卷析讀

「聖經書卷析讀」是「聖經通識叢書」的進深課程，以本叢書之「聖經書卷要領」為基礎，進深分析每本聖經書卷的內容和信息。傳統註釋書縱使包含豐富的釋經資料，但其可讀性非常低，只能作參考之用。「聖經書卷析讀」各冊的內容既反映個別學者嚴謹的學術研究，又務求深入淺出地解釋每卷書的每一段經文；此外，各書依然保留本叢書的特色：活潑和生動。

為更配合內文的討論，避免花不必要的篇幅討論翻譯等問題，這叢書所引用的聖經譯文全取自《現代中文譯本修訂版》(聯合聖經公會，1995；以下簡稱《現修》)。《現修》的翻譯不一定比教會傳統採用的《和合本》更好，然而，相對於《和合本》而言，《現修》的確是用普羅大眾較易明白的現代漢語寫成，而且大致上能夠頗為準確地表達經文的意思。不過，在《現修》與其他主要譯本有顯著出入的地方，本書都會有特別註明，並內文中常附有《和合本》或其他譯本的經文，以作比較。此外，在處理一些關鍵性的經文翻譯時，我們都會扼要地討論原文的意思，讓讀者無論使用甚麼譯本，都能對經文有準確的理解。

「聖經書卷析讀」的讀者若能先閱讀有關書卷的「聖經書卷要領」，以及《聖經鳥瞰——基礎篇》和《聖經鳥瞰——進深篇》，自然更能循序進入「聖經書卷析讀」較深入的討論；當然，本課程各冊亦可獨立使用，供資深信徒作研經材料。簡言之，「聖經書卷析讀」的對象是信主已有一段日子，對聖經有基本認識的基督徒，適合主日學和查經班使用。

「聖經通識叢書」的特色是要兼顧學術研究的精確和執著，與教會信徒的生活實踐，因此，每冊所討論的內容務求達到學術上的嚴謹，又以平易、通達的詞句表達。我們的目的，是要建立一個真正能夠反映聖經學術研究的普及聖經文化，讓信徒和教會可以享受歷代教會先賢和當今學者努力鑽研的成果，更勇敢地面對聖經研究在21世紀學術上的新發現和新理論，從而培養對追求聖經真理的認真和熱誠，並能在真理的基礎上對自己的信仰有更深層和謙卑的反省。

> 從不敢面對新的真理的懦弱，
> 從滿足於對真理一知半解的懶惰，
> 從自以為通曉一切真理的驕傲，
> 噢，真理之主，拯救我們！
>
> —— 古代禱文

言

約翰福音是一卷相當特別的福音書，它有幾方面是不同於其他3卷福音書的。首先是材料上，約翰福音部分資料並沒有出現在其他3卷福音書中；因此，若缺少約翰福音，則我們在了解耶穌和他的教導上將有無可彌補的損失。其次，約翰福音是一卷極具神學性的書，它以充滿神學意涵的言語、詞彙，勾勒出耶穌的身分、使命和言行。因此，透過約翰的敍述，讀者所看到的不只是耶穌的生平，更是耶穌言論與工作的屬靈意義。最後，這卷書對耶穌的神性刻意著墨，這點在書卷的首章已流露出來；在福音書的結尾亦藉多馬的認信，道出耶穌是「主」、是「上帝」這身分。約翰像一個偉大的畫家，將耶穌那令人讚歎不已的榮光描繪出來，這榮光「正是父親的獨子所當得的」(一14)。

本書共分14章，並分為5篇：序言(二章)、耶穌的公開事工(三～九章)、耶穌對門徒的事工(十～十二章)、耶穌的受難與得榮耀(十三章)，與結語(十四章)。在4卷福音書中，只有約翰福音使用「道成為人」(一14)這短語。它涵蓋了耶穌的屬天來源、獨特的位格(神性與人性共存在一個位格上)與他作為中保的工作(人藉著他得以認識上帝，因而得著永恆的生命)等意義，這也是本書取名為《約翰福音析讀——道成為人的耶穌》之原因。

本書能夠出版，要感謝蔡春曦博士借出多張高解析度照片，這些照片都是他在以色列親自拍攝的。同時也要感謝許寶瑩姊妹的編輯與校對，她的專業技巧與細心審閱，大大提高本書的可讀性。

吳道宗

2006年4月4日

錄

專欄目錄

第一章

約翰福音導論

- 約翰福音與符類福音相異之處
- 讀者和寫作目的
- 寫作日期
- 寫作特色
- 主題和結構
- 如何閱讀這卷書
- 參考註釋書

論到作者，約翰福音本身只提及「**那門徒**」就是作者（二十一24）。至於這位「**那門徒**」是指誰，不同的聖經學者有不同的意見，他可能是：使徒約翰、耶路撒冷的約翰（因為他能夠進入大祭司的院中；參十八15）、馬可約翰、長老約翰、拉撒路（作者提到耶穌「**所愛**」的拉撒路，十一3、36）、託使徒之名的作者，以及「**耶穌所鍾愛的一個人**」（十三23），而其中最後一位極有可能是本書的作者。

他熟悉巴勒斯坦地勢（參六24，十一18）、知道巴勒斯坦民間生活情況（參四11～12），以及猶太人的習俗（二6，七37）。

從本書內容顯示，作者熟悉巴勒斯坦地及猶太人的生活習慣，他極可能是個**住在巴勒斯坦的猶太人**。他也常以見證人的角度來描述所發生的事件（參三1～15，九1～41，十九25～27、34～37）。更重要的是，他自稱為「**那門徒**」（二十一24），這與「**耶穌所鍾愛的那門徒**」的稱呼相對稱，它在約翰福音裏曾出現5次（十三23，十九26，二十2，二十一7、20）。

在耶穌與門徒最後晚餐時，這人曾側身挨近耶穌懷裏（十三23、25）。他對其他門徒之間的談話內容相當熟悉（四33，十六17，二十25，二十一3、7），所以他可能是十二門徒之一。從其他3卷福音書的記載所知，只有耶穌的12個門徒出現在最後晚餐裏（可十四17），因此他一定是十二門徒之一（十三23）。再者，他與彼得的關係又額外密切（十三23～24，二十2，二十一7）。從二十一章2節出現的幾個門徒可以知道，這門徒必定是西庇太兩個兒子之一，又或是另外兩個沒有名字的門徒其中一位（因為這裏是以當事人的角度作描述）。由符類福音的資料得知，彼得、雅各、約翰與耶穌關係特別親密；這作者不會是彼得（參二十一21），也不會是雅各（參徒十二2）；因此惟一最有可能就是使徒約翰。

使徒約翰的生平

使徒約翰這名字在符類福音、使徒行傳及加拉太書出現共30多次，但約翰福音卻從沒提及過。約翰福音惟一明確提到約翰的出現是在二十一章2節：「西庇太的兩個兒子」，但卻仍沒有記載他的名字。由於符類福音中雅各的名字都放在約翰之前，而雅各兩次被稱為西庇太的兒子，約翰又稱為「他【雅各】的弟兄」（太四21，十2；可一19，三17），因此，約翰很可能是雅各的弟弟。又因為他們兄弟倆的脾氣差，故被稱為「性如暴雷的人」（可三17）。他們來自伯賽大的打魚之家（可一19～20；路五9～10），似乎家境也算不錯。

按馬可福音所載，在耶穌十字架下的婦人之中有一個叫撒羅米（可十五40），但當馬太福音提到這一批婦女時，並沒有提「撒羅米」，只說是「西庇太兩個兒子的母親」（太二十七56），所以我們可以合理的推測，約翰的母親就是撒羅米。

約翰與雅各兩兄弟是耶穌所呼召第一批門徒中的兩位（太四21～22；可一19～20），他們當時是在加利利，在船上補網。此後，他們成為12個門徒的一分子（太十2；可三17；路五9～11），又被稱為使徒。在耶穌的十二門徒中，他與雅各、彼得是耶穌最親近的門徒，耶穌登山變像（太十七1；可九2；路九28）及在客西馬尼園禱告時（太二十六36～37；可十四32～33），都帶著他們三人同往。初代教會證實，約翰曾是耶路撒冷教會領袖之一，他曾被放逐到拔摩島，後又被遣回以弗所並於此終老。

1.1. 約翰福音與符類福音相異之處

約翰福音與符類福音明顯不同之處首先是在資料上。約翰福音大部分內容都與其他3卷福音書的截然不同，因此這卷書沒有列入「符類福音」類。在符類福音有所記載，但約翰福音卻沒有記載的資料包括：耶穌的受洗及受試探、登山變像、主禱文、登山寶訓、主餐的設立、趕鬼事迹、比喻（有學者認為約翰福音十五章1至8節葡萄樹的講論是比喻，但嚴格來說，這段經文的結構及情節不能算為比喻，而是一篇講論)。另一方面，出現在約翰福音但符類福音卻沒有記載的資料，包括：二至四章的記載(水變酒、耶穌與尼哥德慕論重生、耶穌與撒馬利亞婦人談道)、耶穌在受難週之前造訪耶路撒冷、拉撒路復活的神蹟、十三至十六章的「離別講論」(farewell discourse)，以及離別禱告(十七章)。

其次，在記載的重點及內容上也看到兩者的不同。從地理上看，符類福音主要記載耶穌在加利利的事工；約翰福音所記載的卻發生在耶路撒冷及猶太地區，而耶穌在加利利的事工的記載，則只有4個神蹟(二1～11，四43～54，六1～14、16～21)。

再從時間的角度看，我們難以從符類福音的記載裏決定耶穌事奉到底有多久，但從耶穌只有一次進耶路撒冷的記載，可推斷他的整個事工只有一年時間；相對而言，約翰福音3次提到「**逾越節快到了**」(二13，六4，十一55)，暗示耶穌的事工約有2至3年之久。在符類福音裏，耶穌公開事工開始的時間，是在施洗者約翰下監之後(參太四12；可一14～20)；但約翰福音所記載的，卻是在施洗者約翰傳道期間，耶穌最早呼召的門徒中還有屬施洗者約翰的門徒(一35～37)。不但如此，符類福音提到耶穌潔淨聖殿的時間，是他來到耶路撒冷過逾越節之時，亦即是他的事工末期的時候(太二十一10～13；可十一15～17；路十九41～46)；但在約翰福音中，耶穌是在事工的初期潔淨聖殿(二13～22)。這樣的差異引起了聖經學者討論，耶穌到底是兩次抑或一次潔淨聖殿。約翰福音與符類福音還有一個差異是，符類福音記述的最後晚餐，是在逾越節當晚(可十四12；路二十二15)，但約翰福音中的最後晚餐，看似是在逾越節前一晚(十三1～2，十八28)。

1.2. 讀者和寫作目的

約翰福音二十章31節：「**本書記述的目的是要你們信耶穌是基督，是上帝的兒子，並且要你們因信他而獲得生命。**」雖把撰寫本書的目的表明出來，但仍有需要加以探討的事情。「**信耶穌是基督**」中「信」這動詞，在某些希臘文抄本是以「過去時態」表達，而某些則是「現在時態」。「過去時態」表達的意思是指「以致相信」，後者是指「繼續相信」。於是在此就出現問題：這卷書到底是寫給非基督徒（以致相信），還是基督徒（繼續相信）？亦即這卷書的性質是福音性抑或造就性？但從約翰福音所用的文法習慣來看，無論是「過去時態」抑或「現在時態」，同樣都可以帶著以上的兩種意思（「以致相信」及「繼續相信」）。因此，僅從時態本身，是無法判斷約翰寫書目的。

「因信他而獲得生命」的「信」雖以現在時態形式出現，它不是一個動詞，而是一個帶名詞性用法的分詞，故與時態沒有關連。

如果從「**……要你們信耶穌是基督，是上帝的兒子**」這句子的用詞著手，則較易解決問題。這句話明顯是要回答那些問「誰是彌賽亞（即基督）」這問題的人；若是如此，這個問題不可能是當時猶太基督徒所問的，因為他們已經知道答案了。因此，本書是為未信耶穌的人而寫的，更清楚地說，是寫給當時未接受基督的猶太人的，因為不信主的猶太人特別對彌賽亞這個問題感興趣；換言之，這卷書的內容主要是福音性的。

雖然此書的主體是福音性，其內容亦不乏對信徒的造就。本書提到神蹟對門徒的影響（二11），以及耶穌在門徒面前行了許多神蹟（二十30），再加上十三至十六章耶穌的「離別講論」（包括耶穌為門徒禱告），其內容都是針對門徒（信徒）的。由此可見，約翰寫此書的目的有兩個：一、向那些不信的人作見證，使他們相信耶穌是基督、是上帝的兒子，並且得著

一個還沒有信耶穌的人怎樣透過約翰福音去認識耶穌？而對一個已信耶穌的人，又能在哪方面更認識耶穌？

永生；二、堅固信徒的信仰，使他們可更多了解耶穌是誰。

1.3. 寫作日期

關於約翰福音的寫作日期，是一個難以解決的議題。學者所建議的寫作日期，包括由公元45年（耶路撒冷教會遭逼迫之時；參徒八1～4）到第二世紀中葉。按傳統，一般都看這書為較晚期作品，原因不外是：它所呈現的神學思想已有相當程度的發展，也假設它是引用其他3卷福音書的資料，而它亦缺少早期抄本的證據。不過最近的研究成果顯示，這些看法全部遭到強烈的質疑與挑戰。

不過，從這書內容看，成書時間的範圍已縮窄。按二十一章19節提到彼得「**將要怎樣死榮耀上帝**」來看，約翰福音的成書，不會早於彼得逝世之前（彼得約在公元64／65年去世）。另一方面，五章2節：「**有一個池子……**」（「有一個」的希臘文：*estin*），其動詞為現在時態，表示作者寫此段內容時，畢士大池還存在，而且5個廊子仍豎立在那裏。這似乎暗示耶路撒冷的聖殿在約翰福音寫作時尚未被毀（公元70年耶路撒冷被毀）。但這也不足以證明這書是較早期的作品，因為約翰常用現在時態來表達某些過去的事件。早期教會的傳統把這書的成書時間定在公元80年初期。近代的學者大都把它定在公元70年之後，特別是公元85年前後；但有些學者則建議，若把其寫作時間的範圍定在公元85至90年間，將會是最保險的看法。

1.4. 寫作特色

如上文提及，約翰福音的內容與符類福音書大大不同。當論到它的寫作特色及風格，對比符類福音書多以簡短易明的方式表達，所以較多比喻；約翰福音則是長篇大論，較多以論說方式來表達其獨特的神學立場及主題。現將此福音書所包含的神學主題概括論述：

1.4.1. 高基督論

約翰福音是高舉基督的神性的，故又稱為「高基督論」(High Christology)的約翰福音。約翰福音開首的序言(一1～18)所呈現的耶穌(即「道」)具有完全的神性及先存性(pre-existence)。此外，約翰福音的耶穌曾以**「我是『自有永有』」**的那一位(八24、28、58，十三19；《和合本》譯作「基督」)來自稱。這是借用出埃及記三章14節為背景之「我是」的用法，也指明耶穌的神性。對耶穌神性的表達，其最高潮則是透過多馬所說：**「我的主！我的上帝！」**(二十28)與約翰福音相比，馬可福音是以耶穌的受洗開始，而馬太及路加福音則是將耶穌出生的事迹置於福音書的開頭。這反映出符類福音書的作者是以記載耶穌在地上的事工為主，但這並不表示他們不看重耶穌的神性，只是重點不同而已。

「我是自有永有」這短語(希臘文：egô eimi)，直譯是「我，我是」，與《七十士譯本》出埃及記三章14節相同(另參賽四十一4，四十三10、13、25)。大部分英文譯本將約翰福音這短語譯作「我就是祂」。

1.4.2. 獨特的記載觀點

在記載事件的角度上，符類福音的作者較多以第一人稱來記載，如同作者親自經歷及見證所有發生的事；但約翰福音則偏向以第三人稱的角度來書寫，因此是較內省的。作者不只表明他是一個身歷其境的見證人(用第一人稱)，他也小心翼翼的使自己從事件中抽離(用第

為甚麼我們需要4本福音書？一本不就是夠了嗎？約翰福音的特殊地位及價值何在？換句話説，如果失去了約翰福音，我們會有甚麼損失？

三人稱），以至能從一個較遠的距離來觀察。因此，讀者在約翰文筆的引導下，不只看到事件發生的「當時」，並且也從閱讀的「現時」位置看到事件背後的真義。約翰還經常以回溯事件並強調眾門徒當時不能明白，只有耶穌復活之後他們才能明白的這種記載手法。這種手法記載下的觀點稱為「復活後觀點」（參二22，十二16，二十9）。

1.4.3.「誤會陳述」的使用

約翰使用的文學技巧之一是所謂的「誤會陳述」（misunderstanding statement）。在某些場合，約翰記述耶穌所説的一段話往往先引起對方的誤會，以此吸引受眾注意所討論問題的核心，然後再藉此進一步澄清他背後的真正意思。這樣的情形可以從第三章（尼哥德慕誤會重生是肉體的再出生）及第四章（撒馬利亞的女人誤會活水是指可以喝的水）等例子中看到（參三3～7，四10～15、31～34，九39～41，十一10～13等）。

1.4.4. 雙關語與對比語句

約翰比符類福音使用更多的雙關語，如：殿／身體（二21）、水／聖靈（七37～39）、舉起／得榮耀（十二28、32）。在對比語句方面，包括：光／黑暗（一4，三19，八12）、真理／説謊（八44）、生／死（五24，十一25）、天上／地上（八23）、自由／奴僕（八33、36）等。

1.4.5. 獨特的末世觀

約翰常以「時刻」來表達他的末世觀。從這「**時刻【時間】將到，現在就是了**」(四23，五25)的措詞得知，這時刻既是「未來的」(「**時刻將到**」)，也是「現在的」(「**現在就是了**」)，於是這兩者之間便形成張力。這張力亦見於另一段末世性經文，在五章19至29節耶穌將「**永恆的生命**」與「**審判**」併在一起討論，一方面他提到「**時刻**」的現在層面：「**我鄭重地告訴你們，那聽我話、又信差我來那一位的，就有永恒的生命。他不至於被定罪，而是已經出死入生了**」(五24)；但另一方面，他在同一段落也說「**時刻將到**」，這時刻是指將來的審判(28～29節)。這種既現在亦是將來的審判所帶出的張力應如何協調呢？這可以由約翰「已實現的末世觀」(realized eschatology)來了解，約翰所要強調的是：永恆的生命與審判都發生在個人對耶穌的回應上(三16～19)。因此，永生與審判現時已經開始(在信徒及不信的人身上)，但完全的成就則要在將來之時才可。

1.5. 主題和結構

約翰福音的各段落與教訓，可說是以「信」／「相信」構成的。約翰對「相信」的強調，可以從「相信」一字使用的次數來看。「相信」這動詞在約翰福音共出現98次(但卻沒有使用「相信」這名詞)，遠超過馬太(19次)、馬可(19次)與路加(20次)。其次，整卷書以「相信」或「信」作開首及結束，形成前後呼應。序言這樣介紹施洗者約翰：「**他來為那光作見證，為要使大家聽見他的信息而信**」(一7)；結尾前的寫作目的中同樣亦出現「信」：「**本書記述的目的是要你們信耶穌是基督，是**

上帝的兒子」(二十31)。本福音書出現的所有神蹟、教訓、事件記載都是要激勵門徒在信心上長進，是顯示在門徒的生命與事工中，「信心」是需要不斷的成長與突破才達致成熟。

聖經學者建議，若以「相信」為主題，則讀者可以看到「相信」這個主題在約翰福音逐步發展出來：

❶ 序言：「相信」的理由與基礎(一1～18)
❷ 人對耶穌的「相信」(一19～四54)
❸「相信」與「不信」的反應(五1～六71)
❹「相信」與「不信」具體化(七1～十一53)
❺「相信」與「不信」的危機(十一54～十二50)
❻「相信」的確據(十三1～十七26)
❼「不信」的拒絕(十八1～十九42)
❽「相信」的證據(二十1～31)
❾「相信」的委身(二十一1～25)

從以上的大綱可清楚的掌握到「相信」這主題如何被呈現：第一個段落(一1～18)直截了當指明耶穌的神性(1～5節)與人性(6～18節)的本質，使人知道這信仰的對象。此外，這段落也指出人對耶穌的兩種反應：不接受(10～11節)與接受(12～14節)。在點出「信」的對象後，第二個段落有不同人物對耶穌作正面的回應或見證。其中有施洗者約翰(19～34節)、第一批門徒(兩個門徒、彼得、腓力、拿但業)(35～51節)，以及在迦拿**「信了他」**行神蹟的門徒(二1～11)；此外，還有尼哥德慕造訪耶穌(三1～21)；撒馬利亞婦人及其全城的人歸信(四1～42)；官員因耶穌醫治其子，而全家信耶穌(四46～54)等。

第三段落是以兩件事來襯托羣眾對耶穌的反應。耶穌在畢士大池醫好患38年病的人後，猶太人控告耶穌破壞安息日的規矩。被醫治的人不但沒有感恩，反而向猶太人告密（五章）。接著，五餅二魚的神蹟雖使人信服，卻只是一時的，他們要的是管理政治的王（六1～14）。在其後「**生命的食糧**」之講論中，有猶太人的議論、有門徒的離去，但也有如彼得般的門徒表示效忠（25～71節）。

猶太人對耶穌的言行之兩極化反應，在第四個段落變得更具體。人常因耶穌所作的事而信（九35～38，十一45）或不信（九13～34，十一46～53）。那些敵對的猶太人，也由意見上的反對、對耶穌起了殺機，轉變成密謀害他（七1、19，八37，十一53），最後是採取逮捕耶穌的行動（七32、44，八20，十39）。但耶穌的時刻還沒有到，他們始終未能得逞。

第五個段落是藉著希臘人的到來，點出耶穌的「**時刻**」到了（十二20）。耶穌欣然接受父上帝的旨意，堅決走向十字架的道路。另外，約翰亦總結指出，猶太人對耶穌所行的神蹟之反應是：「**還是不信他**」（十二37）。耶穌與門徒相處的記載，是第六個段落的主要內容。在離世前，耶穌向門徒賜下新命令、安慰門徒的心、應許慰助者（《和合本》譯作「保惠師」）的到來。他又以葡萄樹喻作他與門徒的關係，又警告門徒會面對從世人而來的逼迫，他也為門徒禱告。但在這堅固門徒信心的篇幅中，穿插著出賣耶穌的猶大，他的意圖與行動表現出他的不信（十三2、30）。

猶太人的敵意與不信，在第七個段落中以捉拿耶穌，並將他釘在十字架上充分展現。第八個段落是耶穌的復活，他的復活也是門徒信心的基礎。因此，耶穌復活後首要的工作，是恢復眾門徒的信心，尤其是多馬的。在最後一個段落，耶穌第三次顯現，這次顯現除了堅固門徒之外，還特別針對彼得，使其信心得以恢復。彼得的回應表現出他的委身，因而耶穌授予他牧養羣羊的責任。

1.5.1. 結構

約翰福音是由兩個主要部分組成，再加上序言(一1～18)與結語(二十一1～25)。學者常稱第一部分(一19～十二50)為「神蹟之書」("Book of Signs")；第二部分(十三1～二十31)為「榮耀之書」("Book of Glory")。因為所有明顯的神蹟都出現在第一部分；相對的，第二部分則帶出耶穌如何藉著受死達成這榮耀；其中以最後晚餐開始，延伸到耶穌的受難與復活。這兩部分有一個共同點，就是它們都以一個摘要的敘述作為結尾(十二37～50，二十30～31)。若從「相信」這主題看，所出現的98次「相信」中，前12章就出現了74次，表示約翰在「神蹟之書」裏力邀人相信耶穌。相對的，在十三章至十七章是記載耶穌與門徒的同在，因此，重點便轉到「彼此相愛」、「順服」與「逼迫」的主題上。

1.5.2. 內容大綱

若再仔細看「神蹟之書」的內容，首先發生在加利利，由施洗者約翰的見證揭開這序幕，然後便在耶路撒冷與猶太地區(二13～三36)、撒馬利亞(四1～42)，接著又在加利利(四43～54)、耶路撒冷(五1～47)、加利利(六1～71)、耶路撒冷(七1～十二50)來回穿梭。「榮耀之書」發生的地點則全集中在耶路撒冷，可大略分成對門徒的事工與耶穌的受難及得榮耀兩部分。對門徒事工方面，包括最後晚餐(十三1～30)、最後講論(十三31～十六33)及最後禱告(十七1～26)。「榮耀之書」的下半部，則是有關耶穌的受難與復活(十八1～二十29)。

A. 序言(一1～18)

B. 耶穌的公開事工(一19～十二50)

  a. 在加利利：事工的開始(一19～二12)

  b. 在耶路撒冷和猶太地區：潔淨聖殿並與尼哥德慕談道(二13～三36)

  c. 在撒馬利亞：撒馬利亞人的歸信(四1～42)

  d. 在加利利：醫治羅馬官員之子(四43～54)

  e. 在耶路撒冷：安息日的爭論(五1～47)

  f. 在加利利：兩個神蹟(六1～71)

  g. 在耶路撒冷：敵對的高峯(七1～十一57)

  h. 在耶路撒冷：最後的事工(十二1～50)

C. 耶穌對門徒的事工(十三1～十七26)

  a. 最後的晚餐(十三1～30)

  b. 最後的講論(十三31～十六33)

  c. 最後的禱告(十七1～26)

D. 耶穌的受難與得榮耀(十八1～二十29)

  a. 耶穌的受苦與受死(十八1～十九42)

  b. 耶穌的復活(二十1～29)

E. 結語(二十一1～25)

1.6. 如何閱讀這卷書

約翰福音是一卷記載耶穌言論與事工的書，因此它以歷史性的資料來展現耶穌人性真實的一面。另一方面，此書也是一本神學著作，它的寫作起因於教會兩方面的壓力：教會內部的變節與外在的反對力量。當時有許多不同的教義崛起，一些基本信仰也不時受到挑戰。若要回應這些問題，就必須有福音書的出現，揭示耶穌基督的事迹，也須依賴那些曾經與耶穌同行的門徒來提供資料，於是約翰福音便應運而生。如同約翰所陳述：**「本書記述的目的是要你們信耶穌是基督，是上帝的兒子。」**（二十31）正說明此書比符類福音書更具神學性。因此，閱讀約翰福音除了解歷史性的內容，也要兼顧神學上的教導，這樣讀者才能從中獲益。

約翰對神學的強調，並不意味著在歷史性資料上的闕如。書中曾提及施洗者約翰的事工（一19～37，三22～36，四1）、希律所建的聖殿（二14～20，十23）、亞那與大祭司該亞法的身分（十八13～14），以及羅馬總督彼拉多（十八28～十九16、38）。此外，作者也熟悉猶太人的宗教，他對節期的了解決不亞於其他猶太人，出現在福音書的節期包括：逾越節（二13、23，四45，六4，十一55～56，十二1、12、20，十三1，十八28、39，十九14）、住棚節（七2、8、10～11、14、37）和獻殿節（十22）；對於猶太人的習俗，約翰也不陌生，他知道婚禮的習慣（二1～10）、守安息日的條例（五9～10、16、18，九14～16，十九31）、行割禮（七21～23）、守節期之法（七37，十三1～11）與埋葬的規矩（十一44，十九40）。

約翰的記載雖有歷史根據，但他寫作的方式與歷史學家不同，他組織材料的方式較像一位藝術家與神學家，因為他寫書目的是宣講與說服人信耶穌是上帝的兒子（二十30～31）。更重要的是，約翰往往是以「復活後觀點」的角度來看事情（參1.4.「寫作特色」），使讀者不只知道事件發生的經過，也在回想的過程中，明白它屬靈的真正意義。

1.7. 參考註釋書

專論

Burge, Gary M. *Interpreting the Gospel of John.* Guides to New Testament Exegesis. Grand Rapids, MI: Baker Book House, 1992.

Smalley, Stephen S. *John: Evangelist and Interpreter.* Downers Grove, IL: InterVersity Press, 1998.

約翰福音註釋書

袁天佑著。《約翰福音》。中文聖經註釋。香港：基督教文藝出版社，1998。

Barrett, C.K. *The Gospel According to St John: An Introduction with Commentary and Notes on the Greek Text.* 2nd ed. Philadelphia, PA: Westminster Press, 1978.

Beasley-Murray, George R. *John.* Word Biblical Commentary. Waco, TX: Word, 1987.

Brown, Raymond E. *The Gospel according to John (I-XII & XIII-XXI).* 2 vols. The Anchor Bible (29A & B). Garden City, NY: Doubleday, 1966, 1970.

Carson, D.A. *The Gospel According to John.* Grand Rapids, MI: Eerdmans Publishers, 1991.

Ridderbos, Herman N. Trans. John Vriend. *The Gospel according to John: A Theological Commentary.* Grand Rapids, MI: Eerdmans Publishers, 1997.

第一篇

（1至18）

序言

一般以一章1至18節為約翰福音的序言，其中言語雖簡潔，卻深具神學意涵，以描繪耶穌的神性、人性、先存性、道成為人、啟示，以及救贖等神學主題。難怪它是早期教會基督論形成的過程中重要的參考資料。中世紀時期，信徒對此序言尊崇到一個地步，將這段經文當作護身符穿戴在脖子上，以驅邪或抵抗疾病。

整體看來，序言點出整卷書的主旨：拿撒勒人耶穌揭示上帝獨特且完美的榮耀，也成為整卷書的預覽。這序言有數個主題，會依次序在整卷書出現，所以序言使我們能預先對此書的主題略窺一二。這些主題有：子的先存性（一1～2 // 十七5）、生命在他裏頭（一4 // 五26）、黑暗拒絕光（一5 // 三19）、光來到世間（一9 // 三19）、子不被自己的人（或地方）所接待（一11 // 四44）、見證子（一15 // 五34、36、37、39）等等。因此，序言有指標性的功能，幫助讀者了解整卷書。

聖經學者觀察到此序言用了許多動詞（相比之下，名詞與形容詞的出現卻少），來強調耶穌的「作為」，耶穌是以參與者的身分，踏入人類歷史中工作。從這個角度看，耶穌的工作早已在序言展開了。

第二章

道的啟示

（一1至18）

- 道的神性
- 道的人性

經文

生命之道

1 [1]宇宙被造以前，道已經存在。道與上帝同在；道是上帝。[2]在太
初，道就與上帝同在。[3]上帝藉著他創造萬有；在整個創造中，
沒有一樣不是藉著他造的。[4]道就是生命的根源，這生命把光賜給
人類。[5]光照射黑暗，黑暗從沒有勝過光。

[6]有一個人，名叫約翰，是上帝所差遣的使者。[7]他來為那光作證，
為要使大家聽見他的信息而信。[8]他本身不是那光，而是要為光作
證。[9]那光是真光，來到世上照亮全人類。

[10]道在世上，上帝藉著他創造世界，而世人竟不認識他。[11]他來
到自己的地方，自己的人卻不接受他。[12]然而，凡接受他的，就是
信他的人，他就賜給他們特權作上帝的兒女。[13]這樣的人不是由血
統關係，不是由人的性慾，也不是由男人的意願生的，而是由上帝
生的。

[14]道成為人，住在我們當中，充滿著恩典和真理。我們看見了他
的榮耀，這榮耀正是父親的獨子所當得的。

[15]約翰為他作證，呼喊說：「關於他，我曾經說過：『他在我以後
來，卻比我偉大；因為我出生以前，他已經存在。』」

[16]從他的豐盛裏，我們領受了恩典，而且恩上加恩。[17]上帝藉著
摩西頒佈法律，但恩典和真理是藉著耶穌基督來的。[18]沒有人見過
上帝，只有獨子①，就是跟父親最親密的那一位，把他啟示出來。

---

①「只有獨子」另有古卷作「只有與上帝相同的獨子」。

有聖經學者認為此序言並非由約翰所寫，原因通常是：這段經文有些詞彙(讀者要注意這是指希臘文所用的詞彙)只出現於序言，如：「道」(1、14節)、「充滿」／「豐盛」(14、16節)、「恩典」(14、16、17節)，以及「住」(14節)。但事實又未必如此，序言仍然可能是由約翰所寫，因為它所帶出的主題與接著的內容所論的主題相當吻合。

表面看，這序言是以詩歌體裁表達，但嚴格說，它是一篇韻律性散文。耶穌在此被稱為「上帝」(1節)、「光」(7、9節)、「耶穌基督」(17節)及「跟父親最親密的那一位」(18節)。但最特別莫過於以「道」(1、2、14節)介紹他。有學者認為約翰使用這個字帶希臘哲學的背景，但仔細來看，這「道」所表達的觀念卻是來自舊約聖經。①

試比較啟示錄十九章13節，作者稱耶穌是「上帝的道」。解釋「道」的困難，在於它涉及舊約思想和希臘哲學這兩個範疇。約翰在這兩個領域中自由換轉。在某些重點上，作者不只是有兩種思想，且具有兩套的引述來源。

希臘哲學中的「道」

1世紀猶太哲學家亞歷山太的斐羅(Philo of Alexandria)在他的著作中用「道」這字超過1,400次，但所指的是柏拉圖式的分野：物質的世界與真實而屬天的世界。早在公元前6世紀，希臘哲學鼻祖赫拉克利特(Heraclitus，公元前534～475年)已有「道」這觀念：「道永遠存在，並且萬物藉著道而有」(《斷片》*Frag.* 1, 50, 54, 114)。對他而言，「道」是世界的靈魂、宇宙的理性原則、創造的能力，萬物——包括人的智慧——全都由它而來。其後斯多亞學派(Stoicism)把「道」的觀念加以發展，認為宇宙是被「道」(永恆的理性)充滿(這接近赫拉克利特的看法)。他們相信宇宙有終極理性，並且用「道」來表達這個信念，因此它是宇宙最高的治理原則。但在斯多亞派觀念中，「道」並不具人格化的意義，他們也不像我們般以上帝角度來了解它。因此，「道」這字的使用，顯出約翰是採用諸希臘人廣為使用的字彙，然後賦予新的含義。約翰福音的內容並未顯示約翰熟悉希臘哲學，或是依據希臘哲學而寫此書。約翰借用「道」這字來描述上帝是怎樣參與在人的生活中，祂關懷人、疼愛人，以至為人成為了肉身。

2.1. 道的神性（一1～5）

這節經文的「道」字使我們聯想到創世記一章3節「上帝說……」的「說」字（《和合本》；《現修》譯作「命令」）。

約翰一開始便說**「宇宙被造以前」**（1節；《和合本》譯作「太初」），這使我們聯想到創世記一章1節的「太初」，但兩者在時間上是不同的：「**道**」在創造萬物之前已經存在。道的先存性也以**「道與上帝同在」**來表達。其中的介詞**「與」**（希臘文：*pros*）不僅有「接近」的意思，更指彼此間有親密的關係。因此，有學者建議把它譯作：「與上帝面對面」。如此，「道」是與上帝的關係極為親密，但仍與上帝有所區別，因為約翰並無意使用「道」來取代「上帝」。

此外，**「宇宙被造以前，道已經存在」**（希臘文：*en archê ên ho logos*）這短語的連繫動詞（linking verb）*ên*（《現修》譯作「已經」）具有特殊意義。在約翰福音這動詞是用來描述「道」是「超越時間而存在」，或暗示它的「永存性」。若與另一個動詞 *ginomai*（*ginomai* 這動詞可譯作：是、成為、發生、出生比較，更可顯明這一點。施洗者約翰被稱為**「是上帝所差遣的使者」**（6節），這裏所用「是」（又可譯作「成為」）這動詞就是 *ginomai*，表示施洗者約翰只可在有限的時空內存在，八章58節**「亞伯拉罕出生以前，我就『有』了」**也可凸顯出這個對比。**「出生」**這動詞是 *ginomai*；而**「有了」**就是使用連繫動詞 *eimi*。

eimi和ên出自同一個詞彙，只是它以不同時態及人稱（即不同詞形）表達而已。

接著，作者約翰毫不諱言的指出：**「道就是上帝」**。② 這樣的宣告表示「道」是百分百上帝，而不是一位次等的神明。這點顯示「道」的至高地位，他不是由人轉化、攀升上去，他本身就是上帝，因此他配得人的敬仰、尊崇與讚美。大部分的宗教是將某些人神化，但基督教信仰則是把上帝放在神的地位上，把人放在人的地位。

2節**「在太初，道就與上帝同在」**其實是強調1節首兩句。約翰要確定他的讀者明白他對「道」的講論。約翰提到的「道」不但不是被造，且是創造的媒介（3節；參10節；西一16）。此外，「道」也是生命的賜予者（4節）。這裏的「生命」與「光」（「生命」與「光」經常一起出現，舊約聖經論救贖時，這兩個詞也常一併使用〔參伯三十三30；詩三十六9〕）分別是指「**永恆的生命╱永生**」與「啟示」，表示「道」既是屬靈生命的來源，也是啟示的源頭。因此，「道」除了參與上帝的創造，亦在人的良心裏啟示自己，使人沒有藉口推諉說不認識上帝（參羅一19～21）。

按希臘文聖經，約翰福音用了「生命」這詞36次，其中17次是跟「永遠」合用（即「永生」）。「生命」一詞在約翰福音或書信中，都不是指一般的生命，並且4節是談及「道的創造」，因此這「生命」指「永生」是合適的。

當光來到世界，人的反應若不是接受就是拒絕（三19～21），約翰描述拒絕光的人是**「光照射黑暗，黑暗從沒有勝過光」**（5節）。雖然**「黑暗」**一詞在約翰福音有幾種不同的含意，但相對於「光」就有救恩的意思，那麼，這裏的「黑暗」不僅指缺乏「光」，更是指遠離上帝、墮落的世人，他們活在邪惡中。**「黑暗從沒有勝過光」**的**「勝過」**這詞亦可指「了解」。約翰使用此詞可能有雙關語的意涵，表示黑暗不能夠了解光，以至他們將耶穌釘十字架；另一方面，耶穌的復活與升天證明黑暗不能勝過光。

按希臘文聖經，「黑暗」這詞在約翰福音共出現8次，而5節是第一次與「光」作對比。

2.2. 道的人性（一6～18）

對作者而言，道的神性與人性同樣重要，兩者完美地整合在一個位格者耶穌身上。耶穌在人類舞台上的出現，是要擔當展現人性的這角色。作者約翰介紹耶穌是透過施洗者約翰的見證，來引導讀者去認識、評估耶穌到底是怎樣的一個人，並且挑戰讀者作出回應。對耶穌的任何回應不單只是意見上的表達，也會影響到回應者本身的生命狀態，以及他與上帝的關係，因為耶穌藉著道成為人——作為上帝與人之間救贖的中保——為人提供一個認識他與接受他的機會，使人因他得稱為上帝的兒女，並得著上帝的生命。

2.2.1. 施洗者約翰的見證(6～9、15節)

施洗者約翰對耶穌的見證較完整的記載，可參一章19至34節和三章27至30節。

這序言插入了兩段經文，是關於**施洗者約翰對耶穌的見證**(6～8、15節)。作者用數節經文簡單交代了施洗者約翰這先鋒及見證人的身分。這數節經文意味著作者所言的「道」，不單是先存於萬物，也曾出現在人類的歷史舞台上，這位施洗者約翰也就為「道成為人」(14節)預先鋪路。作者說明施洗者約翰已強調耶穌會在世界裏出現，因「他在我【施洗者約翰】以後來」，但耶穌的存在也可以追溯至創世之前：「因為我出生以前，他已經存在」(15節)。「我出生以前」這話不只是指耶穌的先存性(1節)，也表示耶穌的地位是超越施洗者約翰。

至目前為止，施洗者約翰(6～8節)與「道」(1～5節)形成一個顯著的對比：約翰是被造的人，道在「宇宙被造以前」就存在；約翰是「上帝所差遣的使者」，道則「與上帝同在」；約翰是被「差遣的」，道「就是上帝」；約翰是「為光作證」，道則是約翰所見證的「真光」(9節)。

值得注意的是，約翰福音不是將施洗者約翰視為「施洗者」，而是「見證人」(7、8、15、19、29～34節)。他見證的目的是叫眾人因他可以信那道(7節)。作者也稱耶穌是「真光」(9節;參八12,九5),這光要藉著道成為人,來到世上「照亮全人類」(9節),③ 但人因著行為上的「作惡」與「行真理」之別,就有「恨光」與「接近光」的反應(三19~21)。

約翰對「世界」這詞的用法

9節的「世上」與10節的「世界」在原文是同一個詞,在約翰福音共出現78次。「世界」在約翰福音中,只有少數經文帶著「中性」的意義,如「地球」、「人所居住的地方」(參二十一25),其他的大都帶「負面」的意義(參10節,七7,十四17,八23,十四27、30,十五18~19,十六8、20、33,十七6、9、14、25)。或許有學者認為三章16節的「世人」是帶中性意義,但實際上,這節的「世人」是指與上帝為敵的「世界的人」,這當然就是包含負面意義。「上帝那麼愛世人」這短句所強調的是,上帝的愛偉大到一個地步,儘管世上的人悖逆上帝,但祂仍然愛他們。

2.2.2. 道成為人的耶穌(10~14節)

雖然「道」創造了**世界**,但諷刺的是,世界卻不認識他;不但如此,甚至猶太地區(「自己的地方」)的猶太人(「自己的人」)也「不接受他」(11節)。約翰在此並不是說自己的人倒不認識他,而是說「自己的人倒不接受他」。「接受」是有「相信」之意(參約壹二22~23,四2、3,五1)。因此所有接受「道」的人,就是承認他的人,亦即是信他的人,他們就有作上帝兒女的特權(12節)。這個特權是上帝所「賜」,而不是以金錢或社會地位換來的。人可以成為上帝的兒女完全是出於上帝的恩典,人在這方面毫無功德可言。藉著伸出「信心」這雙手,人就可白白領受上帝所賦

要特別留意10節出現3次的「世界」這詞的用法。前兩次指「自然的世界」(中性意義),轉變成「世人」(負面的意義)。

予的地位，而成為上帝家中的一分子。

人為甚麼需要「接受」耶穌？尊敬耶穌不也是一樣嗎？在處理上帝與人之間的關係時，「敬而遠之」是否最合適的方式？你也有這種態度嗎？何解？

約翰進一步描述這等人**「不是由血統關係」**（不是人類或父母承傳），**「不是由人的性慾」**（不是因兩性關係），**「也不是由男人的意願生的」**（不是由丈夫決定），**「而是由上帝生的」**（13節）。這樣的「生」不是指經過人的生育過程，而是一個超自然的生，是上帝的作為與介入的結果。雖然所有人都是上帝所造的，但並不表示他們全都可成為上帝的兒女，因為不是每一個人都有上帝的生命（從上帝生的）。就如人可以製造玩偶，但玩偶並不能成為人的兒女，因為玩偶沒有人的生命；惟有從人生出來的才可有人的生命。談到14節，就要留意它與1節之間呈現基督神性和人性之對比：

第1節（神性）	第14節（人性）
道「是」（*ên*）	道「成為」（*ginomai*）
道與上帝同在	道住在我們當中
道就是上帝	道成為人

「道成為人」原文為「道成肉身」（參《和合本》），「肉身」（希臘文：sarx）亦可譯作「肉體」。這詞雖與保羅常用具負面意義的「肉體」同義，但此處是指人的身體。

1節提到道是完全的上帝（**道就是上帝**），14節卻說道是完全的人（**道成為人**）。**「道」**代表耶穌的神性；**「成為人」**代表他的人性，道成為人意味著百分百的神性，與百分百的人性，在耶穌基督身上以最調和的形態存在。上帝自囿於肉身中，顯示祂與人認同。上帝選擇成為肉身，遠自祂創造人時已看出端倪。上帝起初按自己的形像造人，就知道祂將來有道成肉身的計劃。人既然擁有上帝的形像，上帝與人之間就有獨特的接觸點，以至祂成為人不但不會荒誕不經，反而是順理成章的事。道成為人是人所無法了解的奧祕，但卻是上帝合理而奇妙的安排。

這道不只是**「成為人」**，而且也**「住在我們當中」**(14節)。**「住在我們當中」**是作者引述以色列人在曠野的經驗，因為「住」(希臘文：*skênoô*)這字與《七十士譯本》中「聖幕／帳幕」是同根字(希臘文：*skênê*；參出四十34)，而這字的希伯來文是*šâkan*(出二十四16，四十34～35)，其同根字*š^{e}kînâ*在兩約之間常用來描述上帝的同在。作者的意思是，上帝是藉著耶穌基督住在我們當中，如同過去上帝藉著帳幕(會幕)住在以色列人當中一般。

一般人對耶穌有何看法？從本段經文中，你能說出耶穌與其他宗教的崇拜對象有不同之處嗎？

對於這位成為人的耶穌，作者聲稱見過他的「榮耀」。在《七十士譯本》中，「**榮耀**」通常指上帝顯現時所彰顯出來的威榮(出三十三22；申五24；王上八11)。作者用這詞是指當耶穌在世時，門徒曾親自見過他，當然更包括在山上看見耶穌變像的經驗(參太十七2～8；可九2～8；路九28～36)。因此，他的表達也就證明他寫福音書時那見證人的身分。

《七十士譯本》中「榮耀」這詞譯自希伯來文 kəbôd。它還有「豐豐滿滿」的意思。

「道」也稱為**「獨子」**(14節)，而這「獨子」又出現於18節。從這兩次的出現可以看出：作者已將1節「道」與上帝的關係，轉變成父與子的關係。在此必須重新思考「獨子」這詞的翻譯。這詞(希臘文：*monogenous*)不僅有「惟一」這含意，亦可以指「獨特」之意。它在這裏所表達的意義，與希伯來書十一章17節相似。在這一節裏，《現修》把以撒譯為是亞伯拉罕的「獨子」(《和合本》譯作「獨生子」)。亞伯拉罕有很多的兒子，包括夏甲所生的以實瑪利，以及他的繼室基土拉所生的6個兒子(創二十五1～2)。因此，以撒不是亞伯拉罕「惟一」的兒子，而是「獨特」的兒子，因為他是憑應許所生的。同樣，主耶穌是上帝獨特的兒子，而不是惟一的**兒子**，因為

參羅馬書八章14至17節，特別是16至17節。

上帝還有許多的兒子，他們都是因祂的拯救而成為兒女的。耶穌跟天父之間的關係是獨特的，透過耶穌與天父的獨特關係，上帝的愛就可透過他得以彰顯出來（三16），並且他是代表上帝向世界（人）所彰顯出來的「榮耀」（14節）。這種獨特的關係，是約翰福音一個重要主題，且是其中不斷強調的思想。因此，把「獨子」的「獨」字翻成「獨特」而不是「惟一」，是符合約翰福音的神學思想。

2.2.3. 耶穌賜下恩典與真理（16～18節）④

約翰也把摩西與「道」作對比，這個對比的關鍵在於**「恩上加恩」**（16節）這短語。從上下文看，**「恩上加恩」**的介詞（*anti*）不是表達「加上」這累積性的含意，而是用作表示「代替」或「取代」之意，以示新約的恩典取代西奈之約的恩典。因為「律法」——由摩西頒布——是上帝所賜的恩典，而「真理」——藉耶穌而來——也是上帝所賜的恩典，但耶穌來到世上就要以新的恩典來取代舊有的。不過，這樣的說法並不意味著舊約的律法已被廢除，而是它已在基督裏得以成全。

耶穌與摩西的對比，會容易使人誤以為作者所描寫的耶穌，是一個新的摩西，或者是一個更偉大的摩西。這樣的看法並不全然正確，以下3點是在此作一比較：

1. 摩西是領受律法者，耶穌是賜予律法者。如同在舊約裏上帝賜下律法，摩西與以色列人一同領受律法。在新約裏耶穌則賜真理與恩典，一切相信的人都可以領受。
2. 在表達上帝與人同在的方式上，舊約與新約也極為相似：摩西時代的雅威（希臘文譯作「上主」）藉著住在帳棚來象徵與人同在；到了耶穌時代，耶穌則親自成為人「住」（張設帳幕）在我們中間。

③ 摩西從沒有見過上帝的面（出三十三7），但耶穌是曾經**「跟父親最親密的那一位」**（18節），並且把祂啟示出來。由此看來，作者在此所呈現的耶穌就是上帝本身，他決非新的摩西，或者是一個更偉大的摩西。

約翰福音序言的最後一節（**18節**），如同本章的1節，是再次宣告耶穌的神性。這種表達方式是典型猶太式的表達，特別是**「跟父親最親密的那一位」**（《和合本》譯作「在父懷裏」）這句子的使用。這句子的意思是指一個親密的關係與愛的契合。舊約聖經也是以「懷裏」（《和合本》）來表達類似的關係，如婚姻裏的「懷中」（創十六5；申二十八54、56；《現修》沒有將此字譯出，參《和合本》）；孩子在母親的「懷裏」（王上三20）；摩西與以色列人的關係也以「懷裏」説明（民十一12）。這句子使我們想到路加福音的拉撒路是「在他身邊」（路十六23；希臘文直譯是在他【亞伯拉罕】懷裏，參《和合本》）；以及在最後的晚餐時，耶穌所愛的門徒**「坐在耶穌身邊」**（十三23；希臘文直譯是「斜靠在桌邊挨近耶穌的胸懷」）。

18節的「獨子」與14節所用的相同，但在一些抄本中，18節則譯作「獨生的上帝」（參NASB, NIV）。就約翰的神學、抄本的證據與文士修改的傾向來看，後者比前者合適。若是如此，這是耶穌在序言中第二次被稱為「上帝」（參一1）。

約翰以**「沒有人見過上帝」**與**「只有獨子，就是跟父親最親密的那一位，把他啟示出來」**作對比，以此來強調耶穌的特殊身分與工作：任何人——甚至摩西——都不能與上帝有直接而親密的相交；但耶穌則與人完全不同，他是**「跟父親最親密的那一位」**，並且把父**「啟示出來」**。提到**「沒有人見過上帝」**，雖然舊約曾論及以色列的眾長老（出二十四9～11）、摩西（民十二8）⑤ 和以賽亞（賽六5）等曾見過上帝（或上帝的榮耀），但那些描述主要是隱喻式的説法。實際上，上帝本質上既是靈，人就無法憑肉

這「上帝」在原文是沒有定冠詞，表示約翰在這裏是要指出上帝的「本質」，甚於祂的「位格」。

眼見到祂，這也是舊約（出三十三20）和新約（五37；提前六16）一貫的主張。

如果耶穌沒有成為肉身以顯明父上帝的心意，單憑舊約，我們對上帝的認識會有甚麼限制？

耶穌的獨特性不只因他是**「跟父親最親密的那一位」**，也是將父**「啟示出來」**。**「啟示」**（希臘文：*exêgeomai*，意即「解釋」）亦可譯作「告訴」（參路二十四35；徒十8；《和合本》譯作「述說」）。約翰用這詞是要指出：耶穌就是把上帝解釋、述說出來的那一位。耶穌之所以能夠把父揭示給世人，是因為他與上帝有親密的關係，這關係沒有人曾擁有，由此也就宣告了耶穌的權威。

約翰福音的序言就在這高舉基督的經文中結束。整段序言帶我們從永恆中跨進人類有限的世界中，又從時空的領域回到永恆。透過成為人的耶穌，人對上帝的認識就不再憑己意揣摩或想像上帝與人的距離就不再感覺如此遙遠。藉著施洗者約翰的引介，這位宇宙的創造者與生命的賜予者，即將現身在人類的舞台上；在眾所矚目與熱切冀盼之下，耶穌基督即將開始他在世上的事工。

釋經短註

① 約翰因以「道」來描述耶穌，曾引起許多的爭論。這字可直譯作「話」、「字」、「信息」、「言語」等。漢語把它譯為「道」是取自道家的用字，再賦予基督教的含意。「道」這個字被使用在許多不同文化中，且具多種不同的意義，但約翰的「道」，不像其他文化中所指稱的「原則」，而是一個活的實體（reality）；不是擬人化的文學表達方式，而是指一個位格，且是上帝的位格。在舊約聖經，上帝的「道」或「話」（希伯來文：*dâḇâr*）常與上帝的創造有關（創一3～31；詩三十三6，《現修》譯作「命令」），但它也不時出現在上帝向先知或祂子民的發言中（耶一4；賽九8，《現修》譯作「宣判」），或指作拯救（詩一〇七20）。亞蘭文舊約譯本《他爾根》（*Targums*；參本系列叢書

《聖經通識手冊》頁245在）多處經文將「上帝」這名字譯為「上帝的話」（「話」或「道」的亞蘭文：*memra*），如出埃及記十九章17節：「摩西率領他們【百姓】出帳棚來朝見上帝」，《他爾根》把「朝見上帝」譯作「朝見上帝的道／話」（*memra Yahweh*）。通曉《他爾根》的猶太人都曉得「道」／「話」是用來指上帝另一種表達祂自己的方式。不過，約翰所使用的「道」並不是《他爾根》所用的方式，但凡熟悉《他爾根》的人一定會有這樣的聯想，而約翰可能也會同意這點。

② 1節「道就是上帝」（希臘文：*theos ên ho logos*）這短語出現了一個文法上的問題。按希臘文的次序，此短語應直譯成「上帝是那道」，但實際上應譯作「那道是上帝」，因為「道」這名詞有定冠詞（*ho logos*），而「上帝」這名詞卻沒有，所以「道」才是主語。但亦要小心留意，雖然從文法看若沒有定冠詞的名詞是可以指非特定的物件，或者是一般性的事情。如果是這樣推論的話，「那道」就是「任何一位」神，或「那道」僅具上帝的屬性，而不是等同於上帝。因此，在翻釋上就成為「道是任何一位神」。這樣會將「道」降格為眾神明其中一位，耶和華見證人便以這節經文來證明耶穌是次於父上帝。但從希臘文的文法來看，當連繫動詞將兩個名詞串連一起之時，若在連繫動詞前的謂語名詞沒有定冠詞，那沒有定冠詞的名詞仍然是指特定的名詞，也就是它可以視為是有冠詞的名詞。（參49節「你是上帝的兒子」；另參八39「我們的祖宗是亞伯拉罕」，十七17「你的話就是真理」；羅十四17「上帝的主權不在於飲食」；加四25「夏甲是指……西奈山」；啟一20「七顆星是七個教會的天使」），所以這個短語應該譯成「道就是這位上帝」。換言之，這短語可以解作「道是百分之百的上帝」，或「道是完全的上帝」。

③ 9節「那光是真光，來到世上照亮全人類」裏，「來到世上照亮全人類」這句有一個分詞「來到」，可以用來修飾「光」（中性名詞）或「全人類」（陽性名詞）。如果是修飾「光」，整句可譯為：「這是來到世界的真光，要照亮全人類」；如果「來到」是修飾「人」，它就變成：「這是真光，要照亮所有來到世上的人類」。後者是《和合本》的譯法，而且也多加了一個「生」字。若參照上文下理，前者的解釋比較合適（參《現修》之譯法），10節提到「道【光】在世界」，是表示是光「來到世界」。此外，約翰福音其他經文多次提到耶穌「到世上來」這短語（10節，三17、19，六14，九39，十一27，十六28）。因此，「來到」應修飾「真光」會較為適合。

④ 16至18節到底是誰說的？是作者約翰抑或施洗者約翰？贊成是由施洗者約翰說的理由是：（1）18節之後不再出現「豐盛」（16節）和「恩典」（14、15、17節），表示這些話就是施洗者約翰為耶穌作見證時所說的話；（2）19節不是序言與約翰福音主體之間的轉接經節，而是施洗者約翰在另一個場合為耶穌所作的見證，特別是當他在耶路撒冷與那些宗教代表對質的時候。但支持是作者約翰的理由更加充分：（1）14節的「我們看見了」為複數第一人稱，與16節的「我們領受了」相符；（2）14節及18節都出現「獨子」，表示1至14節和16至18節都是作者約翰寫的，而把15節插入其中；

(3)14節引述出埃及記三十三章9、10、11節的經文，而16節亦引用出埃及記三十三章13節(出現「蒙恩」)，由此可以看出作者約翰是負責寫這兩段經文(1～14節和16～18節)，特別是在同一卷書中引用，這不像是巧合。

⑤ 18節談到「見過上帝」，出埃及記三十三章11節提到摩西與上帝「面對面」說話，這是希伯來式的表達，以示上帝與人的溝通。隨後，摩西要求看上帝的榮耀時，上帝告知摩西：他可以看見祂的背，但不能「看見我【上帝】的面容，因為看見我的人都不能存活」(出三十三20)。

溫習問題

1. 約翰使用「道」來稱呼耶穌是否有特別的用意？（1～2節）
2. 約翰在這序言用了哪些詞彙來稱呼耶穌？
3. 「道就與上帝同在」所要表明的意義是甚麼？（參2節）
4. 為甚麼「道」創造世界，世界卻不認識他？（3、10節）
5. 「道是上帝」與「道成為人」這兩節如何呈現耶穌的神性與人性？（1、14節）
6. 施洗者約翰在此書的主要角色與任務是甚麼？（參6～9、15節）
7. 「成為上帝的兒女」與「成為人的兒女」有甚麼分別？（12～13節）
8. 在序言中出現多少次「世界」或「世人」？它們的意義相同嗎？如果不是的話，它們個別的意義是甚麼？
9. 「恩上加恩」是甚麼意思？約翰把耶穌與摩西對比的目的是甚麼？（16節）
10. 「跟父親最親密的那一位」與「道與上帝同在」在意思上是否相同？它們分別強調甚麼？（1、18節）

第二篇

耶穌的公開事工

（一19至十二50）

約翰福音的序言（一1～18）是呼籲讀者迎接真光的來臨，但論到上帝的兒子耶穌基督的來到，約翰不像馬太與馬可福音般先論及他出生的事迹。作者直接敍述耶穌是在施洗者約翰的事工中出現。他一旦站上事工的舞台，就馬不停蹄的在各處奔波。以地點來看，耶穌在第二篇（一19～十二50）所到過之處，遍及大部分巴勒斯坦地區，他的行程包括：加利利（一19～二12）、耶路撒冷與猶太地區（二13～三36）、撒馬利亞（四1～42）、加利利（四43～54）、耶路撒冷（五1～47）、加利利（六1～71）、耶路撒冷（七1～十二50）。在忙碌中，耶穌除了向廣大羣眾顯明自己的身分，也要求他們有所回應。在他所接觸的對象裏有各式各樣的人，包括施洗者約翰（一19～34）、第一批門徒（一35～51）、尼哥德慕（三1～21）、撒馬利亞（婦）人（四1～42）、羅馬官員（四46～54），當然更有猶太人。

一章19節至十二章50節常被視為「神蹟之書」。在這個段落中，耶穌行了不少神蹟（參二23，十二37），約翰直接提及的有7個，包括：水變酒（二1～10）、醫治官員之子（四46～54）、醫治患病38年的癱子（五1～9）、五餅二魚的神蹟（六1～14）、在水上行走的神蹟（六16～21）、醫治生來失明的人（九1～12），以及使拉撒路復活（十一38～44）。這些神蹟可説是耶穌事工的代表，亦是他身分與地位的證明。當中有不少人以信心回應，如門徒、官員和生來是失明的人等，但不見得所有人對神蹟都有正面的反應；相反的，耶穌愈多顯明自己，就愈遭猶太人的反對和攻擊，這敵對的形勢是慢慢累積的。猶太人由初步計劃捉拿耶穌而至動手逮捕他，一步一步的向他逼進。最諷刺的是，猶太人向來所盼望的彌賽亞，竟然會因他們的無知與濃厚的敵意下，漸漸地被迫向十字架的路上去。

第三章

在加利利：事工的開始

（一19至二12）

- 施洗者約翰為耶穌作見證
- 第一批門徒的見證
- 第一個神蹟

經文

施洗者約翰的信息

1 [19]以下是約翰的見證。當時，耶路撒冷的猶太人派遣祭司和利未人去見約翰，問他：「你是誰？」

[20]約翰沒有拒絕回答，卻坦白承認說：「我並不是基督。」

[21]他們問：「那麼，你是誰？是以利亞嗎？」

約翰回答：「我不是。」

他們又問：「是那位先知嗎？」

他再答：「不是。」

[22]他們接著說：「請告訴我們，你到底是誰，好讓我們回覆派遣我們來的人。你自己說，你是甚麼人？」

[23]約翰引先知以賽亞的話回答，說：

我就是在曠野呼喊的聲音：

為主修直他要走的道路！

[24]法利賽人所派來的那些人[25]質問約翰：「既然你不是基督，不是以利亞，也不是那位先知，那麼，你為甚麼施洗？」

[26]約翰回答：「我用水施洗；但有一位站在你們當中，是你們所不認識的，[27]他在我以後來，我就是替他脫鞋子也不配。」

[28]這些事發生在約旦河對岸的伯大尼，就是約翰正在施洗的地方。

上帝的羔羊

[29]第二天，約翰看見耶穌向他走過來，就說：「看哪，上帝的羔羊，除掉世人的罪的！[30]這一位就是我說過『他在我以後來，卻比我偉大；因為我出生以前，他已經存在』的那一位。[31]我並不認識他；現在我來，用水施洗，為要讓以色列人認識他。」

[32]約翰又見證說：「我看見聖靈像鴿子從天上降下來，落在他身上。[33]我還是不認識他，但是那差遣我用水施洗的上帝對我說：『你看見聖靈降下來，落在誰身上，誰就是那要用聖靈施洗的。』[34]我已

經看見了，所以向你們證明他就是上帝的兒子。」

初次選召門徒

[35]過了一天，約翰和他的兩個門徒又在那裏；[36]他看見耶穌經過，就說：「看哪，上帝的羔羊！」

[37]兩個門徒一聽見這話，就跟隨耶穌。[38]耶穌轉身，看見他們跟著，就問：「你們想要甚麼？」

他們回答：「拉比，你住在哪裏？」(「拉比」的意思是「老師」。)

[39]耶穌說：「你們來看吧！」他們跟他一起去，看到了他住的地方，當天就跟他住在一起。(那時候約下午四點鐘。)

[40]聽見約翰的話而跟從耶穌的那兩個人中，有一個是西門・彼得的弟弟安得烈。[41]他先去找他的哥哥西門，對他說：「我們已經遇見彌賽亞了。」(「彌賽亞」的意思是「基督」。)[42]於是他帶西門去見耶穌。

耶穌注視著他，說：「你是約翰的兒子西門，你的名要叫磯法。」(磯法和彼得同義，意思是「磐石」。)

呼召腓力和拿但業

[43]過了一天，耶穌決定到加利利省去。他遇見腓力，對他說：「來跟從我！」([44]腓力是伯賽大人，跟安得烈和彼得同鄉。)[45]腓力找到拿但業，對他說：「摩西在法律書上所寫和先知們所記載的那一位，我們已經遇見了。他就是約瑟的兒子，拿撒勒人耶穌。」

[46]拿但業就問：「拿撒勒會出甚麼好的嗎？」

腓力說：「你來看吧！」

[47]當耶穌看見拿但業向他走過來，就說：「看，他是個道地的以色列人；他心裏毫無詭詐！」

[48]拿但業問他：「你怎麼認識我呢？」

耶穌回答：「當你在無花果樹下，腓力還沒有招呼你，我已經看見你了。」

拿但業說：[49]「老師，你是上帝的兒子；你是以色列的君王！」
[50]耶穌說：「因為我告訴你，我看見你在無花果樹下，你就信了
嗎？你要看見比這更大的事呢！」[51]又對他們說：「我鄭重地告訴你
們，你們要看見天敞開，上帝的天使在人子身上，上下往來。」

迦拿的婚宴

2 [1]第三天，在加利利的迦拿城有人舉行婚禮。耶穌的母親在那裏；
[2]耶穌和他的門徒也受邀請參加婚宴。[3]酒喝光了，耶穌的母親
告訴他：「他們沒有酒了。」
[4]耶穌說：「母親，請別勉強我做甚麼，我的時刻還沒有到呢。」
[5]耶穌的母親卻吩咐僕人：「他要你們做甚麼，就照他的話做。」
[6]在那裏有六口石缸，是猶太人行潔淨禮的時候用的，每一口石
缸可以盛水約一百公升。[7]耶穌對僕人說：「把水缸都裝滿水。」他
們就倒水入缸，直到缸口。[8]耶穌又說：「現在可以舀些出來，送給
管筵席的。」他們就送了去。[9]管筵席的嘗了那已經變成酒的水，不
知道這酒是從哪裏來的(舀水的僕人卻知道)，於是叫新郎來，[10]對
他說：「別人都是先上好酒，等客人喝夠了才上普通的，你倒把最
好的酒留到現在！」
[11]這是耶穌所行的第一個神蹟，是在加利利的迦拿城行的。這事
顯示了他的榮耀；他的門徒都信了他。
[12]這事以後，耶穌跟他的母親、弟弟，和門徒到迦百農去，在那
裏住了幾天。

耶穌在地上的事工一開始是由「見證」一詞來鋪陳。先由施洗者約翰的見證開始(施洗者約翰在序言曾簡要被提及〔一6～8、15〕)，他為耶穌所作的3個見證(一29～34)，把耶穌的身分與工作清楚表明出來；隨後耶穌的第一批門徒(其中有兩個本是施洗者約翰的跟從者)也分別見證耶穌是「**彌賽亞**」(41節)、是「**摩西在律法書上所寫和先知們所記載的那一位**」(45節)，以及「**上帝的兒子……是以色列的君王**」(49節)；接下來見證耶穌的，不是耶穌周遭的人，而是耶穌所行的第一個神蹟——迦拿婚宴中水變酒的神蹟，這神蹟顯出耶穌的榮耀，而他的門徒也作出了十分適當的回應，就是「**信了**」(二11)。在此要留意的是，作者約翰多次使用表達時間的措詞：「**第二天**」(29節)、「**過了一天**」(35、43節)與「**第三天**」(二1)，來勾勒出事件發生的次序，使讀者能體會這些見證人如何透過接二連三發生的事來認識耶穌。

《現修》將29、35、43節這3節所使用的時間參考點分別譯為「第二天」、「過了一天」，但原文中這3處地方所用的詞都是epaurion(意即「第二天」)。

3.1. 施洗者約翰為耶穌作見證(一19～34)

耶穌的身分是由施洗者約翰介紹的，施洗者約翰的身分則由別人對他身分之詢問而引帶出來。詢問施洗者約翰的人就是一班祭司和**利未人**，他們是由耶路撒冷的猶太人所委派的，亦即由猶太人的權力中心——猶太人議會(Sanhedrin)——所差派的。猶太人議會是猶太人的政治及宗教最高領導核心，通常由70個猶太人組成。這個數目可追溯至舊約摩西時期，當時協助摩西管治百姓的是70位長老(民十一16)，因此又稱為「七十人議會」或「耶路撒冷的大議會」(The Great Sanhedrin)，成員包括大祭司、祭司長、撒都該人、文士與法利賽人。

耶穌時代的利未人主要的工作是擔任聖殿警衛和協助聖殿敬拜等事宜。施洗者約翰也是利未人，其父親是一位祭司(參路一8)。

約翰福音中的「猶太人」

約翰福音中的「猶太人」具有不同的意義，可以帶中性的意思，例如用來指一個民族或他們的傳統習慣，如：耶穌是「猶太人」(四9)；約翰記載「猶太人」的一些規矩(二6)或節期(六4)。這名詞亦可具正面的意涵，是指與救恩有密切關係的民族，如：救恩是由「猶太人」而出(四22)；許多「猶太人」因著耶穌所作的而信了他(十一45，十二11)。但是，「猶太人」一詞也帶極負面的意義，代表那些敵對耶穌、不信耶穌的人，他們從來沒有聽過父上帝的聲音或見過祂的形像(五37～38)，也不願到耶穌那裏來得生命(五40)，他們心裏沒有上帝的愛(五42)、不會接待耶穌(五43)、不求上帝的榮耀(五44)。有時候「猶太人」這詞是代表猶太人的領袖，特別是耶路撒冷與猶太地區的領袖，他們對耶穌充滿敵意(十24、31，十八14、31、36、38)，並且想殺他(五18)。不過，不是所有猶太領袖都扮演負面的角色，尼哥德慕(三1，七50)與亞利馬太的約瑟(十九38)就是其中的例子。

3.1.1. 施洗者約翰的身分(19～28節)

因施洗者約翰的工作很有果效，容易被人誤以為他是彌賽亞、以利亞或是偉大先知其中一位。你若是教會領袖，事奉又蒙上帝的恩，你能夠從施洗者約翰學習到甚麼功課？

在這段經文中，施洗者約翰被問及的3個角色，分別是「基督」(20節)、「以利亞」(21節)和「先知」(21節)。這3個人物都是以色列人所期待末世性的人物(參申十八15～18；賽四十二1～7，四十九1～9；彌五3；亞十三4；瑪四5)。施洗者約翰不認為自己是末世性的人物，他的回答很特別，愈答愈簡短。他先說「我並不是基督」，然後是「我不是」，最後是：「不是」。從「我並不是基督」轉接至「不是」這一點，可看他把焦點從自己漸漸轉移到他所要作見證的那位耶穌身上(23～26節)。

施洗者約翰是以利亞嗎？

21節表面看與其他福音書產生矛盾，因為施洗者約翰在此否認自己是以利亞。耶穌在符類福音書裏曾指出，施洗者約翰確實是在執行以利亞的工作（太十一14，十七12；可九13）。我們必須弄清楚，誰認定施洗者約翰是以利亞，以及誰拒絕這個銜稱。符類福音書的作者描述耶穌對於施洗者約翰的認定；然而約翰福音所記載的施洗者約翰卻拒絕這樣的銜稱。情形可能是：施洗者約翰並不像耶穌那樣，能夠深刻地看出自己事工的意義（又或他謙卑自己，不敢妄自稱大）。

這聲音的意義不在於發聲者是誰，而在於信息本身。從以賽亞書，我們可以看到這聲音是對每個信徒發出一個重要的挑戰：我們的生命是為基督建造道路，抑或鋪設路障？

那些人得到一連串否定的答案，就索性要求約翰說出自己的身分。施洗者約翰引用舊約聖經，自稱他就是主的開路先鋒（23節**「我就是在曠野呼喊的聲音；為主修直他要走的道路！」**；參賽四十3）。這段經文在舊約原本的意思，是指先知聽到一個聲音說：「要在以色列人被擄歸回前修平他們所要經過的道路。」但應用在新約，場景換成約翰在猶大曠野宣講悔改的信息。施洗者約翰就地取材，重新詮釋以賽亞書（四十章），他借用這「曠野」比喻作人的心，而預備道路的那位就是他自己，行經這路的是耶穌本人，這位耶穌將要來到人的中間，傳一個大信息，是關乎拯救人類的信息。

但猶太人感到費解的是，施洗者約翰既然不擁有任何銜稱（他既不是基督，亦不是以利亞或先知），他又憑著甚麼權柄施洗呢（25節）？猶太人對施行洗禮這儀式耳熟能詳。外邦人若要歸信猶太教，也要接受一個潔淨儀式，是一次過的；而猶太人某些宗教派別都有施行潔淨禮，這些洗禮的儀式都是他們自己施行，而且不止一次。但施洗者約翰所施的洗與前兩者都不同，既不是外邦人宗教上的依皈，也不是猶太式的潔淨禮，而是悔改的洗禮。尤其令猶太人驚訝的是，這洗禮是由施洗者約翰親自來施行，他這樣行其實暗示他有特別的權柄，因此便引起猶太人對他施洗權柄的好奇。

施洗者約翰不直接回答他們的問題，而把注意力放在耶穌身上。**「我用水施洗；但有一位站在你們當中，是你們所不認識的，他在我以後來，我就是替他脫鞋子也不配。」**(26～27節)這話不只說明耶穌有自上帝而來施洗的權柄，施洗者約翰也表示他自己與上帝所應許的那一位(也是他們所不認識的那一位)是完全無法相提並論的。在當時的社會裏，除了為老師解鞋帶脫下鞋子外，一個學生所作的幾乎與奴隸相同。因此施洗者約翰所說的，是意味著他在耶穌面前視自己為他的奴隸，他的**謙卑**在此表露無遺(參三28～30)。施洗者約翰早於耶穌現身於歷史舞台，但卻甘心跟在耶穌後面，成為他的見證者與奴僕，他的生命可以說是一個真門徒的典範。

施洗者約翰的謙卑使我們不得不想起耶穌為門徒洗腳的榜樣(參十三5)。

3.1.2. 施洗者約翰的見證(29～34節)

施洗者約翰對自己身分的看法雖極為保守，但對耶穌的身分與工作之認識卻毫不含糊。當**「第二天」**耶穌來到約翰那裏，他就公開介紹他為**「上帝的羔羊，除掉世人的罪的」**(29節)。約翰以**「看哪」**一詞來引起當時受眾的注意力，又稱耶穌是**「上帝的羔羊」**，① 他的第一個見證點出了耶穌的工作是要**「除掉世人的罪」**。這短句包含上帝羔羊的工作的兩個重點，一是「除掉」(罪)；另一是他為「世人」工作。上帝除去罪的方法是透過耶穌的受難和復活，信的人亦因此得

「第二天」所指的，可能是施洗者約翰回答那些從耶路撒冷來的猶太人(19節)之後的第二日。29至34節可以說是在耶穌受洗後(參32節)，施洗者約翰發出的感想。不過這段經文也可能是發生在耶穌受試探之後(參可一12～13)。

與上帝和好。這是上帝赦罪的方法，也是代價極高的方法。上帝的贖罪普及所有人，在上帝眼中沒有不能赦免的罪人，只有不想悔改的罪人。沒有一種罪孽嚴重到一個地步是祂不能除去的，也沒有一個罪人可惡到要被排斥於救恩之外。

施洗者約翰進一步證實耶穌的先存性，耶穌雖比他遲來，但在他出生之前早已存在（30節；參15節）。猶太人常認為一個時間較早出生的人會比較遲出生的人有更超越的地位。對施洗者約翰而言，雖然耶穌在肉身上比他較晚出生，但耶穌本質上卻比他更早存在，因此就比他有更崇高的地位。但是，若照這觀念推論，我們當怎樣解釋31節耶穌讓約翰施洗這事情呢？施洗者約翰的洗是悔改的洗禮，而耶穌並沒有犯罪，他不需要悔改。其實這洗禮最主要目的，是藉著施洗者約翰顯明將要來的那一位耶穌。約翰兩次提到「**我並【還是】不認識他**」（31、33節）是令人有點驚訝，因為他剛剛才告訴那些前來詢問的猶太人說耶穌是他們「**所不認識的**」（26節）。事實上約翰指他「不認識」的意思，並非表示他先前像一般人那樣「不認識」耶穌，他所指的是他先前並不認識耶穌就是將要來的那一位（參33～34節）。

當傳福音之時，我們會如何介紹耶穌？這些內容會否與施洗者約翰的見證有所不同？為甚麼？

約翰的第二個見證是「**我看見聖靈像鴿子從天上降下來，落在他身上**」（32節）。作者的描述並不像**符類福音**一樣，有「天開了」或「有聲音從天上來」，卻把注意力放在聖靈降在耶穌身上。他再次提到聖靈降在耶穌的身上：「**⋯⋯聖靈降下來，落在誰身上，誰就是那要用聖靈施洗的。**」（33節；「落在」希臘文：*menô*，意即「停留／住在」；參《和合本》）。約翰福音經常使用帶著「住」這個意思的不同動詞，來表達父與子，或子與信徒之間「恆久而親密」的關係。所以當這裏提到**聖靈**

符類福音也記載聖靈像「鴿子」降在耶穌身上（太三16；可一10；路三22），這樣的描述基本上是指主觀、屬靈的經驗，甚於實際看見聖靈像一隻鴿子般飛下來的景象。

舊約中的聖靈只降臨在那些以色列人的領袖身上，並且當那些領袖執行上帝的工作後，聖靈便離開他們。

「落在」或「住在」耶穌身上時，表示耶穌永遠擁有聖靈或永遠與聖靈同在；並且因著這個緣故，他能夠藉聖靈施洗，以及把聖靈賜給相信他的人（七38～39，十四16，二十21～22）。

施洗者約翰對耶穌的第三個見證是**「證明」**（「證明」原文作「見證」）耶穌是**「上帝的兒子」**（34節）。② 以色列人曾被稱為「上帝的兒子」（出四22～23；耶三十一20），但「上帝的兒子」在舊約聖經裏也具有彌賽亞意涵（撒下七9～16；詩二7）。施洗者約翰稱耶穌為「上帝的兒子」是要指出耶穌與父上帝之間獨特而親密的關係，正因耶穌是上帝的兒子，所以他是父上帝所差來（十七18），並且是將父上帝顯明出來（十四9）的那一位。

3.2. 第一批門徒的見證（一35～51）

約翰福音與符類福音的差異：前者沒有記載耶穌受試探（太四1～11；可一12～13；路四1～13）；沒有記載耶穌傳講天國信息（太四17；可一14～15）；沒有記載耶穌在會堂教導和醫病（路四14～41）。在約翰福音裏，耶穌的出現是從永恆的過去中悄然現身。

透過施洗者約翰的見證，耶穌出現於眾人前；之後，施洗者約翰的使命便完成了，現在就由耶穌這位主角親自掌控大局，而接著見證他的是他的第一批門徒。嚴格來説，約翰福音有關第一批跟從耶穌的門徒之記載，**與符類福音**中耶穌「呼召」門徒（太四18～22，九9；可一16～20，二13～14；路五1～11、27～28）的經文**屬不同**事件。他們來到耶穌面前，分別是因施洗者約翰，以及施洗者約翰的門徒之見證所影響。在這5個門徒中，前3個是主動就近耶穌，後兩個是耶穌主動接觸他們。

3.2.1. 兩個門徒的見證(35～42節)

「**過了一天**」施洗者約翰再次認耶穌是「**上帝的羔羊**」(35～36節)後，他的兩個門徒便跟從耶穌去了。或許施洗者約翰並沒有預料到他的門徒會有這樣的反應，但這兩個門徒的決定卻是正確的。「跟隨」在約翰福音是真門徒的記號，這不只是表面行為上的跟隨，也是整個屬靈生命對耶穌的委身。一個人之所以成為跟從者，乃是基於信心的決定。約翰福音多處的講論(如：「光」〔八12〕和「牧人」〔十27〕的講論)及敍事(如耶穌復活後與彼得的對話〔二十一19、22〕)，都強調耶穌邀請人「跟隨」他。

「過了一天」是指29至34節施洗者約翰為耶穌作見證的第二日。

耶穌當然知道那些門徒跟隨他的目的，所以他問：「**你們想要甚麼？**」這是耶穌在這書所說的**第一句話**。這話是給他們機會把心裏的話說出來。他們對認識耶穌的渴望就從「**拉比，住在那裏**」這句話表現出來。耶穌對這兩個門徒所發出的問題，顯出了他們內心對耶穌的想法，以及他們跟從耶穌的原因(38節)。同樣，今天耶穌也向我們的生命發出這問題，挑戰我們對信仰的態度，以及內心最深處的動機：我們的生命是否已準備好接受上帝的光照與啟迪，並且隨時準備付上順服的代價？這兩個門徒顯然已準備自己，在認識耶穌的身分後，就義不容辭的跟從他了。

耶穌所說的這第一句話是個問句，具有指標性的意義。耶穌在約翰福音曾提出161個問句，大都用來教導或挑戰他的聽眾。

猶太人的「拉比」

「拉比」(希臘文：*rhabbi*，意即「我的至尊者」)這名詞音譯自亞蘭文。耶穌時代的猶太人統稱那些教導律法的老師為「拉比」，尼哥德慕就是用這個詞稱呼耶穌(三2)，施洗者約翰也被他的門徒稱為「拉比」(三26，《現修》譯作「老師」)。耶穌在約翰福音有8次被稱為「拉比」，是所有福音書之冠。1世紀末，拉比的資格與制度逐漸成形，所有拉比必須受過拉比學校的訓練並經按立才可。拉比中有不少是法利賽人，尼哥德慕就是其中之一（三1、10）。

對於這兩個將心敞開的門徒，耶穌沒有拒絕他們的要求，他的回答：**「你們來看吧！」**（39節；「來」原文是採用命令語氣，此短句可直譯成「來吧！你們將看見」）是超過他們所期待的。這短句的語氣帶有救恩的呼召與挑戰，也反映耶穌知道這兩個門徒要與耶穌同住的目的，是要看看他是個怎樣的人。耶穌再一次借用普通用字「來／看」帶出深入的屬靈含意：「來」（《現修》亦有譯作「接近」）是一個信心的決定（三21，五40，六35）；「看」與救恩有關連，因為兩個字皆與「相信」相關（六30，六40、47，十一45），亦即是凡看見耶穌而又願意相信他的人，都必得到救恩。他們回應了耶穌，前去看耶穌的住處，並與他同住。那時大約是**「下午四點鐘」**（39節），作者沒有記載耶穌與他們同住時的對話，但顯然耶穌所說所行的已足以使他們相信耶穌就是「彌賽亞」（41節）。

「下午四點鐘」原文為「第十個小時」。猶太人是以黃昏6點為一天開始的第一小時，但羅馬計算法卻不然，是以早上6點算起；所以「下午四點鐘」正好是羅馬時間一天的第十小時，亦是他們結束一天工作的時間。

跟從耶穌的兩個門徒，一個是**安得烈**，另一個則不知名，傳統認為這不知名的人是使徒約翰——這書作者，因為這卷書的作者從沒提到他自己的名字（參第一章「約翰福音導論」），不過這樣的說法仍缺乏足夠的證據支持。作者此時把焦點放在安得烈身上，他遇見耶穌後就立刻向自己的親兄弟——西門．彼得——作見證。今天我們可以說安得烈為上帝的教會作了重大的貢獻，因為他將一個教會重要的領袖彼得帶到耶穌面前，彼得日後不但成為耶穌十二門徒之一，更成為向猶太人傳福音的使徒（加二8）。

約翰福音裏，安得烈每次出現時，總會帶一個人來見耶穌（一41，六8，十二20～22）。

安得烈找著西門，便對他說：**「我們已經遇見彌賽亞了。」**(41節)安得烈之所以如此說，不是因他聽到施洗者約翰稱呼耶穌為**「上帝的羔羊」**(36節)，因為當時他也不大認識耶穌，否則他不會只稱呼耶穌為**「拉比」**(38節)。最重要的是，他與耶穌同住了一天(39節)。值得注意的是，符類福音記載認耶穌為基督的是彼得(太十六16～18；可八29)，但在約翰福音中，認耶穌為基督的卻是安得烈。

安得烈被譽為是得人漁夫，你是否也是別人的「安得烈」？

耶穌看到西門後，第一件事就是把他的名改為「磯法」。「磯法」是亞蘭文名字，意即「磐石」，它是由「彼得」這希臘文名字譯過來(參太十六18)。作者約翰為顧及他的讀者不是全都了解亞蘭文，故在此特別加上一個註解(42節)。人的名字可代表他的個性(如「雅各」意即「抓住」〔參創二十五26〕)，但更重要的是，替人改名的那一位的權柄高於被改名的那位，正如上帝為亞伯蘭改名(創十七5)一般。耶穌在此宣告他擁有高於彼得的權柄，並且自此以後彼得要在這新的名字之下，成為一個不同凡響的人。

保羅在其書信中亦稱西門為「磯法」(參《和合本》林前九5；加一18，二9)或「彼得」(加二7、8)。彼得在其書信中亦自稱為「彼得」(彼前一1)或「西門·彼得」(彼後一1)。

3.2.2. 腓力的見證(43～45節)

作者藉著**「過了一天」**這短語把場景換轉到另一幕，如今是在**「加利利省」**(43節)。《現修》把43節上譯為：**「……耶穌決定到加利利省去」**，但原文沒有**「耶穌」**這主語，這句子該譯成「他想要往加利利去」，「他」可以是耶穌、彼得(42節)，甚至安得烈(40～41節)。但**「遇見」**(43節下)這動詞所指涉的主語明顯是耶穌，所以，「他」便是指耶穌；況且第二章的記述暗示了耶穌已在加利利(參二1)。這裏沒有解釋耶

45節「找到」與43節「遇見」原文是同一個動詞，而這節出現的「遇見」亦即「找到」。作者藉「找到」來鋪設故事的發展：當耶穌「找到」腓力後，腓力跟著就「找到」拿但業。

穌為何要離開，可能他要參加在迦拿的婚宴（約須兩天的行程）。在途中，他**「遇見」**（希臘文：*heuriskô*，意即「找到」）腓力，就呼召腓力「跟從」他，作他的門徒。在猶太人傳統裏，只有學生主動要求拉比批准成為學生，而拉比是不呼召學生。耶穌在此所作的不像拉比，反而較像是上帝。或許在腓力眼中是他「找到」耶穌，因為他說他「遇見／找到」耶穌（45節），但從救恩的角度看，是耶穌先「找到」腓力（參43節），因為「失落」的人不是耶穌！

耶穌門徒的數目之增加是由一個接著一個的邀請而產生，當腓力回應耶穌的呼召後，便立刻**「找到拿但業」**，並且向他作見證（45節）。腓力對拿但業所作的見證與安得烈相同，只是他沒有稱呼耶穌是彌賽亞，只形容耶穌是舊約所預言其中一位先知而已，亦即耶穌是律法及先知所期待那將要來的彌賽亞。

拿但業是誰？

「拿但業」的希伯來文之意是「上帝所賜的禮物」。他的名字只出現於約翰福音，符類福音中12個使徒的名單裏並沒有拿但業這個名字，所以他的出現是一個疑問。許多學者仍試圖把他歸在12個使徒行列之內，看他為「馬太」（因「馬太」之意為「雅威的禮物」），又或是「巴多羅買」。他是巴多羅買的原因是，腓力的名字在符類福音中常與巴多羅買列在一起（太十3；可三18；路六14），就如約翰福音中，腓力與拿但業是一起出現般。如果這樣，拿但業就有另一個名字。不過也有聖經學者認為，這樣的理由不足。此外，還有學者視拿但業為象徵性或虛構的人物，這說法更沒有根據，亦沒有理由要如此。無論如何，耶穌早期的跟隨者穿梭往來，他們未必全都被列入為耶穌的使徒。

3.2.3. 拿但業的見證(46～51節)

拿但業沒有熱切的回應腓力所作的見證，他這樣的反應不難理解。拿但業來自加利利的一個城鎮迦拿(二十一2)。在巴勒斯坦地區，猶太人素有強烈的地域本位主義觀念。住在猶太地區的人會歧視加利利省的人；而加利利省內不同城鎮的人相對地也有階級之分，某些城鎮的人會歧視另一些城鎮的人。拿撒勒畢竟不是一個大城鎮，兼且猶太人並不期待彌賽亞是從那裏出現的。拿但業聽到耶穌是**拿撒勒人**(45節)，就衝口而出說：「拿撒勒會出甚麼好的嗎？」(46節)這樣的問句是直接向腓力的見證提出質疑。這種懷疑的態度因此也與多馬在本書末(二十25)的懷疑前後呼應。腓力沒有試圖辯護，他的回答簡短有力又帶著挑戰：「你來看吧！」(46節)這短句可直譯為「來！請看！」，這兩個動詞都是帶祈使式語氣。

因著耶穌是成長於拿撒勒，所以日後基督徒也被稱為「拿撒勒教派」(徒二十四5)。

當耶穌看見拿但業迎面而來，已知道拿但業內心所想的，他不但沒有責備拿但業，反而稱讚他是「地道的以色列人；他心裏毫無詭詐」(47節)，這句話的含意必須借用舊約聖經來作解釋。舊約的「雅各」常與「詭詐」或「欺騙」相連一起，聖經曾這麼描述：「以撒回答：『你弟弟進來，欺騙了我，奪去了你的福份。』以掃說：『這是他第二次欺騙我，難怪他名叫雅各』」(創二十七35～36；《現修》在此加上一個註解「『雅各』有『欺騙』的意思」)。因此，47節可以譯成：「他是個道地的以色列人，【他心裏是沒有雅各的／他不是雅各】」，這表示拿但業雖是以色列(雅各)的後裔，但耶穌肯定拿但業心裏沒有他先祖一般的欺騙與詭詐！

詩篇三十二篇2節可以與耶穌在這裏所說的話呼應：「心裏沒有詭詐……他是多麼有福啊！」

拿但業驚訝的問：「你怎麼認識我呢？」耶穌的回答帶給他另一個驚訝：「當你在無花果樹下，腓力還沒有招呼你，我已經看見你了。」(48節)

在無花果樹下的拿但業

提到無花果樹，我們不禁要問：拿但業在無花果樹下做甚麼？由於無花果樹通常被後來的拉比當作是教導、研讀書卷或禱告的地方，所以這裏可能暗示拿但業是一位拉比，並且正在默想彌賽亞的來臨。不過我們無法確定這是否本節的意思。作者在這裏記載的焦點是耶穌那超然的知識和對人內心的洞察力，並非拿但業在這裏的原因。

拿但業對耶穌如此快速的回應與降服實在令人印象深刻。對於上帝的話，你是否經常也能夠「快速的遵從」？

此時拿但業對耶穌的懷疑一掃而空，並稱耶穌是**「上帝的兒子」**、**「以色列的君王」**（49節），這是對彌賽亞的認信。他的認信包括兩方面：「上帝的兒子」，在舊約是指彌賽亞（參撒下七10～14；詩二6～7）；「以色列的君王」同樣也是被巴勒斯坦的猶太人用來指彌賽亞（參十二13）。耶穌為著拿但業的認信感到欣慰，因而說出了一個應許：**「你要看見比這更大的事呢！」**（50節）從上下文看，**「比這更大的事」**是指那些足以彰顯耶穌榮耀的「神蹟」，這些神蹟是從二章1節水變酒的神蹟開始，這第一個神蹟使門徒看見他的榮耀並相信他（二11）。耶穌所行的事從50節的單數代名詞「你」指單由拿但業作見證，轉變成51節的複數代名詞「你們」，表示其他門徒也要為耶穌作見證。

「鄭重」（希臘文：amên amên，音譯「阿們，阿們」，意即「實實在在」；參《和合本》）這詞音譯自希伯來文，是「確定」、「信實」之意。這個詞在約翰福音出現25次。耶穌使用這個詞為要強調他所說的是真實的。

耶穌進一步指出：**「我鄭重地告訴你們，你們要看見天敞開，上帝的天使在人子身上，上下往來。」**（51節）這一句話所描述的，與創世記二十八章12節雅各的夢有關。在那裏，「天使」與「梯子」代表上帝與人往來的接觸。但在約翰福音裏，上帝與人的接觸已藉著道——耶穌——成為人達到頂點；耶穌本身就是天與人之間的一個接觸點，是上帝要

啟示給人那屬天真理的啟示者。在創世記，上帝的啟示是由天使傳給人；但是如今彌賽亞的出現，就劃下了天人溝通的新紀元

溫習問題(3.1～3.2.) 在頁61。

3.3. 第一個神蹟(二1～12)

約翰福音二章的神蹟具有重要的地位，因為它不只是「第一個」神蹟，更是了解其後所有神蹟的一個關鍵。談到「神蹟」這詞，約翰不像符類福音般採用「大能」(希臘文：*dunamis*)或「神蹟」(希臘文：*terata*)等詞，而是選用了「記號」(希臘文：*sêmeion*)這詞。這反映出神蹟在約翰福音中具有特別的意義，從神學的角度看，它確立基督論中某些意義：藉著神蹟(或「記號」)來顯出耶穌的榮耀，因而使人對耶穌產生信心。第一個神蹟標記著耶穌的身分與能力，而門徒的反應就是「**信了他**」，他們也因此成為所有跟隨耶穌的人之榜樣。

「神蹟」在福音書用法的分別

論到「神蹟」，符類福音是採用「大能」(*dunamis*)或「神蹟」(*terata*)這些詞語，前者並未出現在約翰福音裏，而後者也僅出現1次而已(四48)，其他的都採用「記號」(*sêmeion*)。不過，符類福音與約翰福音的差異，不只在用字上，更是反映兩者用「神蹟」這詞的神學意義是有所不同。對於符類福音來說，耶穌的神蹟是證明上帝國度的展開，因此神蹟的性質基本上是末世性的；但約翰福音則指向神蹟是彰顯耶穌基督本身的身分，故神蹟具有基督論的目的。

3.3.1. 耶穌及其母親被邀參加婚禮（1～2節）

約翰沒有稱耶穌母親之名字為「馬利亞」，而以「耶穌的母親」交代，表示耶穌的母親當時是眾所周知的人物。

約翰以「第三天」為時間參考點，③ 點出耶穌與拿但業談話後場景便轉變了。此時是在迦拿婚宴，約翰在此特別註明**「耶穌的母親在那裏」**（1節）。被邀者還包括耶穌的門徒（2節），他們大概是第一章所出現的那些門徒：安得烈、彼得、腓力、拿但業，以及一個不知名的門徒。

迦拿這小鎮

迦拿在當時代不是一個出名的地方，在聖經中只有約翰福音出現過（另參四46，二十一2）。估計迦拿可能位於拿撒勒以北14公里，即現今的夸奈廢墟（Khirbet Qana），又或指位於拿撒勒東北7公里的城鎮柯納．基拿（Kefr Kenna），但前者似乎較有可能，因為後者的名字與「迦拿」的希伯來文意思不符。

我們無法從本段落的描述得知新娘或新郎的資料，但從馬利亞、耶穌和他門徒的出席，以及在酒用盡之後，馬利亞對此事的關注可知，這對新人一定與耶穌這家庭有相當親密的關係，他們彼此可能有親戚關係。

● 位於迦拿的教堂。相傳教堂內仍放置昔日耶穌以水變酒之水瓶。

猶太人的婚宴

婚宴對於猶太人是一個重要的慶典，他們籌備婚宴是相當周詳的，並預早邀請來賓。若婚宴那天來賓爽約，這對於主人是一個極大的侮辱(參太二十二1～10)。在婚宴中，每一位來賓須穿上禮服(太二十二11～13)。婚宴是由「管筵席的人」來主掌席間一切事務，他要指揮僕人的所有工作，並留意席間一切的需要，也要在筵席上答謝所有來賓。席間沒有宗教的儀式，參加的賓客除了吃佳餚、飲美酒外，也會唱歌跳舞(參太十一17)，還要對新娘說一些讚美的話，且要向一對新人宣告祝福語(參得四11～12)。婚宴通常是在新郎家中舉行，長達一星期(參士十四17)或以上，但計算「結婚的日子」的總數是30天。

3.3.2. 新人的困境(3節)

由於酒在猶太人生活中佔相當重要的地位，因此耶穌常用酒的意象來説明他的教訓，如：新酒與舊皮袋(太九17)；佃戶的比喻(太二十一33)。這樣會使人對他的教訓容易產生共鳴。

在本該歡樂的場合中，有一件令人掃興又難堪的事發生，就是「酒喝光了」，耶穌的母親憂心忡忡的對耶穌說：「他們沒有酒了」。**酒**是猶太人一般家庭相當普遍的飲料，這些酒主要是由生果發酵而成的薄酒，其中以葡萄佔多數。酒在筵席中是必備的飲料，管筵席的甚至需要在席間為酒祝福。

「酒用光了」背後的含意

酒之所以用光，可能是由於婚宴已到尾聲，客人過於興奮而飲多了酒，又超出了主人的預算，所以酒用盡了；但也可能是新郎與他的家庭有經濟上的困難，所以無法提供足夠的酒給參加筵席的賓客。

在耶穌時代的文化裏，基於互惠主義的原則下，如果一對新人在筵席中所提供的一切無法滿足客人的話，客人(特別是來自新娘的親戚方面)可以訴諸法律行動，控告這一對新人。因此，約翰福音二章所出現的情況不但掃興及嚴重，而且是一個必須解決的問題。

如同拉撒路的兩姊姊對耶穌有一個要求(十一3)般，馬利亞也為人代求。你是否也願意成為你周圍之人的代求者？

馬利亞是否要求耶穌行一個神蹟？從福音書的記載裏，並沒有看到耶穌在這事之前行過任何神蹟，所以有學者認為馬利亞只是把當時的情況告訴耶穌而已。她或許只期望耶穌可以給予一些意見來解決問題，例如：將事實告訴那些客人，來消除尷尬的場面。另有學者更認為這是因為馬利亞守寡後，習慣了凡事依賴長子耶穌。因此，在這場合下她自然會向耶穌求援。

但從4節耶穌的回答：**「母親，請別勉強我做甚麼，我的時刻還沒有到」**看來，馬利亞的表現不像上文所提的。作者所要表達的，可能有更深一層的意義。從之前數天的事件裏，馬利亞可能親眼看見耶穌呼召門徒，因此知道她兒子的公開事工即將開始。她也必定知道耶穌的能力和本性是怎樣的，因為她是藉著聖靈懷有耶穌的。同時馬利亞必定記起天使所講的預言(太一21)，以及西面(路二25～35)和安娜(路二36～38)在聖殿裏論及耶穌的話。總而言之，馬利亞必定有足夠理由相信耶穌就是彌賽亞，而現在正是他正式公開事工的時候。在這樣的背景下，馬利亞藉著引起耶穌的注意，而期待他提供幫助——不論任何方式，是極具意義的。

3.3.3. 神蹟的發生及其結果(4～11節)

耶穌稱馬利亞為「婦人」(4節；希臘文：*gunê*)，真是令人有點錯愕。大部分中文譯本都譯為**「母親」**(《和合本》、《新譯本》、《現修》)或「媽媽」(《呂振中》)，是有意使表面上不恭的印象得以緩解，但事實並非如此。通常當耶穌使用「婦人」這個詞，都是對婦女一種禮貌的稱呼(參太十五28；路十三12；約四21〔《現修》譯作「女人」〕)，但在當時的背景，一個兒子稱母親為「婦人」，卻又是不尋常的。無論就希伯來文化或是希臘文化，兒子對母親的稱呼通常會加上一個銜稱，或添上一個形容詞。耶穌在這裏使用「婦人」是否有特別的含意呢？確實是的。在這個場合中，耶穌可以說與他的母親之間開始了一個新的關係，既然耶穌剛開始他的公開事工，就表示他不只是馬利亞的兒子，也是彌賽亞，而屬馬利亞兒子的身分必須淡化，因為他真正的身分是上帝的兒子，是全人類的主。

耶穌接著的回答更令人意外，他說：**「請別勉強我做甚麼。」**(4節；《和合本》譯作「我與你有甚麼相干」)這句話表面看不但無禮，而且也無情，但其實它是一句閃族式的用語。當一個人覺得他沒有需要參與和他不相干的事情，就會對那個發出邀請的人說：「我與你有甚麼相干」，意思是說：「這是你的事情，為甚麼要我參與呢？」(參三下三13《和合本》；何十四8)這句話有另一種用法，就是當一個人受到另外一個人不公平的對待，受不公平對待的人可以說：「我與你有甚麼相干？」意思是「你為甚麼要這樣子對待我？」(參士十一12《和合本》；王上十七18；代下三十五21)。耶穌說這話的意思，應該屬於前者是較為合理。

接著耶穌解釋：**「我的時刻還沒有到呢。」**意思是指「還不到我行動的時候」。**「時刻」**(希臘文：*hôra*)在約翰福音裏，是指耶穌生命當中的一個特別時刻(4節，四21、23，五25、28～29，七30，八20，十二23、27，十三1，十六25，十七1)，它包括兩方面，並且是一體兩面的：第一，是指耶穌離開這個世界，到父那裏去的時候；第二，是指耶穌(得)榮耀的時候，這榮耀是藉著他的受苦、受死，以及復活來達成。耶穌對馬利亞所説的話，説明他行動的時間表不是由任何人所支配，而是由天上的父所決定，即使他的生身母親也不能改變他的**「時刻」**，使之提早來到。

馬利亞要求僕人照耶穌的意思行。你是否經歷過當照耶穌的話行，便得到他的幫助？

馬利亞雖不明白耶穌的**「時刻」**是甚麼意思，但她知道耶穌必會有所行動，因此她吩咐僕人照耶穌的意思行(5節)。耶穌果真願意相助，解決新人的困窘。他不是暗地裏使原來用盡的酒囊再次變得充滿，而是明明的讓人親眼看見石缸的水變成酒，因此約翰此時把注意力轉向門口的**「六口石缸」**。按照猶太人的習慣(可七3～4)，每家都有這樣的石缸，它所裝的水是為猶太人行潔淨之禮用的，在用餐前每個人必須洗手，而使用的器皿也必須潔淨，這種做法是具宗教上的意義甚於衛生上的一種習慣。

若每個石缸盛80至120公升，則六口石缸所裝盛的液體總重是480至720公升。

約翰也指出每口石缸的容量是**「一百公升」**(6節)。耶穌終於開口説話，吩咐僕人把缸倒滿水，僕人亦照吩咐而行。裝滿水的六口石缸，此時變成六口石缸的酒。耶穌又吩咐僕人把水舀出來，送給那個焦急如焚的管筵席的人。管筵席的雖然樂見燃眉之急得到解決，但他感不解的，是為何新郎如此不按傳統，竟把好酒留在筵席的尾聲才拿出來，所以他去詢問那新郎(9～10節)。

你會否覺得上帝行事是不會延遲，也不過早？你能從耶穌的態度學到甚麼屬靈功課嗎？

約翰沒有描述新郎面對管筵席的質問時，會如何驚訝，他要記載更重要的一件事，就是**「這是耶穌所行的第一個神蹟【記號】，是在加利利的迦拿城行的。這事顯示了他的榮耀；他的門徒都信了他」**(11節)。這個可以顯出耶穌榮耀的神蹟／記號(一14)，標記著基督的身分(基督論)及救恩的含意(救恩論），因為這使門徒信了他。請特別留意這故事中，除了耶穌的母親及其門徒外，還有舀水的僕人知道耶穌行了一個神蹟（二9），不過他們只看見神蹟卻沒有「看到」耶穌的榮耀，也沒有對耶穌作出正確的反應，榮耀的耶穌對他們而言，只是擦身而過。這是何等可惜，但也何等容易地發生在我們身上。上帝的恩典經常環繞著我們，祂的愛不斷向我們彰顯，但我們所看到的只是眼前的酒（好處！），卻看不到那賞賜的手，也無法在恩典中使信心有所長進。門徒對耶穌的反應故然是我們的榜樣，但那舀水的用人豈不也是我們的鑒戒！

溫習問題（3.3.）在頁62。

釋經短註

① 我們不知道施洗者約翰在第一章使用「上帝的羔羊」之背景是來自何處。學者對此有不同的解釋，它可解作「代替的公羊」（創二十二章）、「贖罪的公羊」（利十六章）、「馴良的小羊」（耶十一19）、「待宰的羊羔」（賽五十三7）、「末日得勝的羔羊」（啟七17，十七14）、「主的僕人」（賽五十三章）、「逾越節的羔羊」（林前五7）等。最後兩個解釋最有可能，因為這兩種觀念曾經出現在約翰福音中，但其中逾越節的羔羊之含意，是最合乎約翰在此處所說的。不過我們也不排除約翰使用以賽亞書五十三章「受苦的僕人」之圖畫來傳達他的意思。

② 一章34節「上帝的兒子」一詞在某些抄本是「上帝所揀選的那一位」（*ho eklektos tou theou*），如果這是約翰原本的意思，他便是有意引用以賽亞書四十二章1節「我的僕人……我揀選他，喜愛他。我以我的靈充滿他……」作為此處的背景。在這節裏，上帝應許把祂的靈賜給祂的僕人。但在約翰福音中，「揀選」的主題大都是應用在耶穌的門徒身上，而不是指耶穌自己；再從約翰的神學觀點看，耶穌與上帝的關係較是父子關係多於主僕關係（差派與被差派）。況且，從經文鑒別的角度看，採用「上帝的兒子」的抄本比「上帝的揀選」具更有力

的抄本證據。這樣看，作「上帝的兒子」是較為恰當的。

③ 二章1節的「第三天」是指耶穌與拿但業談話後接著的第三天，表示耶穌在一章50至51節所說的很快就發生了。若以出現在第一至二章中的「日子」來計算，第一章所記載的事情是在一個星期之內發生的：第一天是指一章19至28節，那些耶路撒冷的人來到施洗者約翰的地方，討論他的身分；第二天是一章29至34節的「第二天」，即施洗者約翰見證耶穌；第三天是一章35節的「過了一天」，有兩個施洗者約翰的門徒跟隨耶穌，並與他同住；第四天是一章40至42節，兩個門徒與耶穌同住了一個晚上後，安得烈去找彼得；第五天就是一章43節的「過了一天」，即是指耶穌帶著安得烈、彼得，以及一位不知名的門徒離開猶太地區去加利利的那天，在途中他呼召腓力與拿但業。順理成章，第二章的「第三天」應該就是第七天，而與拿但業的談話算起接著的第二天（即第六天）沒有任何的記載，再接著的第三天就是婚宴了（即第七天）。有學者認為這七天有象徵性的意義（如代表上帝創世的第一個星期），但這看法頗為靈意，其實較有可能的情形是，約翰以日子來記載事件，目的是表明他是一個見證人，接二連三的目睹事件的發生，這同時也暗示他不是虛構出來的，而是一個真實的人物。

溫習問題(3.1.～3.2.)

1. 在22至27節中，施洗者約翰如何介紹自己和耶穌？他怎樣見證耶穌？(29～34節)
2. 為甚麼施洗者約翰不認為自己是以利亞，而耶穌卻認為他是以利亞？
3. 作者形容耶穌所呼召的5位門徒：安得烈、不知名的門徒(37、40～41節)、彼得(42節)、腓力(44節)，以及拿但業(46～49)有何個別不同的地方？試簡述之。
4. 耶穌最早的5個門徒是怎樣被帶到耶穌面前的？他們分別對耶穌的認信是甚麼？(35～49節)
5. 拿但業在遇見耶穌前對拿撒勒人的偏見，為何不會影響耶穌對他的評價？(參47節)耶穌應許拿但業將要看見「比這更大的事」，這事是指甚麼事？(參50節)

溫習問題(3.3.)

1. 約翰福音所用「神蹟」這詞在用字上及神學意義上與符類福音書有何分別？
2. 耶穌在迦拿的婚宴上稱呼他母親為「婦人」，其意義何在？(4節)
3. 「請別勉強我作甚麼」這短句包含哪兩個意義？耶穌所說的屬於哪一個？(4節)
4. 耶穌的「時刻」是指甚麼時候？(4節)
5 從迦拿婚宴的故事中，約翰所要顯明的耶穌是怎樣的？

第四章

在耶路撒冷和猶太地區：潔淨聖殿並與尼哥德慕談道（二13至三36）

- 耶穌潔淨聖殿
- 在耶路撒冷的神蹟及不恰當的信心
- 與尼哥德慕論重生
- 約翰進一步的見證

經文

耶穌潔淨聖殿

2 [13]猶太人的逾越節快到了，耶穌上耶路撒冷去。[14]在聖殿的外院，
他看見有人在販賣牛、羊、鴿子，又有人坐著兌換銀錢。[15]他就
拿繩子做了一條鞭子，把牛羊從聖殿裏都趕出去，把兌換銀錢的桌
子推倒，錢幣滾落一地。[16]他又對賣鴿子的人說：「把東西都搬走，
不要把我父親的聖殿當作市場！」[17]他的門徒想起聖經上的話說：「上
帝啊，我對你的聖殿大發熱心，如火燃燒！」

[18]那些猶太人的領袖就質問他：「你能顯甚麼神蹟給我們看，好
證明你有權做這事呢？」

[19]耶穌說：「你們拆毀這聖殿，三天之內，我要把它重建起來。」

[20]他們說：「這聖殿用四十六年才造成，你能在三天之內重建它嗎？」

[21]其實，耶穌所說的聖殿是指他自己的身體。[22]耶穌從死裏復活
以後，他的門徒記起他曾說過這話，就信聖經和耶穌所說的。

耶穌洞悉人心

[23]耶穌在耶路撒冷過逾越節的時候，許多人看見他所行的神蹟，
就信了他。[24]但是耶穌不能使自己信任他們，因為他對所有的人都
有深刻的了解。[25]他不需要人告訴他關於人性的事，因為他洞悉人
的內心。

耶穌和尼哥德慕

3 [1]有一個法利賽人，名叫尼哥德慕，是猶太人的領袖。[2]他在晚上
來見耶穌，說：「老師，我們知道你是從上帝那裏來的教師。你
所行的神蹟，要不是有上帝同在，沒有人能行。」

[3]耶穌回答：「我鄭重地告訴你，人若不重生①就不能看見上帝

---

①「人若不重生」或譯「人若不從上帝那裏領受新生命」(「重」字在希臘語也有「上面」的意思)。

國的實現。」

[4]尼哥德慕問：「一個已經老了的人怎麼能重生呢？他能重進母胎再生下來嗎？」

[5]耶穌回答：「我鄭重地告訴你，人若不是從水和聖靈生的，就不能成為上帝國的子民。[6]人的肉身是父母生的，他的靈性是聖靈生的。[7]不要因為我說『你們必須重生②』而驚奇。[8]風隨意吹動，你聽見它的聲音，卻不知道它從哪裏來，往哪裏去。凡從聖靈生的，也都是這樣。」

[9]尼哥德慕問：「怎麼能有這樣的事呢？」

[10]耶穌回答：「你是以色列的教師，連這事都不明白嗎？[11]我實在告訴你，我們講論我們所確知的，我們見證我們所見到的；可是你們偏偏不願意領受我們的見證。[12]我告訴你們關於這世上的事，你們尚且不信，我要是告訴你們天上的事，你們又怎麼會信呢？[13]除了從天上降下來的人子，從來沒有人上過天。」

[14]正好像摩西在曠野舉起銅蛇，人子也必須被舉起，[15]要使所有信他的人都得到永恆的生命。[16]上帝那麼愛世人，甚至賜下他的獨子，要使所有信他的人不致滅亡，反得永恆的生命。[17]因為上帝差遣他的兒子到世上來，不是要定世人的罪，而是要藉著他來拯救世人。

[18]信兒子的人不被定罪；不信的人已經被定罪了，因為他不信上帝的獨子。[19]光來到世上，世人因為自己的壞行為，不愛光而愛黑暗；他們被定罪的原因就在這裏。[20]做壞事的，都恨光，不接近光，因為怕他的壞行為被揭露出來。[21]但是，那依照真理做事的，卻接近光，為要使光顯明他所做的一切都是照著上帝的旨意做的。

耶穌和約翰

[22]這事以後，耶穌和門徒到猶太地區去。他在那裏和他們住了一些時候，並施洗禮。[23]約翰也在距離撒冷不遠的哀嫩施洗；因為那

②「你們必須重生」或譯「你們必須從上帝那裏領受新生命」。

地方水多，人家都去受洗。([24]那時約翰還沒有被囚禁。)

[25]約翰的幾個門徒跟一個猶太人為了潔淨禮爭辯。[26]他們去見約翰，對他說：「老師，你看，從前跟你在約旦河對岸、你為他作見證的那一位，現在也在施洗，大家都找他去了！」

[27]約翰說：「除非上帝有所賞賜，沒有人能得到甚麼。[28]我曾經說過，我不是基督；我不過是奉差遣作他的前驅。這話你們可以為我作證。[29]娶新娘的是新郎；新郎的朋友站在旁邊聽著，一聽見新郎的聲音就歡喜快樂。同樣，我已經得到了完全的喜樂。[30]他必定興旺，我卻必定衰微。」

從天上來的那一位

[31]那從上面來的是超越萬有；那從地上來的是屬於地，他所說的也是地上的事。那從天上來的是超越萬有。[32]他為所看見所聽到的作證，可是沒有人接受他的見證。[33]那接受他見證的，證明了上帝是信實的。[34]上帝所差遣的那一位傳講上帝的話，因為上帝無限量地把聖靈賜給他。[35]父親愛兒子，已經把萬有交在他手中。[36]信兒子的，有永恆的生命；不信兒子的，不會有真生命，而且上帝的懲罰永不離開他。

門徒參加迦拿婚宴後，定必對耶穌有新的認識，他們必然興奮的期待進一步了解耶穌。這事之後，耶穌在加利利的迦百農（二12）待了一些日子，便上到耶路撒冷。對耶穌來說，耶路撒冷並非陌生，因他在12歲開始已隨從父母到那裏過節（參路二41～42）。在這一次耶路撒冷之旅，耶穌除了潔淨聖殿外，① 也藉此預言另一個神蹟：猶太人要拆毀聖殿（預表他的身體），但他會在3日內再將它建立起來。另外耶穌也行了**一些神蹟**（二23），只是約翰沒有逐一記載。這些神蹟使猶太人表面上相信他，不過他們卻不能從這些神蹟中察覺到耶穌真正的身分。尼哥德慕可說是這羣膚淺回應者典型的代表（三1～10），他是猶太人教師，亦是法利賽人，但對於重生與上帝國度之間的關係完全不了解，更遑論認識耶穌本人，以及他在上帝與人之間所扮演的角色。隨後耶穌在尼哥德慕面前自我啟示，這是照亮尼哥德慕屬靈「陰暗面」的惟一方法，也是拯救他的不二途徑。

二章23節「神蹟」（記號）這名詞是以複數表達。

耶穌在耶路撒冷的工作在此告一段落，接下來就是來到猶太地區的哀嫩（三23）。在那裏施洗者約翰再次出現，藉著他的門徒所引發的問題，他再次見證耶穌的身分，以及他與耶穌之間的關係（三27～30），他的謙卑也再一次從他的見證呈現出來（30節）。作者約翰隨後加上註解（三31～36），把耶穌的屬天來源、工作、與父上帝的關係，以及人對耶穌的不同反應所帶來的結果，作了更詳細的申說，使讀者意識到他們面對的，不單是一個挑戰，更是一個生死的抉擇。

約翰福音的「耶路撒冷」

耶路撒冷是一個山城(詩一二五2),是猶太人政治與宗教的中心。由於地勢之故,「到」耶路撒冷可說是「上」耶路撒冷(參《和合本》徒十一2,十五1,十八22),因而甚至當猶太人到耶路撒冷朝聖的時候,便吟誦「上行之詩」(詩一二二～一三四篇)。路加福音由始(一8～10)至末(二十四52)都穿插著耶路撒冷這城,記述它是猶太人的整個政治、宗教、生活的焦點,可見路加福音是從猶太人的觀點來看這城。若從約翰福音的角度看,「耶路撒冷」一詞按原文計算在此書出現13次(一19,二13、23,四20、21、45,五1、2,七25,十22,十一18、55,十二12),且都是分布在「神蹟之書」之內(一19～十二50)。若與路加對照,約翰福音裏的耶路撒冷具有的含義是截然不同,這城是個充滿敵意和猶太人的地方,因為在此耶穌被排斥(參五1～47,七14～52,十19～26)。由此看來,約翰眼中的「耶路撒冷」是較負面的。他雖然是猶太人,但他看這城並不像猶太人般看得如此神聖。

4.1. 耶穌潔淨聖殿(二13～22)

通常一個20歲以上的猶太成年人每年要付半個舍客勒的聖殿稅(參出三十13～14)。兌換銀錢的攤位只在收聖殿稅時才擺設出來,平時是不會有的。

逾越節(或除酵節)是猶太人3大重要節期之一(另外兩個是收穫節〔即五旬節〕和住棚節),雖然摩西律法沒有規定人要上耶路撒冷過節,但在耶穌的時代,許多猶太人會在逾越節上耶路撒冷去。耶穌也為此上耶路撒冷(13節)。② 當時的聖殿有賣牛、羊、鴿子的,並有兌換銀錢的人。由於羅馬錢幣上刻有圖像(帝王的或外邦神祇的圖像),因此就被視為是偶像,朝聖的人無法使用來付**聖殿稅**(參太十七24);於是兌換銀錢的生意便應運而生,亦因此而出現問題,因為這些兌換銀錢的常以不合理的兌換比率從中取利。不但如此,那些從遠方來的朝聖者因無法自帶獻祭的牲畜,於是便要在當地購買現成的牲畜獻祭。賣牲畜的攤位原本設在橄欖山的斜坡上，但現在為方便之故卻設在聖殿的外邦人院內。想想看身處在外院中，那裏擁擠著各類獻祭的牲畜，地上也滿布動物的排洩物，如何能叫一個外邦人在其中專心禱告呢？耶穌看到這種情形，就拿繩子作成**鞭子**，把牛羊都趕出去，倒出兑換銀錢之人的銀錢，推翻他們的桌子。耶穌的憤怒主要不是由於他們在生意上的欺詐，而是他們根本不應在聖殿中作買賣(16節)。聖殿原本是敬拜上帝的地方，但卻被猶太人濫用，所以耶穌也作出相應的反應。

在另一些抄本裏，「鞭子」一詞之前有「如同」(hôs)這連接詞。它反映了當時猶太人的傳統，表示耶穌是拿著類似鞭子的東西，而不是真正鞭子。根據傳統，在聖殿範圍內是不可攜帶任何武器，包括繩子。耶穌手中拿著的可能是用來捆綁牲畜的繩子。

約翰所描繪的耶穌不只是滿有恩典、帶給人歡樂的(他使水變酒)，也是「上帝的羔羊，除掉世人的罪的」(一29)。他呼召人悔改，因為他是審判的主。水變酒的神蹟與潔淨聖殿的事件，把耶穌兩方面的性情呈現出來，使我們了解耶穌不只是解決人燃眉之急的恩主，也是嫉惡如仇的聖潔公義者。耶穌的性情與我們息息相關：凡一個人或一間教會領受主的恩典，他／教會同時亦會接受耶穌的管教與潔淨，愛與管教是同時出現在我們生命中，使我們可脱離污穢與敗壞，這樣才能反映出上帝的本性。

潔淨聖殿與舊約

耶穌潔淨聖殿這行動與舊約先知的行動類似，這是大部分猶太領袖與耶穌的門徒可以看出來的。當他説：「不要把我父親的聖殿當作市場！」(13節)是與舊約聖經所言：「在那天，連馬的鈴鐺上也將刻上『聖化歸上主』這句話。聖殿裏的鍋也將像祭壇前面的碗一樣是聖的。所有在耶路撒冷和猶大的鍋，都要聖化歸上主，作為敬拜上帝上主－萬君統帥之用。獻祭的人要用它們來煮祭肉。在那天，上主－萬軍統帥的聖殿裏不再有做買賣的人」(亞十四20～21)有關連。這段經文清楚描述將來彌賽亞國度的理想情形。要留意21節末「不再有做買賣的人」(參《呂振中》、《當代聖經》、《新譯本》)這句子。「做買賣的」這短語在希伯來文與「迦南人」同字(《和合本》譯作「迦南人」),他們都是外邦人,是譬指不信上帝的人,故此舊約作者是指出將來只有上帝的子民才可進出聖殿,不信上帝的人不得進入。這等人進聖殿只為圖利,因此,撒迦利亞書這段經文便與耶穌在潔淨聖殿所說的不謀而合。

為何耶穌的門徒看見耶穌在潔淨聖殿時,都不插手?是否他們早已習慣聖殿的情況,抑或以為耶穌的行動過於激烈?在教會中有不討上帝喜悅的事發生時,我們是否也變得無動於衷?

作者約翰提到當門徒見到耶穌潔淨聖殿,便「**想起聖經上的話說……**」(17節)。我們難以判斷究竟門徒是在當時想起聖經的話,抑或在耶穌復活後想起的,但他們想起的,卻對這段經文有重大意義。彌賽亞國度是經由耶穌的受死、復活來成全,這便是「**我對你的聖殿大發熱心,如火燃燒**」(詩六十九9)被引用的原因,因為詩人當時正在受苦受辱中。類似的經文在約翰福音被引用時,通常是用來指耶穌的受苦與受死(參十九24、36)。這節經文不但表明耶穌與父的關係,也顯示耶穌的行為是有舊約聖經引證的。當然,那時門徒尚未明白箇中的意思。

猶太人要求耶穌行神蹟作為他說話的憑據,也出現在六章30節。

以西結書四十至四十六章記載有關將來彌賽亞國度來臨之時重建聖殿之事。

這事之後,猶太人領袖回應說:「**你能顯甚麼神蹟給我們看,好證明你有權做這事呢?**」(18節)面對耶穌所做、所說的,是不難理解為何**猶太人對他作出這樣的挑戰**。對他們來說,耶穌潔淨聖殿的權柄必須以神蹟來證實。他們對神蹟的期待,卻換來耶穌另一個令人費解的預言:「**你們拆毀這聖殿,三天之內,我要把它重建起來。**」(19節)耶穌這話是與舊約彌賽亞重建聖殿的應許連上關係。猶太傳統一向認為,即使聖殿被毀,當彌賽亞再來之時**聖殿**必會**重建**。但耶穌這裏所說**「三天之內，我要把它重建起來」**，並不是他們傳統所指的，而是暗示他那彌賽亞的身分。再者，19節所說的是與馬太福音平行：「……除了先知約拿的神蹟，再也沒有別的神蹟給你們看了。約拿曾經在大魚的肚子裏三天三夜，人子也要在地的深處三天三夜。」(太十二39～40)由此可見，耶穌暗示他的身體就是那殿，他亦預言自己將來要受死。

> *「我【指耶穌】能夠拆毀上帝的聖殿，三天內又把它重建起來。」*

不過，耶穌這番話成為日後被人指控的把柄(參**太二十六61**)。在這指控中，大祭司即時質問耶穌說：「你是不是基督、上帝的兒子？」(太二十六63)但若將這段經文與約翰福音比較，便證明指控的人是錯誤的，因為耶穌所說的是「你們拆毀這聖殿……」(約二19)，但猶太人卻說成「這個人說過：『我能夠拆毀上帝的聖殿』……」(太二十六61；參可十四58，十五29)；另外，耶穌所指的是他的身體，而非聖殿這座建築物。這兩段經文的內容可顯示，原初的讀者必定明白耶穌說這話所包含彌賽亞的意涵。

對於拆毀聖殿的敍述，猶太人是按字面意思來了解：**「這聖殿是用四十六年才造成，你能在三天之內重建它嗎？」**(20節)③ 這是約翰福音裏典型的「誤會陳述」(參1.4.3.「『誤會陳述』的使用」)。約翰慣於使用這樣的文學技巧，去吸引受眾注意所討論問題的核心，然後再進一步澄清背後真正意思。在這情形下，耶穌的受眾通常只了解表面的意思，而不能明白背後的屬靈含義。對猶太人的誤解，約翰馬上加上註解：**「其實，耶穌所說的聖殿是指他自己的身體」**(21節)。要留意約翰再加上的註解：**「耶穌從死裏復活以後，他的門徒記起他曾說過這話，就信聖經和耶穌所說的。」**(22節)為要提醒讀者要從耶穌復活後的角度來了解此書，這是作者寫此書的一種手法，稱為「復活後觀點」(參1.4.2.「獨特的記載觀點」)，這亦是研讀約翰福音的原則。

論到聖殿是指耶穌自己的**「身體」**，我們再參考兩節出自約翰著作的經文加以闡述。其一是本福音書四章21至23節耶穌與撒馬利亞婦人的對話中，他指出「人不再在這山上或在耶路撒冷敬拜天父」(四21)；其二是啟示錄二十一章22節：「我沒有看見城裏有聖殿，因為主─全能的上帝和羔羊就是這城的聖殿。」由這兩節經文得知，耶穌在答辯猶太人領袖的質詢時，是要指出耶路撒冷的聖殿原本是一個讓人來到上帝面前的地方，但當耶穌成為肉身後，這殿已被他的身體所取代。凡信靠耶穌的人已能夠藉著耶穌遇見上帝，而不須靠進入聖殿(參一18，十四6)。

• 耶路撒冷聖殿山(圖中)及哭牆(右下)

4.2. 在耶路撒冷的神蹟及不恰當的信心（二23～25）

這一段落是約翰對耶穌事工的一些詮釋，並作為接著一章與尼哥德慕對話的轉接段落。約翰描述耶穌在同一個逾越節裏（13節），於耶路撒冷行「神蹟」（23節），這節的**「神蹟」**原文是複數。這暗示耶穌除了在迦拿行水變酒的神蹟外，他還行過許多其他的神蹟，只是沒有被約翰記錄下來，這情形如同約翰以誇張的口吻說：**「耶穌還做了許多別的事，要是一一記錄下來，我想整個世界也容納不下那麼多的書。」**（二十一25）

四章46至54節提及「第二個神蹟」（54節）。若與二章23節比較，這樣的表達似乎表示約翰在整合不同資料時犯錯誤，但其實這是說明他是選擇性的使用寫作材料。故此，四章是約翰所記載第二個神蹟。

因著耶穌所行的神蹟，耶路撒冷的人**「就信了他」**（23節）。這等的信心是因著看見神蹟而產生，可是耶穌卻不**「信任」**（24節；希臘文：*pisteuô*，意即「相信」；參《現修》、《新譯本》、《當代聖經》）他們，因此這節經文的意思是「耶穌不相信他們所相信的」，這是由於**「他對所有的人都有深刻的了解，他不需要人告訴他關於人性的事，因為他洞悉人的內心」**（24下～25節）。這並不是說耶穌的神蹟會引發出虛假的信心，也非指他們的信心是建立在耶穌所行的事蹟上（參十38，十二37，十四11，二十30～31），而是在於這種信心的本質只是膚淺而表面的，是不能持續下去，也無法令他們認識耶穌事蹟背後之真正意義（參六14～15、25～27）。像行完五餅二魚的神蹟之後，羣眾想立耶穌為王，可是卻不接受耶穌將來所要承受的命運；羣眾相信耶穌是彌賽亞，可是這彌賽亞的觀念是較政治性的，而非耶穌所指要帶給人救恩的。

耶穌**「洞悉人的內心」**（25節），這是相當駭人的，因為普通人是不可能知道別人的內心。人人都知道自己的心是既邪惡又不潔，也經不起考驗，但人一經重生，上帝就賜給他一顆新造的心，使他在這基礎上學習信靠祂，也使祂「信任」他。因此，一個信徒不應動不動就信心軟弱，也不應以事情的順利與否來衡量上帝的恩典，更不可在上帝藉苦難向信徒顯明祂的心意時，渾然不覺。我們的信心應該是比那些因神蹟而信的人更討上帝喜悅才對！

溫習問題(4.1～4.2.) 在頁89。

4.3. 與尼哥德慕論重生(三1～21)

在整卷書裏，約翰主要以耶穌所行的神蹟和他的講論這兩種方式，來證明耶穌是「基督，是上帝的兒子」(二十31)。這兩者會各自獨立被敘述，但亦有併在一起來描述，在這情況之下，大多先講述神蹟，然後再加上講論，這些**講論**通常是圍繞一件事情、主題或以神蹟為中心，耶穌與尼哥德慕論重生就屬這個情形。當耶穌在耶路撒冷行完神蹟後(二23)，就引入與尼哥德慕的談道，其內容是論到重生的真義。從對尼哥德慕的描寫看，他並不是一個虛構的人物，乃是代表那些因怕猶太人而不敢承認自己信仰的隱藏身分的信徒。尼哥德慕的來頭可不小，他是公會的議員(參七45～51)、法利賽人，也是教導以色列人律法的教師(10節)。

參六章1至59節「五餅二魚」的神蹟與「生命之糧」的講論。

4.3.1. 耶穌與尼哥德慕(1～15節)

耶穌與尼哥德慕論重生的講論，是與上文的神蹟(二23～25)緊扣在一起，它們之間的關係可由二章25節「……關於人性的事……他洞

悉人的內心」，與三章1節「**有一個法利賽人**」都出現一個單數的名詞「人」看到。「人性的事」與「洞悉人」的「人」這詞（希臘文：*anthrôpcs*）意即「人、人性、人類……」等。三章1節「有一個法利賽人」直譯為「有一個人，是一個法利賽人」。這「人」的希臘文與上述的「人」相同，這暗示尼哥德慕就是**二章25節**所指的那「人」。換句話説，尼哥德慕的出現不是無緣無故，他代表第二章那些見過耶穌行神蹟而又信的人（參三2），但他不完全明白耶穌所指的「信心」，所以耶穌沒有把自己「交託」（《和合本》）給尼哥德慕（參二24）。

25節所出現「不需要人」的「人」希臘文 tis 意即「任何人」。

「尼哥德慕」是個希臘名字，意即「領袖」。他是猶太議會的一個成員（1節）。聖經學者對尼哥德慕要「**晚上**」來見耶穌，作了不少的推測，有認為尼哥德慕可能是藉黑夜來掩護自己，以免被人知道身為以色列的教師，都來求教於耶穌，這會使他顏面盡失；亦有認為他白天太忙碌未能抽時間與耶穌談道；有些則認為拉比通常研究學問直到夜裏，因此夜裏來見耶穌是很自然的；更有學者認為他需要較長的時間與耶穌討論問題，所以選擇了夜間造訪。這些説法大都未能從約翰福音的資料獲得支持。在約翰福音裏，「**晚上**」、「**夜間**」或「**黑夜**」（三2，九4，十一10，十三30，十九39，二十一3）這些詞具象徵性的意義　是用來表達道德或屬靈上的黑暗，即使它們是用來指具體的「晚上」這時間，也帶有這方面的意義。因此，「晚上」意味尼哥德慕正處在道德和屬靈上的黑暗中，並且他的黑暗比他自己所了解的還要來得大且深；這時他來到耶穌——世界的光——面前，如此就凸顯出兩者之間的強烈對比。

尼哥德慕恭敬地稱呼耶穌為「**老師**」（《和合本》譯作「拉比」）及「**從上帝那裏來的教師**」（2節），「**老師**」也是施洗者約翰的兩個門徒對耶穌的尊稱（一38）。雖然尼哥德慕不把耶穌視為不學無術、不懂神學的木匠，但他這樣稱呼耶穌，也只不過是把耶穌當作與自己地位相等的

尼哥德慕所指「我們知道」，表示他正代表猶太議會部分的議員對耶穌的評估，而非指他當時是帶著一批門徒來見耶穌。

身為猶太人「老師」的尼哥德慕都可以不明白耶穌所說的「重生」。怎樣才可真正的認識耶穌？怎樣才會明白「重生」真義？

人物。尼哥德慕說**「我們知道」**正反映他對認知事情的自信，不過諷刺的是，經過兩人的談論後，誰在屬靈上是真「知道」，就立見分曉了。

尼哥德慕對耶穌的了解某程度是正確的，他說：**「你所行的神蹟，要不是有上帝同在，沒有人能行。」**(2節）這節所提的「神蹟」是把二章23至25節的關係貫串起來。這表明當耶穌在耶路撒冷行神蹟時，尼哥德慕顯然也是見證人之一，但對尼哥德慕來說，耶穌也只不過是由上帝那裏差來的一位教師，他並不是真正的認識耶穌。雖然他來見耶穌這決定是對的，但從神學的意義上卻不正確，他沒有從神蹟中掌握到彌賽亞的含意。要留意**「要不是有上帝同在，沒有人能行」**這句子，並不表示他承認耶穌的神性。尼哥德慕可能只認為耶穌與摩西（出三12「上帝回答：『我要與你同在』」）或耶利米（耶一19「他們不能擊敗你；因為我與你同在」）是同一類的人物，因為這些先知都有上帝同在的應許。

保羅與彼得也有類似重生的觀念，只是所使用的詞彙不同：「新造的人」（林後五17；加六15）；「聖靈所施重生和更新的洗」（多三5）；「重生」（彼前一23，原文是「新生」）。

耶穌不理睬尼哥德慕的奉承，他似乎答非所問但又一語中的對尼哥德慕說：**「我鄭重地告訴你，人若不重生就不能看見上帝國的實現。」**(3節）耶穌看出，一個人的敬虔或是宗教地位是不能使他得救的。「重生」這名詞是由一個動詞 *gennaô*（意即「出生」）加上一個副詞 *anôthen*（意即「從上面／再一次」）譯出來。*anôthen* 這副詞在約翰福音使用了5次（三3、7、31，十九11、23），前三者所指的清楚是「從上面」。此處耶穌顯然是指「從上面」，故此「重生」就是指「從上面生的」，亦即**「從上帝生的」**（參一13），表示進入上帝國不是靠人的努力，而是藉上帝的工作：**「重生」**。但尼哥德慕所了解的意思是「再一次的生」，因此他再問耶穌：

「一個已經老了的人怎麼能重生呢？他能重進母胎再生下來嗎？」(4節)尼哥德慕的不解反映約翰的另一個「誤會陳述」，使耶穌有機會進一步說明「重生」的真義。

耶穌回答說：「我鄭重地告訴你，人若不是從水和聖靈生的，就不能成為**上帝國**的子民」(5節)。請留意此處的「從水和聖靈生的」和3節說的「重生」是同一件事情。在希臘文結構上，「從水和聖靈生的」這個短語與3節的「重生」並置，所以只有一種生：屬靈的生。此外，介詞「從」(*ek*)的希臘文是修飾「水」與「聖靈」這兩個名詞，同時也表示這兩個名詞是指涉同一個觀念，它們可代表重生的來源。「水」與「聖靈」是不可分拆來了解，這「水」也與洗禮無關。事實上「從水和聖靈生」的意義可以從舊約聖經尋找到的。「水」灑在以色列人身上具有潔淨、赦罪的意思；而當上帝把「靈」放在以色列人心裏時，是代表他們從石心到肉心的內在變化，如此他們可完全的跟隨上帝(結三十六25～27；參賽四十四3～5)。這兩方面的意思合起來就是約翰福音所指的重生。簡單說「從水和聖靈生」是一種新的出生，是「潔淨」和「更新」的新生，也是舊約先知的末世性應許。

若與符類福音相比，約翰福音較少使用「上帝國」這詞(三3、5；參十八36)，較多提到「永生」這詞。某程度「永生」與「上帝國」的意義極為相近。

「見上帝國」與「進上帝國」

耶穌提到「看見上帝國的實現」(3節；《和合本》譯作「見上帝的國」)與「成為上帝國的子民」(5節；《和合本》譯作「進上帝的國」)，雖然在用詞上「見」與「進」稍有差異，實際上兩者在意思上並無不同，不能把「見」到「進」之間，解釋為這是進入上帝的國漸進的方式。「見」或「進」的意思是一種經驗、遇見、加入、進入的意思，約翰的類似用法包括「有真生命」(三36；《和合本》譯作「得著永生」)、「一定永遠不死」(八51；《和合本》譯作「永遠不見死」)等。

或許有許多人的得救見證都是轟轟烈烈的，但這是否可斷定人的重生必須有特別經歷或感覺？這段經文如何幫助你看自己的重生經歷？

耶穌接著便澄清他所謂的「重生」並不是指生理上由父母生，而是指屬靈上由聖靈所生（6節）。這「肉身」與「靈」的對比表示，由人生出來的是屬於人間的家庭成員，惟有聖靈生的，才屬於上帝家裏的人。若將**「人若不重生」**（3節）與**「你們必須重生」**（7節）作對比，耶穌由「人」這第三人稱單數名詞轉為「你們」這第二人稱複數代名詞，意味著這樣的道理是適用於所有人，但同時他也是對尼哥德慕發出這信息：**「【你】不要……驚奇」**（7節）。既提到靈，耶穌對靈的工作有進一步的解說：**「風隨意吹動，你聽見它的聲音，卻不知道它從哪裏來，往哪裏去。凡從聖靈生的，也都是這樣。」**（8節）由此看來，聖靈在人心中的工作不但是不可見，也是無法控制，但所顯出來的效果卻是不能否定的。

交談到這裏，尼哥德慕更是一頭霧水，便說：**「怎能有這事呢？」**他意思是「它怎能發生的呢？」他無法理解耶穌的話，因為他缺乏屬靈知識，也顯示他仍在上帝國之外。耶穌帶著責備的語氣回答：**「你是以色列的教師，連這事都不明白嗎？」**（10節）這使他與尼哥德慕之間產生一個對比，猶太人的教師**不知道**的答案，那真正的拉比耶穌卻知道這奧祕。耶穌接下來藉著**「講論」**、**「確知」**、**「見證」**及**「見到」**這幾個鑰詞引導下（11節），道出他自己來到世上的目的與相信他的必要性。耶穌在此所用**「你們」**這代名詞，是指2節的「我們」。接著的說話，耶穌以「你們」來指涉普遍的羣眾（11～15節）。④

要注意尼哥德慕在探訪耶穌的前與後有很大的轉變。他前來見耶穌時滿有自信的說「我們知道」（2節），但面對「從上帝那裏來」的耶穌後，則變得一無所知（9節）。

耶穌指出，他們不信**「世上的事」**（《和合本》譯作「地上的事」），當然就不能信**「天上的事」**（12節）了。從上下文看，**「世上的事」**就是耶穌所指**「重生」**（即**「從水和聖靈生」**）。它之所以稱為**「世上的事」**，不是因為它屬物質，而是指發生在世界上的事。在這對比之下，**「天**

上的事」就是指發生在「世上的事」背後那屬天的來源，亦是16節所描述「上帝那麼愛世人，甚至賜下他的獨子……」，也是指17節上帝「差遣」子一事。換句話說，「天上的事」是指耶穌「降下／降生」及藉著十字架的「升天」（13節）所顯示的末世性救恩。

此時耶穌所強調的是他的身分：「除了從天上降下來的人子，從來沒有人上過天」（13節）。「從天上降下」是說明人子屬天的來源，因此「降下」是指他（道）成為人，他「**上過天**」則表明耶穌透過十字架，完成救贖工作後返回父那裏去。耶穌以摩西舉起銅蛇這事迹來說明十字架的工作（14節），並使用**「舉起」**這雙關語，把他與銅蛇的關係連繫起來：摩西在曠野「舉」蛇是帶著「醫治」的意義，凡被蛇咬的人只要仰望它就得醫治，並恢復與上帝的關係；同樣，人子也要在十字架上被舉起來，使一切信他（或仰望十架）的得著永生（15節）。從這個角度看，耶穌在14、15節確實回答尼哥德慕在9節的問題：「怎能有這事呢？」由聖靈重生這事情，只能藉釘十字架、復活、被升高的人子才會發生，也亦因此才能進上帝的國。

兩約中間的猶太人文獻及後期的拉比著作認為摩西曾升到天上接受「妥拉」（Torah），然後下來把它傳給人（詩六十八19，《他爾根》）。

「舉起」在約翰福音出現過4次（三14，八28，十二32、34），它一直與身體被舉起掛在十字架上，以及被上帝升為高這兩個觀念結合在一起。

耶穌說完「重生」的觀念後，繼而談到「永生／永恆的生命」（15節），重生是從人的角度來看，永生則是從上帝的角度看。這兩者關係密切，因它們是一體兩面，沒有重生就沒有永生，這兩者是同時存在，缺一不可。永生的得著是因為重生；重生的生命就有永生的特質。

在追求物質，以金錢掛帥的現代社會裏，最受矚目的恐怕是那些被人看為是「成功」的人物了，因著他們所擁有的財富、地位、名聲或外貌，使我們忘記了他們其實是處在上帝震怒下的罪人。或許猶太人眼中的尼哥德慕是個令人稱羨的人物，是敬虔與權貴的象徵，但耶穌所看到的尼哥德慕卻是個需要重生的人。有多少基督徒對不信的人，也有這樣的看法？有多少基督徒能向那些失落的人，傳揚耶穌所傳的呢？

約翰福音的「永生」

「永生」是一個名詞短語，原文由 *zôê*（「生命」這名詞）及 *aiônios*（「永遠」這形容詞）組成，在約翰福音共出現17次（但與永生同義的「生命」則使用36次），是新約書卷裏出現次數最多的一卷書（無論是「生命」抑或「永生」）；「永生」這詞在《七十士譯本》僅使用過1次（但十二2）。約翰福音第一次出現「永生」是在三章15節，從質的角度看，永生是基督所賜的生命，因此又稱為「**豐豐富富的生命**」（十10）；從量的層面看，永生是指可以持續到永遠的生命。基本上這可指將來的生命，或復活後的生命，但信徒因著與基督結連，今生已可以享受這樣的生命。人除非藉聖靈重生進入上帝的國，否則不能得著永生。從這個觀點看，永生與「進上帝的國」是同義。它是上帝賜給信徒的救恩之全部，所以得著永生也可以用「**出死入生**」（五24）來描述。

4.3.2. 愛與永生（16～21節）⑤

愈認識救恩的可貴，基督徒傳福音的熱忱就會愈大？今天教會傳福音的人那麼少，原因何在？你認為自己有傳福音的熱忱嗎？如何增強這心志？

16節可以說是全本聖經最著名的一節經文，也是新約有關救恩的一個神學摘要。上帝「**賜獨子**」（《和合本》譯作「將獨生子賜給」），是宇宙中最驚人的事件，是上帝最不可思議的作為。獨子的賜下，是上帝愛世人的表現與結果，也是證明上帝所賜下的是最好的，因為在宇宙之間，除了上帝的獨子之外，沒有一樣能比這份禮物更好。救恩是無比昂貴，因為所付上的是上帝的獨子。

更不可思議的是，那些敵對與拒絕上帝的「**世人**」，卻是上帝所愛的對象，這樣的愛是沒有性別、地位、膚色、文化之分，其分別卻在於「信」與「不信」之間（18節）。「相信」是指「接受」，而非「功德」；而相信的結果就是得著永生。「永生」是上帝所賜的生命，它不單指無止境的存在狀態，且是一種獨特的生命——耶穌的生命——的素質。

與永生相對的是**「滅亡」**。「滅亡」不是不復存在，從此消失於天地之間；而是與這位永生上帝隔絕，因此也就斷絕了一切由祂而來的生命、恩典、真理……等，亦即指上帝在滅亡的人身上的目的完全失落，結果他要完全停止與上帝相交，正如保羅所說：「永遠滅亡，從主面前被隔絕，離開他榮耀的大能」（帖後一9）。

「滅亡」這詞apollum原文有兩個意義：一是指失落或失去；另一個是指滅亡（毀滅）。從上下文來看，16節明顯的是指前者。

這裏的「差」（17節）與「賜」（16節）相互呼應，表示救贖計劃的啟動者是父上帝，而耶穌順服上帝的差遣，這差遣是為了一個特殊的任務：拯救全世界。雖然約翰提過末日的審判（參五27～29，十二48），但在18節「不信的人已經被定罪了」，意思是指耶穌的事工本身就具有審判的效果。換句話說，那些相信耶穌的人，就完全脫離了審判，而不信的人，上帝已在他身上宣告判決。審判的過程是與救恩不可分割；因此，耶穌所說「不是要定世人的罪」（17節）與「已經被定罪了」（18節）之間並沒有矛盾。在這裏，我們看到一件極為迫切的事，「定罪」並不是在很遙遠的未來發生，而不信的人可以毫不在意地站在一旁依然故我，事實上在他不信的一刻，「定罪」已實現了，因18節清楚的說「不信的人，<u>已經</u>被定罪了」。

約翰在**19至21節**的論述，可以說是再次回到一章4至8節「光」與「黑暗」的主題，使我們更加了解被定罪的、被上帝接納的是誰。相信與不信的差別，並不在於誰是無辜、誰

19至21節的內容及意義與約翰壹書一章8至9節相近。

是有罪，而在於他們對於「光」的態度。不信者退縮到黑暗裏，是因為他們怕自己的罪暴露出來；相信的人願意就光，而致他認罪的動機被顯明出來。

耶穌與聖誕老人有何分別？你認為世人較喜歡哪一位？為何如此？耶穌有令世人討厭的地方嗎？

約翰的二分化表達（二元論），在這段經文裏相當明顯：**「愛黑暗」**、**「做壞事」**與另一組詞彙**「接近光」**、**「依照真理做事」**對比。這對比是要顯示，一個人所作的，正反映一個人的生命狀態。**「做壞事的」**不是指那些觸犯社會法紀、為非作歹的人，而是指拒絕耶穌——這位世界的光——的人；**「依照真理做事的」**是指就近耶穌的人，他們並非比別人行為好，只是照上帝旨意做（21節）、與耶穌連結而已。

4.4. 約翰進一步的見證（三22～36）

「這事以後」有單數（meta touto，二12，十一7、11，十九28），亦有複數（meta tauta，三22，五1、14，六1，七1，十九38，二十一1）。它們之間並無時間長短的差異，因此並無意義上的不同。約翰用這短語不是要表達一個特定的時間，而是說出經過一些（或許多）前述的事件之後。

這段落再次提及施洗者約翰的見證（22～30節），以及作者約翰的補充與解釋（31～36節）。這兩個段落都不約而同的出現了**「見證」**（26、28、32、33節）一詞，並且這兩位約翰也是以見證人的身分來介紹耶穌。前者所見證的耶穌是眾所期待的「新郎」；後者所見證的則是從天上來的，也是上帝所差來的「兒子」。

4.4.1. 施洗者約翰的門徒之疑惑（22～26節）

作者以**「這事以後」**（22節）為另一個地方的序幕，這地方是**「猶太地區」**。前一段落耶穌與尼哥德慕的對話是發生在耶路撒冷（二23），因此本節所指的**「猶太地區」**應該是另一個地方，可能是猶太地區的郊野而不是城鎮，因為耶穌正在那裏施洗。

4卷福音書中，只有約翰提到耶穌施洗（22節），即使如此，約翰仍特別指出**「其實，耶穌未曾親自為任何人施洗，而是他的門徒施洗」**（四2）。與耶穌相對的，是施洗者約翰在靠近撒冷的哀嫩施洗（三23）。我們不易確定哀嫩正確的地理位置，估計有3種可能性：一　死海東北某處；二、約旦河谷以北離伯善以南6公里的一個地方；三、撒馬利亞的示劍。後兩者可能性較高，因為那些地方都有充足水源。約翰選擇那個地方施洗原因是**「那地方水多」**（23節）。

引發施洗者約翰作見證之原因，是他的門徒與猶太人辯論潔淨之禮（25節）。由於耶穌與他的門徒在離約翰甚遠之處施洗，因此這辯論可能是關於施洗者約翰的洗與耶穌的洗之間的關係，而耶穌的洗又與猶太人的潔淨禮（參二6）完全不同。可能猶太人告訴約翰的門徒，耶穌把猶太人施洗的意義更改了，所以約翰的門徒便覺得耶穌若不是脫離了猶太教的規矩，就是與施洗者約翰的教導不符。可見約翰的門徒是因著教義的衝突所產生的困惑，而來到約翰面前。雖然他們表面上所提的問題是：**「你為他見證的那一位，現在也在施洗，大家都找他去了！」**（26節）對約翰的門徒而言，耶穌的工作似乎是與他們的「老師」（原文作「拉比」）競爭。按理施洗者約翰的門徒所存的意念，只反映他們對約翰的忠誠與擁護，這也未嘗不可，但危險的地方就在這裏。他們的忠誠在錯誤意念的引動下，反成了攔阻上帝工作的絆腳石，約翰的門徒所嫉妒的對象竟然是上帝的獨子！在此，我們也應得到警惕：當一個人囿於狹隘的本位主義，不論是以個別的教會、機構、名人、宗派之名義為出發點，而不是以上帝的國度為考量時，他所作的一切，至終是拆毀而非建造上帝的國，也造成同工間的競爭與打壓。缺乏國度觀的事奉易於使人淪為「私心」的奴隸，也使所付出的一切大打折扣，我們豈能不慎？

4.4.2. 施洗者約翰見證耶穌(27～30節)

當我們衷心的擁護或推崇一位屬靈領袖時，要怎樣行才可避免對其他的教會領袖產生敵意？從施洗者約翰的門徒對耶穌的反應來看，你可以學到甚麼功課？

施洗者約翰並未因耶穌的受歡迎而心裏不安；同樣，約翰的回答也不能取悅他的門徒(27～30節)。他認為自己的身分是上帝「**賞賜**」的(27節)，並且這身分是要為基督作見證，而不是為自己作見證(28節)。雖然施洗者約翰的「**奉差遣作他的前驅**」之恩賜與工作，與在他「**以後來的**」(一30)耶穌是不同，但全都是上帝所「**賞賜**」的。此外，約翰也以「新郎」與「新郎的朋友」之比喻，來說明他自己不是耶穌的競爭對手，而是朋友(29節)。「**新郎的朋友**」原文是單數，他大概等同於現今的「伴郎」。在婚禮中，新郎會挑選一或兩位親密的朋友作他的伴郎，他／他們主要的工作是要護送新娘進入新郎的喜帳那裏。當伴郎看到婚禮順利進行，聽到新郎沒有耽誤與新娘結合，就甚「**歡喜快樂**」。要留意施洗者約翰所說「**我已經得了完全的喜樂**」(原文可譯作「我的喜樂得到實現」)是指這也是他的喜樂。此時我們看到一幅圖畫，就是雖面對著同一個對象(耶穌)，但卻呈現不同的面孔，一個是喜樂的拉比，另一個是一羣妒嫉的門徒，這對比真令人不禁莞爾一笑。

這裏的「必」字具有特別的意義。每當約翰使用「必(須)」時，常用來表達上帝的計劃或旨意(參三7、14、30，四4等)。

施洗者約翰既然是「**新郎的朋友**」，而耶穌是「**新郎**」，因此自然的結果是「**他**【指耶穌】***必*定興旺，我**【指約翰】**卻必定衰微**」(30節)。「**興旺**」與「**衰微**」在原文分別是指「增加」及「減少」，不是指跟隨耶穌的門徒必會增加，隨從約翰的門徒將逐漸減少，而是指影響力的增加與減少。施洗者約翰仍然在工作，但他的時間即將結束；他的偉大不在於成為當代偉人，而是能謙卑的呈現那更偉大的一位，當他所介紹的主角進入舞台的中央時，他就甘心的退到幕後。他全心全意擁抱上帝的旨意，並把榮耀歸給耶穌。約翰沒有自我膨脹或裝腔作勢，他內心真正的意思就是他所說出來的。這給一切服事主的人一個重要的提醒，不管他的事工在人看來是多麼成功、耀眼，他永遠都要藏在耶穌後面，因為耶穌才是他歸榮耀與高舉的對象。一切自我神化的心態或行為，不管是以何等巧妙的方式包裝，都會使事工受污損，也失去了服事者應有的本分。「**他必定興旺，我卻必定衰微**」是由兩千年前一位敬虔的人所發出的心聲，如今呈現在我們面前，成為動人的迴響與美好的榜樣。

4.4.3. 作者對永生的論述(31～36節)

這個段落是作者所加上的評論(或註解)，而非施洗者約翰談論耶穌的延續。就結構上看，這段落與三章16至21節平行。作者約翰接著解釋耶穌之所以「**興旺**」，是因為他是「**從那上面來的**」，所以也是「**超越萬有**」(31節)；同樣，施洗者約翰的「**衰微**」是因為他是從地上來的，所以是屬於地。「**屬於地**」(31節)在此並未有負面的意思，只是表示他的限制，施洗者約翰雖貴為耶穌的先鋒，但仍不是從天上來的。耶穌既然從天上來，就將「**為所看見所聽到的作證**」(32節)，這一句話除了顯示他的先存性外，也暗示他與父上帝的特殊關係。對耶穌的見證，一般猶太人是拒絕的(參一5、10)，但對於接受耶穌的見證的人，就可以證明上帝是真實的(33節)。

耶穌所說的是上帝要求他說的，他能夠如此，「**因為上帝無限量地把聖靈賜給他**」(34節)。「**上帝……把聖靈賜給他**」這句子原文是「他賜聖靈」，它的主語是隱藏在那第三人稱單數表達的動詞「賜」，而且也沒有賓語。有聖經學者參考七章39節，認為「他賜聖靈」應作「耶穌賜聖靈給他（信徒）」，但從上下文看，「他賜聖靈」應指「上帝賜聖靈給耶穌」才是合適的。從救贖歷史看，上帝是透過祂所差遣的使者向祂的百姓說話，每位被差派的都領受聖靈來達成所交付的工作。對於這一點的看法，是有迹可尋的。有猶太拉比指出，聖靈降在先知身上是受限制的，因為聖靈與先知同在，是根據每位先知所被指派工作的「量」（《利未記註釋》〔*Leviticus Rabbah*〕15.2）；但這樣的情形完全不適用在耶穌身上，因為父上帝無限量的將聖靈賜予耶穌，這「無限量賜予」的觀念，被接著的一句：**「父親愛兒子，已經把萬有交在他手中」**（35節）強化了。父所交付給子的，包括祂的權柄、啟示性的話語與行動。然而在上帝的救贖行動上，子是救恩的焦點，因為**「信兒子的，有永恆的生命，不信兒子的，不會有真生命」**。不信子的人後果將會非常嚴重，**「上帝的懲罰永不離開他」**（36節）。上帝的國既是聖潔公義的，便不容許有一絲的罪存在（參啟二十一27，二十二15），而解決罪的惟一方法就是信耶穌，因為只有在耶穌裏才有赦罪及永生。

「上帝的懲罰」原文作「上帝的震怒」（參《和合本》）表示上帝是不能容忍罪存在（參羅一18）。

此外，「無限量賜予」這觀念亦成為本章耶穌與尼哥德慕對話的基礎。因此，它所呈現的耶穌便是成就猶太信仰目標的那一位：因著他從天上降下來，使上帝與人彼此有交往（一51）；他使水變成酒，使人生命有滿足喜樂（二1～11）；他成為肉身，將救恩帶給全世界（三16～17）。既然如此，耶穌就需要超越家國及教派之間的藩籬，走向全世界；因此，他必須實現猶太教過去所不能做的事，就是突破信仰框架，向萬民作見證。故此，31至36節便成為四章耶穌與撒馬利亞婦人談道的轉接經文。

溫習問題(4.3～4.4.)在頁90。

釋經短註

① 約翰寫作的布局裏，把耶穌潔淨聖殿這事件置於二章是頗耐人尋味的，因為就時間參考點看，這與其他3卷福音書不同，約翰福音的潔淨聖殿是發生在耶穌事工的初期，而符類福音所記載的潔淨聖殿卻在耶穌事工的末期(太二十一12～13；可十一15～17；路十九45～46)，這樣的不一致容易使人以為潔淨聖殿可能有兩次(一為他事工的早期，一為他事工的晚期)，兩次的過程相似但不是同一次。不過有學者則認為潔淨聖殿只發生一次，約翰福音描述這事件並非根據正確的發生時序，而是為他寫書目的而鋪排。他放在較前的位置，為要讓讀者早一點認識到耶穌就是那位成為肉身的上帝之子，他進入聖殿有如返家一般，否則他不會說：「我父親的聖殿」(二16)，這話在其他福音書裏是沒有出現的。不過也有些釋經者寧願採保守的態度，認為就目前4卷福音書所提供的資料，是無法得知真相。這說法或許是對的，反正無論它在時序上或次數上怎樣出現，4卷福音書都有記載此事，這已足夠反映此事件是真實且重要的。

② 約翰福音至少3次提到逾越節。如果我們假設約翰福音所提到的逾越節是按照時序的話，那麼二章13節所提的，就是第一個逾越節，發生在公元30年春天左右。第二個逾越節是在六章4節所提的，是在公元31年。而其他提到逾越節之經文，大部分都是在靠近主耶穌被釘十字架的時候，亦即是第三個逾越節(參一一55，十二1，十三1，十八28、39，十九14)。但是，若約翰不是按照時序來鋪排他的材料的話，二章13節亦可看為發生在耶穌事工中較晚的時期，而非屬於他事工較早期的事迹。不過，這就會產生許多的討論，例如：怎樣解釋三章22至30節所記載施洗者約翰的見證，因為他當時還未被囚禁(24節)，並且也涉及另一個重要的問題，就是到底耶穌潔淨聖殿多少次？(參釋經短註①的討論)。

③ 公元前19年大希律(Herod the Great)為討好猶太人，下令重建聖殿，到公元64年才完工，因此在耶穌的時代，這殿只完成一半。不過這座工程浩大的聖殿也只不過存在7年，在公元70年它就毀於羅馬將軍提多(Titus)的手中。至於二章20節猶太人說：「這聖殿是用四十六年才造成」，這46年的計算是：20年(公元前20年開始興建)加上耶穌事工的初期30年(路三23)，但減去3/4年，因耶穌是在約公元前3/4年左右出生。但此處經文所謂「造成」，都不

是指聖殿真正的竣工，只是指當時所完成的部分。

④ 三章11節與約翰壹書一章2節的用詞極為相似：「這生命出現的時候，我們見到了；因此，我們向你們見證，並傳揚那原來與父同在、而且已經向我們顯明了的永恆生命。」因此，有學者認為這樣的情況證明了約翰已把自己的思想融入在主耶穌的話語中，因此難以在約翰福音分在辨出哪些話是耶穌說的，哪些是約翰說的。

⑤ 表面看，三章16至21節似乎是接續著耶穌在10節說話的內容，但仔細觀察，這段經文很可能是作者約翰自己對以上敍述的解釋(或評論)。就以用字來看，已知這是作者的話，如：以「獨子」來指涉耶穌是作者約翰獨特的用字(一14、18；參約壹四9)，其他新約作者甚至耶穌自己也從未如此用過。此外，約翰福音的耶穌不會稱呼上帝為「上帝」，而是「天父／父」，但在這段經文中卻出現「上帝」這名詞。事實上，聖經學者已注意到1至15節與16至21節之間在內容上是有轉化的。1至15節的耶穌只與猶太人有關，因為內容都是圍繞著猶太人的拉比、摩西的銅蛇、升到天上的人子等；但16至21節則把關係延展至全世界，因為上帝差祂的愛子(獨子)到世界是為拯救世人。

溫習問題(4.1.～4.2.)

1. 耶穌潔淨聖殿與舊約先知的行動有何類似的地方？
2. 當耶穌潔淨聖殿後，作者「想起聖經上的話說……」(17節)。他所想起的對「潔淨聖殿」這記述有何重大意義？
3. 猶太人對耶穌潔淨聖殿的反應如何？耶穌如何藉著他們的質疑說出另一個預言？(參18～22節)
4. 在23節所出現「神蹟」這複數名詞有何意義？是否與作者記載耶穌所行的神蹟有矛盾？
5. 為甚麼對於那些因神蹟相信的人，耶穌的反應是「不能使自己信任他們」？(24節)
6. 耶穌「洞悉人的內心」這說話是甚麼意思？(25節)

溫習問題(4.3.～4.4.)

1. 尼哥德慕夜裏前來見耶穌的原因何在？他與耶穌談話的內容是由誰主導的？(參1～2節)
2. 「肉身」與「靈」之對比有何意義？(參6節)
3. 8節提及「重生」與「聖靈」，兩者之間有何關係？而「重生」(3、7節)與「永生」(15節)兩者之間又有何關係？
4. 為甚麼尼哥德慕這猶太人的教師(拉比)，卻不明白有關重生的事？(參4節)
5. 如何解釋17節「上帝差遣他的兒子到世上來，不是要定世人的罪」，與18節的「不信的人已經被定罪了」之間的張力？這兩者是否有矛盾？
6. 甚麼事情引起施洗者約翰的門徒對耶穌產生質疑？(參25～26節)
7. 在對耶穌的態度上，施洗者約翰與他的門徒有何差別？約翰以甚麼作比喻來解釋他與耶穌的關係？(參27～30節)
8. 作者如何解釋「屬天」及「屬地」的分別？(31～33節)
9. 「上帝無限量地把賜聖靈賜給他」(34節)與舊約時代上帝賜下聖靈是否有所不同？這一句話有何重要的屬靈意義？

第五章

在撒馬利亞與加利利：外邦人對耶穌的反應

（四1至54）

- 在撒馬利亞：與撒馬利亞的女人談道
- 門徒返回來
- 撒馬利亞人歸信主
- 耶穌在本地不受尊重
- 在加利利：醫治官員之子

經文

4 1法利賽人聽説耶穌招收門徒和施行洗禮比約翰多。(2其實，耶
穌未曾親自為任何人施洗，而是他的門徒施洗。)3耶穌知道這
事就離開猶太，再回加利利去；4他必須經過撒馬利亞。
5他來到撒馬利亞的敍加鎮，距離雅各給他兒子約瑟的那塊地不
遠；6雅各井就在那裏。耶穌因為趕路疲倦，就坐在井旁；時候約
在中午。
7有一個撒馬利亞女人來打水；耶穌對她說：「請給我一點水喝。」
(8他的門徒已經到鎮上買食物去了。)
9那女人回答：「你是猶太人，而我是撒馬利亞女人，你為甚麼
向我要水喝呢？」(原來猶太人跟撒馬利亞人不相往來。)
10耶穌說：「要是你知道上帝的恩賜和現在向你要水喝的是誰，
你就會求他，而他會把活水給你。」
11那女人說：「先生，你沒有打水的器具，井又深，你哪裏去取
活水呢？12我們的祖先雅各給我們這口井；他、他的兒女，和他的
牲畜都喝這口井的水。難道你自以為比他還大嗎？」
13耶穌回答：「喝了這水的人還會再渴；14但是，誰喝了我所給的
水，誰就永遠不再渴。我給的水要在他裏面成為泉源，不斷地湧出
活水，使他得到永恆的生命。」
15女人說：「先生，請給我這水，使我永不再渴，也不用再來這
裏打水。」
16耶穌對她說：「去叫你的丈夫，然後再到這裏來。」
17女人說：「我沒有丈夫。」
耶穌說：「你說你沒有丈夫，並沒有錯。18你曾經有五個丈夫，
現在跟你一起的不是你的丈夫。你說的話是對的。」
19女人說：「先生，我看出你是一位先知。20我們撒馬利亞人的
祖先在這山上敬拜上帝，你們猶太人卻說耶路撒冷才是敬拜上帝
的地方。」

[21]耶穌對她說：「女人，要信我！時刻將到，人不再在這山上或
在耶路撒冷敬拜天父。[22]你們撒馬利亞人不知道你們所拜的是誰，
我們猶太人知道我們所拜的是誰，因為救恩是從猶太人來的。[23]可
是時刻將到，現在就是了，那真正敬拜天父的，要用心靈和真誠敬
拜。這樣的敬拜就是天父所要的。[24]上帝是靈，敬拜他的人必須以
心靈和真誠敬拜。」

[25]女人對他說：「我知道那稱為基督的彌賽亞要來，他來了就會
把一切的事都告訴我們。」

[26]耶穌回答：「我，正在跟你說話的，就是他！」

[27]就在這時候，耶穌的門徒回來了。他們看見他正在跟一個女人
說話，覺得很驚奇，可是沒有人問那女人：「你要甚麼？」或問耶穌：
「你為甚麼跟她說話？」

[28]那女人放下水罐，往鎮上去，向大家說：[29]「你們來看！有一個
人把我生平所做一切的事都說了出來；這個人也許就是基督吧？」
[30]大家就出城去看耶穌。

[31]這時候，門徒勸耶穌：「老師，請吃點東西。」

[32]耶穌回答：「我有吃的東西，是你們所不知道的。」

[33]門徒彼此議論：「難道有人拿東西給他吃嗎？」

[34]耶穌對他們說：「我的食物就是實行差我來那一位的旨意，並
且完成他交給我的工作。[35]你們說：『再過四個月才是收割的時候。』
我告訴你們，看看那片田地吧，農作物已經成熟，可以收割了！
[36]收割的人得到報賞，為永恆的生命積聚果實，使栽種的和收割的，
一同快樂。[37]『一人栽種，另一人收割』這話是真的。[38]我差遣你們
去收割你們所沒有耕作的田地；別人辛勞，而你們享受他們辛勞
的成果。」

[39]鎮上有許多撒馬利亞人信了耶穌，因為那女人說：「他把我所
做的事都說了出來。」[40]那些撒馬利亞人來見耶穌，要求他和他們一
起住，於是耶穌在那裏住了兩天。

[41]有更多的人因耶穌的信息而信了他。[42]他們告訴那女人：「我們

現在信了，不是因為你說的話，而是因為我們親自聽見了他的話，知道他真是世界的救主。」

耶穌治好官員的兒子

43耶穌在那裏住了兩天，然後到加利利去。44他自己說過：「先知
在本鄉是不受尊重的。」45耶穌一到加利利，當地的人都歡迎他；因
為他們上耶路撒冷過逾越節的時候，看見了他在節期中所做的一
切事。

46耶穌又回到加利利的迦拿，就是從前他變水為酒的地方。那地
方有一個官員，他的兒子在迦百農害病。47他一聽到耶穌從猶太來
到加利利，就去見他，求他去迦百農治好他那病危的兒子。48耶穌
對他說：「要不是看見神蹟奇事，你們總是不信。」

49那官員回答：「先生，求你在我兒子沒有死以前同我一起去。」

50耶穌對他說：「去吧，你的兒子會活的！」

那人信了耶穌的話就回去。51在途中，他的僕人迎著他來，對他
說：「你的兒子活了！」

52他問他們，兒子是甚麼時候好起來的。他們回答：「昨天下午
一點鐘的時候，熱退了。」53那父親想起，就是在那個時間，耶穌對
他說「你的兒子會活的」。因此他和他全家都信了。

54這是耶穌從猶太回到加利利後所行的第二個神蹟。

在三與四章耶穌談道的對象有鮮明的對比。尼哥德慕是一個在社會上有顯赫地位的猶太人；撒馬利亞婦人則是屬於猶太人鄙視的一族人。尼哥德慕以恪守律法為傲；撒馬利亞婦人則在道德上為鄰里所唾棄，她只能以罪人的地位受責備。但希奇的是，撒馬利亞婦人對耶穌的啟示作出即時回應，並帶領她的同鄉信他。耶穌與撒馬利亞婦人談道，是挑戰當時猶太人的傳統。他沒有受傳統的束縛，故能超越種族和社會階級的障礙。他賜給外邦婦人「活水」，已說明耶穌來到這世上，目的不但要成為猶太人的彌賽亞，也要成為全人類的救主。

另一個接受耶穌的外邦人，就是那位兒子瀕臨死亡的官員。這個故事有別於符類福音羅馬軍官的僕人得醫治的記載（參太八5～13；路七2～10），因為一個求耶穌到他家醫治他的兒子（約四47），另一個則求耶穌「吩咐一聲」（太八8），來醫治他的僕人。這兩位官員相同的地方是他們對耶穌都有真正的信心（53節；參太八10）。

5.1. 在撒馬利亞：與撒馬利亞的女人談道（四1～26）

與撒馬利亞婦人談道這段經文，不但提醒讀者，耶穌就是彌賽亞（25～26節），他更是父所差為永恆生命積聚果實的（34、36節）、是世人的救主（42節）。但相對於猶太人，他們若不是挑戰耶穌，就是誤解耶穌（參二18，六14～15），而尼哥德慕只是其中一個無知的教師（三1～9）。耶穌在撒馬利亞是受歡迎的，但在「本鄉」卻遭受迫害，最終又被帶往十字架。不過，這是他的使命，要成為上帝的羔羊，除掉世人的罪。

四章1至26節的出現

作者約翰會把撒馬利亞婦人的故事安插在這裏，一方面要讓讀者知道耶穌如何成為世界的救主，同時亦是激發猶太人相信耶穌就是他們等候的彌賽亞。從撒馬利亞婦人對耶穌身分的認同(24～25節)、「世界的救主」(42節)這個銜稱的引入、外邦人對耶穌的款待(40節；比較十一39～40)，再加上這書的引言(一1～18)，約翰是提醒猶太人拾回應得的祝福。約翰的鋪排是要引起他同胞發憤之心，如同保羅的心願般(羅十一11～14)。

5.1.1. 耶穌與撒馬利亞的女人論活水(1～18節)

猶太歷史學家約瑟夫提供許多證據(《猶太古史》Ant. xx.118；《猶太戰記》Bel.ii 232；《約瑟夫生平》Vita. 269)，指出猶太人雖與撒馬利亞人之間存著衝突，但當猶太人要從猶太地區往加利利，仍會行經撒馬利亞。

耶穌離開猶太地區，是因為法利賽人將他與施洗者約翰比較，至於他為何要往加利利，約翰卻沒有交代原因。令人驚訝的是，耶穌選擇「經過撒馬利亞」(4節)。當時的猶太人從猶太地區到加利利(或走相反的方向)，最短的路程是**行經撒馬利亞**，但一些較嚴謹的法利賽人則繞路上約旦河谷，再經巴珊小徑到加利利，避過撒馬利亞。不過4節的「必須」就透露了耶穌經過撒馬利亞的原因，這動詞在約翰福音通常用來表達上帝的計劃或旨意(三7、14、30，四4、20、24，九4，十16，十二34，二十9)，因此耶穌行經撒馬利亞是在上帝的計劃之內，撒馬利亞婦人信主也絕非偶然。

撒馬利亞人

撒馬利亞人原本是以色列人。北國亡國後(公元前722年)，亞述佔領撒馬利亞，引致大批外邦人遷入這城。這些外邦人與殘存的以色列人通婚，又引進外邦的宗教(王下十七～十八章)，令這城的人成了混雜的民族。這些有外邦血統的以色列人稱為撒馬利亞人，他們視自己為真以色列人，是繼承上帝應許的，他們強調自己所用的五經是摩西原來的版本，又堅稱敬拜上帝只在基利心山(申十一29，二十七12)，公元前400年他們在此山建聖殿。當以色列人歸回時，不但視這些撒馬利亞人為不純淨的種族，亦視之為政治叛徒的後代，認為他們嚴重偏離了正統的猶太教。

猶太人與撒馬利亞人之間的對立，是從以色列人歸回時期(公元前440年)開始，當時撒馬利亞人築路障阻止以色列人重建耶路撒冷城牆。在公元前2世紀，撒馬利亞人甚至協助敘利亞人攻打猶太人。公元前128年猶太大祭司採報復行動，燒毀基利心山的聖殿。到了耶穌的時代，猶太人與撒馬利亞人鮮有來往，更談不上彼此接納；因此，當耶穌提到「好撒馬利亞人」的比喻時，是多麼令猶太人匪夷所思(參路十30～37)。

耶穌來到撒馬利亞的敍加，傳統認為此地是位於雅各給他兒子約瑟的一塊地之附近(創三十三18～20，四十八22)。這城有個井，稱為「雅各井」，因為雅各臨終前曾在約瑟的祝福語裏，稱約瑟為「像泉水旁的野驢」(創四十九22；《和合本》譯作「泉旁多結果子的枝子」)。在巴勒斯坦炎熱的天氣中走路是相當累人的，到了**「中午」**時刻，耶穌坐在井旁休息(6節)。然而一個婦人在日正當中的時候出來打水，這是相當不尋常，因為通常婦人家只會在太陽平西日頭較溫和之時才來打水。為避免遇到不良分子，婦女打水時也會成羣結隊。但這個撒馬利亞婦人卻在正午的時候獨個兒前來打水，很可能是想避開其他婦女，因為她在道德上出現了問題。

「中午」原文作「第六小時」，按羅馬人對一天的計算法，第六小時剛好就是中午12點。

敘加這小鎮

考古學家難以確定敘加的地理位置。有聖經學者認為新約時代的「敘加」就是今天的巴拉泰廢坵(Tell Balâtah),亦即舊約時代的「示劍」,這城外0.8公里有一座水井。另有學者認為敘加是現代的阿斯卡城(Askar),位於以巴路山上,與基利心山相對。

此時口渴的耶穌向這婦人要水(7節),他的舉動如此不但是想與這婦人打開傳福音的話題,亦表示他真的渴了。耶穌成為肉身,是具有百分百的人性,所以他也會渴,如同他在十字架上所說「**我口渴**」(十九28)。

耶穌的要求令這婦人感到驚訝,故此她沒有直接回應耶穌,這是可理解的。她轉答為問說:「**你是猶太人,而我是撒馬利亞女人,你為甚麼向我要水喝呢?**」約翰接著加上註解,道出原因:「**原來猶太人和撒馬利亞人不相往來。**」(9節)。「**往來**」一詞原文 *sugchraomai* 是指「與某人一起使用」的意思,通常是指一起使用同一隻杯或碟,這是表示友善的態度。因此,當耶穌向那婦人要水喝,其實是想借用她的器皿。但猶太人若使用撒馬利亞人的東西,在宗教上是視為不潔。顯然耶穌並沒有受到猶太人自以為義的宗教思想影響,因為撒馬利亞人也需要上帝的救恩。

「上帝的恩賜」表示那是上帝白白的賞賜,但從廣義的角度看,「上帝的恩賜」是指上帝的救恩。

耶穌同樣也沒有直接回答這女人的問題,只是講一些她需要知道的事:「**要是你知道上帝的恩賜和現在向你要水喝的是誰,你就會求他,而他會把活水給你。**」(10節)此時,耶穌將話題轉到「**上帝的恩賜**」和「**活水**」的主題裏。

在這一段對話中,耶穌再次運用「誤會陳述」。他使用雙關語來令對方產生誤解。這婦人誤以為耶穌的「**活水**」是物質上的，於是耶穌便進一步解釋活水的屬靈意義。① 簡單說，這「**活水**」是指耶穌所賜「新的生命」，這新的生命是由聖靈賜予的。

撒馬利亞婦人的回答反映出她對耶穌所提屬靈的事情不感興趣。她進一步提出兩個問題：一、耶穌沒有打水的器皿，如何能得到活水（11節）？二、**耶穌是否比雅各大**（12節）？這婦人發出的問題，反映她只從物質層面了解「**活水**」，而對耶穌的說話，卻持懷疑態度。因此，耶穌沒有強調自己比雅各大，因為無論猶太人或撒馬利亞人都十分尊重亞伯拉罕、以撒和雅各（當然讀者是明白耶穌是比雅各大），耶穌所強調的是井裏的水。

這女人將耶穌與雅各相比，就像猶太人把耶穌與亞伯拉罕相比般（八53）。

耶穌借用井裏的水來引入福音內容。他先指出「**喝了這水的人還要再渴**」（13節），意思是喝了這井水的人雖然立時不渴，但總有再渴的時候，即使水是由雅各井而出（創三十三18～20），但人若喝耶穌所賜的水，就永遠**不渴**。不但如此，這水「**要在他裏面成為泉源，不斷地湧出活水，使他得到永恆的生命**」（14節；參啟七17）。此時，人供應的井水便與上帝所賜的泉源作對比。上帝使生命不再渴，並不是指把口渴的欲望除去，而是指聖靈會不斷供給人屬靈生命的需要，而使其不致乾竭，又使他的心靈常常得到更新，與上帝建立親密的關係，使罪得赦免、軟弱得扶持、無知得光照、傷心得安慰、生活得指引。這樣的生命才是擁有活水的生命。

說到「不渴」，耶穌在六章35節把「不餓」與「不渴」連在一起談論。舊約先知以賽亞也曾提到上帝要止息人的口渴（參賽十二3，四十九10，五十五1）。

這個婦人到此仍不明白耶穌所講的，她仍以屬物質的層面看，所以她要求耶穌把這活水賜給她（15節），好叫她以後不必再出來打水。即使她如此膚淺，耶穌仍逐步引導她認識屬靈的真理。這都是上帝對我們的心意，祂不會因我們的無知而放棄我們，這對我們來說是莫大的安慰。接著耶穌把「活水」的話題轉移至這婦人的私生活去(16節)，這叫她更為驚訝。

面對自己的陰霾是痛苦的，這婦人怕耶穌進一步質問，故以謊言推搪說：「我沒有丈夫。」(17節)耶穌堅持要她面對真相，他借用她的答案把她的罪行顯露出來說：「你說你沒有丈夫，並沒有錯。你曾經有五個丈夫，現在跟你一起的不是你的丈夫。妳說的話是對的。」(17～18節)在5次婚姻的經驗裏，這婦人可能不重視「夫妻」這合法的關係。按猶太傳統一個婦人最多可結婚3次(即有3段婚姻)，但這婦人所作的已超過規例，更甚的是現在與她在一起的男人並不是透過合法婚姻建立的關係。面對耶穌的直言，這婦人顯然知道自己做錯事。

這時撒馬利亞婦人面臨一個抉擇：離開耶穌，拒絕救恩，或由耶穌處理她的問題。(參三19～21)從這婦人接著的回應(28～29節)，可看出她選擇了就近耶穌，儘管她把話題岔開，不願再談自己的私事。

耶穌主動接觸那婦人使我們了解到上帝的拯救是主動的。我們多少也曾像那撒馬利亞婦人，在生命中有不少無法面對的問題，需要上帝來幫助、光照與拯救。許多人以為自己信主，是因他主動尋找上帝多年的結果。但是耶穌清楚的說：「要不是那差我來的父親吸引了人，沒有人能到我這裏來」(六44)，「不是你們揀選了我，而是我揀選了你們」(十五16)。如果沒有上帝在我們心中工作、沒有上帝的恩典，我們豈能尋得見上帝？

5.1.2. 耶穌與撒馬利亞的女人論敬拜(19～26節)

他們接著轉入另一個話題，是與敬拜有關。此時婦人說：「我看出你是一位先知」(19節)，她說這話的目的是要把注意力從她身上，轉移到猶太人與撒馬利亞人長久以來對敬拜地點的爭論上。《撒馬利亞五經》（*Samaritan Pentateuch*）抄本將申命記二十七章4節的「以巴路山」改為「基利心山」，辯稱他們的聖殿才是摩西認可的，又堅稱只有基利心山才是上帝所祝福的山（申十一29），這山亦是上帝「一個特定的場所」（《和合本》譯作「立他名的居所」；參申十二5、14，十六6），而不是耶路撒冷。

敬拜及禱告的地點會影響我們與上帝的關係嗎？為甚麼有人會認為在某地方或某教會聚會特別屬靈及經歷到上帝的同在？這段經文對你有何提醒？

耶穌就著這婦人引出的話題，說明上帝的屬性及敬拜祂的真義。耶穌沒有使兩人的談話變成觀念的爭辯，他確切的指出：**「時刻將到，人不再在這山上或耶路撒冷敬拜天父」**（**21節**）。如前所述，約翰的**「時刻」**常用來指耶穌的受死、復活、升天（高升）的時刻；當這時刻來臨，人敬拜上帝的方式將有巨大的改變，那時將不再囿於某個特殊的地點了。

耶穌在21節提到「天父」，是與19節撒馬利亞婦人說「我們的祖先」作對比。

21節首一個詞是「要信我」，這不是指耶穌想邀請這婦人相信他，而是要作出斷言，其意義如同「我實在的告訴你們」一樣。

對於敬拜的對象，耶穌訴諸猶太教的傳統，指出撒馬利亞人的不當：**「你們撒馬利亞人不知道你們所拜的是誰，我們猶太人知道我們所拜的是誰。」**以色列人所盼望的彌賽亞是猶太人，而耶穌正是猶太人，這就說明**「救恩是從猶太人來的」**（22節）。兼且，當耶穌受死及復活後，那真心敬拜的人就**「以心靈和真誠敬拜」**（《和合本》譯作「用心靈和誠實敬拜」），這樣的敬拜是與上帝的本性有關——**「上帝是靈」**（24節）。② 這不是要為上帝定義，而是指上帝本質便是「靈」，祂是看不見的、是神聖的、是與人不同的。

你如何看那些堅稱自己宗派的教會才是「真教會」，或是他們的神學主張才是「正確」的神學的人？你從撒馬利亞人的信仰態度學到甚麼功課？

一般教會常引用**「用心靈和真誠」**敬拜上帝作為主日崇拜開始的宣召，若按字面宣讀，這句話常被誤解為：敬拜上帝是要「從心靈發出，且在上帝面前存真誠的心」，但這裏所指的敬拜與人的**「心靈」**或**「真誠」**

「心靈」和「真誠」兩個詞原文是指「靈」與「真理」，並由一個介詞（en）來修飾，因此所指的是同一件事。

無關。用靈敬拜與「上帝是靈」相關；用真理敬拜則與耶穌相關，因為耶穌就是「真理」（十四6）。因此，「用靈和真理敬拜上帝」就是指藉聖靈的帶領與父（祂是靈）契合，並且按照上帝藉耶穌所啟示的真理（耶穌是真理）敬拜上帝。所以「用靈和真理拜上帝」的人，就是「從靈生的」，並且與耶穌有親密的連結。

撒馬利亞婦人在25節說「我知道」與尼哥德慕所說「我們知道」相似（三2），但後者較為自信。

聽了耶穌一番話，這婦人作出回應，但與耶穌的話題稍有不同：「**我知道**那稱為基督的彌賽亞要來，他來了就會把一切的事都告訴我們」，究竟她是要轉移話題，抑或想從耶穌的回答中獲得進一步的啟迪，就不得而知。但耶穌趁此機會回答：「正在跟你說話的，就是他！」③ 約翰沒有記載那婦人的反應，但耶穌的自我表白卻十分明確。不過耶穌的說話決非徒然，這婦人反覆思想耶穌的話，最後她起來作見證（25～29節）。

• 鳥瞰撒馬利亞古城全景

耶穌所啟示敬拜的意義，使我們了解到，蒙上帝悦納的敬拜不在於地點與方式，而是與真理有關，脱離了真理是不可能有真敬拜。換言之，敬拜就是藉著上帝在聖經中所啟示的真理回應上帝、與上帝相交；因此，敬拜的過程絕非單向的，上帝那方也不是被動的，祂要求人在敬拜中順服真理，遠比以美妙的詩歌歌頌祂來得重要。

5.2. 門徒返回來(四27～38)

當門徒回來看到耶穌和一個撒馬利亞婦人談話，感到非常驚訝，他們的表現正反映一般猶太人對婦女的觀念。猶太人曾有這樣禱告：「感謝上帝，我不是生為女人。」拉比也警告猶太人不要在公眾場合與婦女談話。門徒的焦點是在**「女人」**(27節)這性別上，甚於「撒馬利亞人」這種族上的差異上。那婦人留下水罐往城裏去，對眾人作見證説：**「有一個人把我生平所做一切的事都説了出來。」**她同時也提出一個問題：**「這個人也許就是基督吧？」**(28～29節)雖然這婦人仍有懷疑，但她卻因此而行上相信耶穌之路。

按希臘文語法，「這個人也許就是基督吧」是由 mêti 這不變詞(particle)道出，表示她想得出負面的答案或對答案表示懷疑。

撒馬利亞婦人走後，作者返回敍述耶穌與門徒的對話。他們從城裏買完食物(8節)，便與他們的拉比一同吃飯，耶穌借用食物與他們談道，他再次使用「誤會陳述」。門徒以為耶穌説的食物就是一般的糧食，可是耶穌是以象徵式來陳説屬靈的事情。耶穌解釋他的食物就是他的使命，就是遵行上帝的旨意、作成祂的工，他自然的引入收割的比喻。從這個段落看，耶穌所指收割的莊稼之一，就是那些來到耶穌面前的撒馬利亞人。**「收割」**在聖經中具有末世性的象徵意義(賽二十七12；太十三24～30；

如果你向一個人傳福音已有多年，但似乎都沒有果效。36至38節這段經文如何鼓勵你繼續為主工作？

可四1～9），因此耶穌所說的，是預表他要把人聚集起來，將他們帶進上帝的國。

提到「收割」，耶穌引用一句諺語：**「一人栽種，另一人收割」**（37節）。這話在舊約時代常帶負面或悲觀的意思，甚至是有審判的威嚇（利二十六16；申二十6，二十八30；彌六15等）；但耶穌以正面方式應用此句，並特別用來指豐滿的收割。它與「差遣」的主題結合：門徒受耶穌「差遣」去收割他們所沒有耕作的田地（38節），因為已有**「別人辛勞」**在先。這裏浮現一個重要的神學意涵，就是任何宣教工作在開始之前，上帝早已動工。上帝呼召我們去傳福音絕不要求孤獨行事，而是與祂同工，在已「辛勞」的地方收割莊稼。

38節之「別人辛勞」，可能是指施洗者約翰或耶穌為將來教會所預備的工作。

5.3. 撒馬利亞人歸信主（四39～42）

因著撒馬利亞婦人的見證，**「有許多撒馬利亞人信了耶穌」**（39節）。這婦人如今拋棄一切個人聲譽，勇敢的在她的同鄉面前見證那位把她**「所做的事都說了出來」**的人，她不是見證她的改變，而是將人帶去見那位賜人活水的主；另一方面，聽見這見證的撒馬利亞人，力邀耶穌留宿，甚至因耶穌的話而相信他（41節），這真令人激賞。這情景令我們想起約翰所說：**「他來到自己的地方，自己的人卻不接受他」**（一11），然而撒馬利亞人卻接受耶穌，真是何等的諷刺！不過，他們所接受的耶穌並不是猶太人所指的彌賽亞，而是**「世界的救主」**（42節）。

傳福音之時，為何要講自己的見證（參四39）？這對於你困難嗎？是否人信主之後必定很完美或有成就，才是好見證？

稱耶穌為「世界的救主」

實事上，我們不太清楚撒馬利亞人為何稱耶穌為「世界的救主」。可能約翰是要藉著他們的話，說明他對耶穌的看法。在舊約時代，上帝因拯救百姓而被稱為「拯救者」，但這樣的觀念不只出於猶太傳統。當時希臘很多的神祇都有類似的銜稱，如宙斯及當時醫治之神就被稱為「救主」。此外，很多神祕宗教之神明都被冠以「救主」這銜稱，甚至羅馬皇帝如哈德良(Hadrian)亦曾被稱為「世界的救主」。由此看來，約翰使用這詞很可能是為表達那位真正拯救世界的主，不是羅馬皇帝或其他神祇，而是耶穌——那位除去世人罪惡的羔羊。

從這幾章的內容可見，約翰故意形成一個強列的對比。猶太人那種表面的信心是因神蹟而產生(二23～25)；撒馬利亞人對耶穌更深的信心，則基於耶穌的話。尼哥德慕這位猶太人拉比不能明白耶穌所說他是上帝所差來的獨生子，為要使世人因他得救；但撒馬利亞的鄉下人，卻能清楚的知道耶穌便是世界的救主(42節)。

耶穌來到撒馬利亞，除了出於上帝的旨意及計劃外，更重要的是耶穌必須主動來到這地方(參5.1.1.「耶穌與撒馬利亞的女人論活水」中「**必須**」的解釋)，因為他們是不會自己來到耶穌那裏的。同樣，我們也當主動向未信的人傳福音，因為他們不會主動找我們的。在特別的節日故然要邀請他們「來」教會聚會，在平時也要「去」接觸他們。正如耶穌所說：「你們要去，使萬國萬民都作我的門徒……。」(太二十八19)耶穌沒有叫門徒「等」別人來聽福音，而是要門徒「去」尋找他們。那撒馬利亞婦人與耶穌談話後，立刻「**往鎮上<u>去</u>，向大家說……**」(28節)。

5.4. 耶穌在本地不受尊重(四43～45)

43節的「兩天」是接續40節提到的「兩天」，說明耶穌離開撒馬利亞後，便立刻往加利利去。

兩天後耶穌離開撒馬利亞，到加利利去。約翰引用**「先知在本鄉是不受尊重的」**(44節)這格言來解釋耶穌去加利利之因。**「本鄉」**這詞原文有「家鄉」或「祖國」這兩個意思。符類福音書也曾引用同樣的格言來描述耶穌被拒絕，這詞實指他的「家鄉」(太十三57；可六4；路四24)拿撒勒。但約翰所指的是「祖國」，因為此處沒有提到拿撒勒。

由於約翰福音的耶穌常被稱為加利利人(一45，七1～4、40～43、52)，因此**「本鄉」**很可能是指加利利及猶太地區，它是相對於撒馬利亞而言的。撒馬利亞人接受耶穌，但耶穌在自己的「祖國」倒不受尊重。

為甚麼耶穌在「本鄉」不受尊重？是否他到「外地」就受多人尊重？你教會的弟兄姊妹是否也看重「外請」的傳道人過於在自己教會長大的？

這立刻引來一個問題，就是在45節加利利人竟接待耶穌，從表面看似乎出現不一致。或許這兩節經文可理解為：耶穌受到加利利人的歡迎，是因為他們在逾越節看見耶穌在耶路撒冷所行的神蹟(45節)，但他們的反應是有別於撒馬利亞人，這可見於耶穌的評論：**「要不是看見神蹟奇事，你們總是不信。」**(48節)。其實加利利人的信心與那些在耶路撒冷的一樣，他們即使因神蹟而相信，但耶穌仍不信任他們(參4.2.「在耶路撒冷的神蹟及不恰當的信心」)。由此看來，45節的**「歡迎」**是膚淺的，而非因真正的信心而有的「接受」(一12，五43)。因此，這裏的**「歡迎」**其實是約翰慣用的寫作手法，基本上帶有諷刺味道。反觀今日華人教會，不少基督徒有意無意吹捧神蹟奇事，以此為信仰萬靈丹，但到頭來卻培養出一羣對真理茫然無知而又信心膚淺的基督徒，我們豈不從這段經文中得到警戒？

5.5. 在加利利：醫治官員之子(四46～54)

耶穌又回到迦拿(46節)。約翰重提這是耶穌從前變水為酒的地方，好讓讀者將兩個神蹟聯想在一起。這次求援的是一個「**官員**」(46節)，他顯然是加利利分封的王希律安提帕的下屬(參太十四1)。

「官員」的意思可指有皇家血統的人，或指君王的僕人。從上下文來看，後者的意思較合理。

這官員住在**迦百農**，當他聽見耶穌來到迦拿，就從他本城去找耶穌，求耶穌醫治他那正在「**病危**」的兒子(47節)。耶穌的回答看來相當嚴厲：「**要不是看見神蹟奇事，你們總是不信。**」(48節)但這官員仍謙卑向耶穌求助，意味著他已相信耶穌或至少表明他相信耶穌願意幫助他；因此，耶穌不是真的斥責這官員，而是指責那些站在周圍的人。

迦百農是一座邊界城，故很多行政官員住在那裏。這城位於迦拿東北約38公里。從迦拿下到迦百農要先經過加利利山區，再沿加利利海走。在當時一天的時間是無法到達的。

這官員所關注的並不是耶穌的神性或神蹟，而是他兒子的健康，他懇切期望耶穌有正面的回應，應允與他一同回家醫病，但耶穌説：「**去吧，你的兒子會活的！**」那人就「信」了，以「**回去**」這行動實踐他的信心(50節)。這官員與加利利人最大的分別，就是他的信心並非基於神蹟。

你是否也是看見事情的結果才會相信上帝聽你的禱告？這官員的信心對你有哪方面的提醒？

在回家途中，這官員與他的僕人相遇並得知其子已痊癒，這結局不但證明他的信心是正確的，亦增加了他對耶穌的信心。不過，這結果還帶來另一個更深遠的結果，就是「**他和他全家都信了**」(53節)。在此，約翰稱這是「**回到加利利後所行的第二個神蹟**」(54節)。約翰在此所強調的，不是耶穌真正所行的「第二個神蹟」(參二23)，而是以地點作參考點來計算。

第一個與第二個神蹟

54節特別提到「這是耶穌從猶太回到加利利後所行的第二個神蹟」。從「第二個神蹟」的用法看來，約翰似乎故意把二章1至11節的神蹟與本章的作比較。若將這兩段經文併在一起看，有以下相似的地方：

1. 神蹟是發生在加利利的迦拿(二1，四46)；
2. 神蹟的引發是因有人來求助(二3〔耶穌的母親〕，四47〔官員〕)；
3. 耶穌曾拒絕他們的要求(二4，四48)；
4. 至終耶穌也答應他們的要求(二7，四50)；
5. 神蹟的結果是有人相信耶穌(二21〔門徒〕，四53〔官員和他的全家〕)。

從這5個相似之處看來，約翰明顯是把相同模式套用在這兩個神蹟上。

這神蹟教導我們何謂信心。信心不是操控上帝旨意的工具，更不是以順服來與上帝談判，交換己願，因上帝不是因我們而活，而是我們為祂而活。我們是不能主宰、指揮上帝的，而是上帝照管我們。真正的信心是順命和相信祂的應許(50節)，也相信神蹟的實現與否，是在於上帝的主權。這官員憑著信心向耶穌求助，並得償所願，但最寶貴的仍是他的全家因此而得到救恩。上帝對信心的賞賜就是這麼豐富與寬厚！

釋經短註

① 10節提及「活水」是有其舊約背景，其中清楚提到「活水」的是耶利米書。他將上帝比喻為「活水」，而以色列人「離棄我【指上帝】── 活水的泉源；他們挖掘不能蓄水的水池」（耶二13；參十七13）。雖然以色列人多次背離上帝，但展望著未來的撒迦利亞卻指出他們還是有盼望的，因為「在那天，將有活水從耶路撒冷流出來」（亞十四8）。此外，先知以賽亞及以西結所提到的「水」（賽一16～18；結三十六25～27）也都與約翰福音的「活水」有相關意義。

②《和合本》把24節「上帝是靈」譯作「上帝是個靈」，在「靈」這字之後加上一個註解「或無『個』字」，也就是說，它也可作「上帝是靈」，這才切合原本真正的意思，因為「上帝是個靈」這譯法，會容易被解釋為「上帝是諸靈其中的一個」，但「上帝是靈」，則說明上帝的屬性之一是「靈」。

③ 26節：「正在跟你說話的，就是他！」這句原文可直譯作「我，我是，這位對你說話的人」。「我，我是」在約翰福音有特殊意義（參1.4.1.「高基督論」），耶穌常用它來說明自己身分，通常它會加上一些描述，如「生命的食糧」（六35）、「世界的光」（八12）、「羊的門」（十7）、「好牧人」（十14）、「復活」、「生命」（十一25）；但有些經文則未加上任何的描述用詞（參六20，八58，十八5）。

溫習問題

1. 為甚麼耶穌「必須」經過撒馬利亞？（參3節）
2. 猶太人與撒馬利亞人之間最大的分別是甚麼？（參9節）
3. 為甚麼人若喝耶穌所賜的活水，就永遠「不渴」？（13～15節）
4. 撒馬利亞的女人不顧個人榮辱，向自己的同鄉作見證，其原因何在？（28～30節）
5. 用「心靈和真誠」敬拜上帝，是否與敬拜的人本身的素質有關？它所指的是甚麼意思？（參19～24節）
6. 撒馬利亞城的人信耶穌的主要原因是甚麼？這信心是建立在甚麼基礎上？（39～42節）
7. 約翰把撒馬利亞人的故事安插在這一章目的何在？
8. 如何解釋44節的「先知在本鄉是不受尊重的」，它與45節「加利利人」歡迎耶穌有何表面衝突？
9. 加利利的官員為甚麼能夠在耶穌沒有作任何事之前，就「信了耶穌的話」？（49～50節）這樣的信心與猶太人在耶路撒冷看見耶穌所行的，以致所產生的信心（二23，三45）有何差別？
10. 約翰所指的第一個神蹟與第二個神蹟之間有何相似之處？

第六章

在耶路撒冷：安息日的爭論

（五1至47）

- 耶穌在畢士大池邊治病
- 安息日的爭論
- 耶穌的回應

經文

在畢士大池邊治病

5 1這事以後，剛好是猶太人的一個節期，耶穌上耶路撒冷去。
2在耶路撒冷，靠近羊門地方有一個池子，希伯來話叫畢士大，
池邊有五個走廊①。3走廊上躺著成羣的病人，其中有失明的、跛腳
的、癱瘓的。② 5在那裏有一個已經病了三十八年的病人。6耶穌看
見他躺著，知道他已患病多年，就問他：「你要得到醫治嗎？」

7那病人回答：「先生，水動的時候沒有人幫我，把我放進池子，
等我正想下去，已經有人搶先下去了。」

8耶穌對他說：「起來，拿起你的褥子走吧！」9那人立刻好了，拿
起他的褥子走了。

那天剛好是安息日，10因此猶太人的領袖對那個被治好的人說：
「今天是安息日，你拿著褥子是不合法的。」

11他說：「那個治好我的人吩咐我：『拿起你的褥子走吧！』」

12他們問：「那個吩咐你拿起褥子走的是誰？」

13可是那個被治好的人竟不知道是誰；因為那地方人很多，而耶
穌又已經避開了。

14事後，耶穌在聖殿裏找到他，對他說：「你已經完全好了，不
可再犯罪，免得招來更大的禍患。」

15那人走開後，告訴猶太人的領袖，說是耶穌治好他的。16從此，
他們開始迫害耶穌，因為他在安息日治病。17耶穌對他們說：「我父
親一直在工作，我也該照樣工作。」

---

① 「靠近羊門地方有一個池子……池邊有五個走廊」或譯「靠近羊池有一個地方，……這地方周圍有五個走廊」。

② 有些古卷加4節「他們在等候池水的漩動；因為他們相信每隔一些時候，主的天使會下來攪動池水，水動之後，最先下池的病人，無論害甚麼病，都會得到醫治。」

18這話更使猶太人的領袖決意要殺害他；因為他不但破壞了安息
日的戒律，而且說上帝是他自己的父親，把自己當作跟上帝平等。

兒子的權柄

19接著，耶穌對他們說：「我鄭重地告訴你們，兒子憑著自己不
能做甚麼；他看見父親做甚麼，才做甚麼。父親所做的，兒子也做。
20父親愛兒子，把自己所做的指示兒子。他要把比這更重大的事指
示兒子，要使你們驚奇。21父親怎樣使已經死了的人復活，賜生命
給他們；同樣，兒子也要隨著自己的意思賜生命給人。22父親自己
不審判任何人；他把審判的權交給兒子，23為的要使人都尊敬兒子，
像尊敬父親一樣。那不尊敬兒子的，就是不尊敬差遣他來的父親。
24「我鄭重地告訴你們，那聽我話、又信差我來那一位的，就有
永恆的生命。他不至於被定罪，而是已經出死入生了。25我鄭重地
告訴你們，時刻將到，現在就是了，已死的人要聽見上帝兒子的聲
音；那聽見的都要活過來。26正如父親本身是生命的根源，他也使
兒子成為生命的根源。27他又把執行審判的權柄賜給兒子，因為他
是人子。28你們不要為這事驚訝；因為時刻將到，所有在墳墓裏的
人都要聽見他的聲音，29而且要從墳墓裏出來：行善的，復活得生
命；作惡的，復活被定罪。」

為耶穌作見證

30「我憑自己不能做甚麼；我按照上帝的旨意來審判，而我的審
判是公正的；因為我不尋求自己所要的，只要實行差我來那一位的
旨意。

31「我若見證自己，我的見證就不足信。32然而，有一位為我作見
證的，我知道他為我所作的見證是真實的。33你們曾派人去見約翰，
聽見他見證真理。34其實，我並不需要人的見證；我說這話是為了
使你們得救。35約翰好比一盞點亮照明的燈，你們願意暫時享受他
的亮光。36但是我可以提出比約翰更有力的見證，那便是我的工

作——是我父親交給我去完成的工作。這些工作可以證明父親差遣
了我。[37]差遣我來的父親也為我作見證。你們從來沒有聽見他的聲
音，沒有看見他的容貌，[38]沒有把他的話存在心裏，因為你們不信
他所差來的那一位。[39]你們研究聖經，認為從裏面可以找到永恆的
生命；其實聖經的話就是為我作見證的！[40]然而，你們不肯到我這
裏來尋求生命。

[41]「我不是在求人的稱讚。[42]但是我看透了你們，你們並沒有愛上
帝的心。[43]我奉我父親的名而來，你們卻不接納我；可是有人奉自
己的名來，你們反而會接納他。[44]你們喜歡彼此恭維，卻不追求從
獨一無二的上帝那裏來的稱讚；這樣，你們怎麼能信呢？[45]別以為
我要在我父親面前控告你們；要控告你們的，就是你們一向所期望
的摩西。[46]要是你們真的信摩西，你們當然會信我，因為他在他的書
上記載著我的事。[47]你們既然不信他所寫的，又怎麼能信我的話呢？」

在五章耶穌從加利利來到耶路撒冷（1節）。作者沒有交代耶穌回耶路撒冷的原因，但若撇除分章的問題，① 約翰有意把四章耶穌**「回到加利利後所行的第二個神蹟」**（54節）與五章耶穌在耶路撒冷畢士大池所行的神蹟（1～8節）並列，但他不將後者列為「第三個神蹟」，因為那不是**「回到加利利後所行的」**。

耶穌在畢士大池醫好一個長期病患者（五1～9），這神蹟再次顯出他的大能、榮耀與憐憫；但在旁邊的猶太人所關切的，卻不是病人得康復，而是這事不應在安息日發生。接著是耶穌與猶太人的一連串對話，從中引出了耶穌的身分、工作及4重見證等自我表白。從猶太人對耶穌的反應，反映了猶太人最大的問題是，他們是從傳統的束縛，而非上帝的啟示來了解上帝的作為。

6.1. 耶穌在畢士大池邊治病（五1～9）

耶穌是在一個「節期」到達耶路撒冷。作者沒有指是哪個節期，只說醫病那天是安息日，耶穌來到靠近羊門的畢士大池。

五章1節的「節期」

約翰常提到猶太人的節期：「逾越節」（二13，六4，十一55）、「住棚節」（七2）、「獻殿節」（十22），五章1節則說「一個節期」（希臘文：*eortê*），按原文可直譯為「某個節期」。有些抄本將它寫成「這個節期」（希臘文：*hê eortê*）。表面上兩者是沒有差別，但實際上「這個節期」會演變成專有名詞，用來特指逾越節。某些學者認為五章3節提到走廊裏躺著許多的病人，這場景看來不像逾越節，因為逾越節是在冬季末舉行，天氣定必寒冷，有病的人是不可能躺在池邊的。這也不會是住棚節，因為接著的七章就提及住棚節。因此，最有可能是五旬節。不過亦有不少學者主張這純粹是敘事的一種結構方式而已，至於屬哪一個節日卻並不重要。現時最通用的希臘文聖經（*United Bible Societies' Greek New Testament* 第四修訂版和Nestle-Aland's *Novum Testamentum Graece* 的第二十七版）都採用「某個節期」，《和合本》與《現修》都譯為「一個節期」。

畢士大池現已被挖掘出來，位於舊城東北角，被中間穿過的柱廊分割成南、北兩個池子。它四周被4條柱廊圍繞，形成5個走廊（2節）。近代考古學發現約翰所述的池子在羊門是準確的。

在**畢士大池**邊躺著這許多病人，目的是等候醫治。當時猶太人普遍都相信池中水動的時候誰先下去，誰就得醫治。但有些病人永遠都不可能有機會，正如那病了38年的人所說：**「等我正想下去，已經有人搶先下去了。」**（7節）誰都想自己先得醫治，不會理會行動不便的人，患病的人肉體尚未得醫治前，心靈早已遭受一次又一次失望的打擊。此時人信心仰望的對象已從上帝轉到池子；病患者之間的關係從兄弟演變成競爭對手；一個本可體會上帝慈愛的地方，如今成了展現人性冷酷與自私的舞台。

有學者認為「38」乃引述以色列人在曠野飄流的年數（申二14）。但約翰在此使用象徵性意義的可能性不大，他通常用真實數字（參八57，十一17）。

耶穌主動就近這病了**38年**的人，不待他開口便問他：**「你要得到醫治嗎？」**這病人的回答：**「水動的時候沒有人幫我，把我放進池子。」**（6～7節）這顯示他並不認識上帝的工作與恩典，先到先醫的迷信思想道出他對旁人的埋怨與不滿。耶穌沒有指正他的錯誤心態，反以這**「起來，拿起你的褥子走吧！」**。這病人就**「立刻好了」**，並且按照耶穌的話拿起褥子走（8～9節）。

這病人原本以為耶穌只是幫他在水動的時候抬他下水而已（6～7節）。耶穌確實是要幫助他，但不是按他所想的。池邊有許多病人，但耶穌只揀選那個患了38年病的人，顯示上帝有完全的主權，亦見上帝的恩典是何等浩大，祂所給予的，是超過人所想所求，除了身體的需要，更有心靈醫治。照樣，這病人得醫治，是提醒我們是多麼蒙恩。

• 圖中兩座建築物乃畢士大池

6.2. 安息日的爭論(五10～18)

約翰特別點出耶穌醫病那天是「**安息日**」(10節)，目的是指出耶穌醫病的時間與猶太人的觀念有衝突。舊約禁止以色列人在安息日工作，這「工作」是指職業上的工作，但猶太拉比把「工作」範圍擴展成39項，包括從一處攜帶物件到另一處。因此，這痊癒的病人立即被控違反安息日規條，因為他在安息日拿褥子走；耶穌其後也被控違反安息日規條，因為他醫病(10、16、18節)。猶太人此時所關心的是宗教傳統與律法的要求，這全出於他們內心的剛硬。

「不可再犯罪」除顯明這人是罪人外，也暗示他的罪得赦免(參太九1～8；約八11)。耶穌最重要的工作是赦免人的罪，使人獲全新的生命。

這病人不但沒有感謝耶穌的醫治，還把責任歸給他，耶穌亦躲開他了。當耶穌在殿裏再遇到那人時，就對他說：「**不可再犯罪，免得招來更大的禍患。**」(14節)耶穌到底在警告甚麼？是指「不要再犯罪，否則你會病得比以前更厲害嗎？」不是！（參九3）**「更大的禍患」**這短語是指末世的審判（或永遠的死亡），這要比身體的疾病更可怕（參29節**「行善的，復活得生命；作惡的，復活被定罪」**）。

耶穌曾醫治許多病人，但都不曾如此嚴厲的責備，何解他會如此？因為耶穌早已看出那人為逃避猶太人對他的指控，會跑向猶太人密告（15節）。他對耶穌的醫治是以怨報德，這真難以想像，但卻是人性真實面。他之前的自我中心、自我保護之生命形態，卻沒有因得醫治而改變。他的行徑讓我們認識到不是凡領受上帝恩典的人都會感恩（參「十個被醫治的大痲瘋病人」，路十七11～19），而且也會倒戈相向。若親身經歷這些事，亦不必驚愕。

「治病」這詞原文直譯為「做這些事」，是以複數表達，表示耶穌在安息日也曾醫治其他人（參太十二9～14；可三1～6；路十三10～17，十四1～6），只是約翰選擇性去記載而已。

因著這人的告密，猶太人把敵意轉向耶穌並**「迫害」**他，因為他**「在安息日治病」**。耶穌回答說：**「我父親一直在工作，我也該照樣工作。」**（15～17節）這說話的含義，是與上帝所定的安息日有關。不錯，守安息日為聖日是十誡其中一條（出二十11），但上帝卻沒有安息，且**「一直在工作」**。於猶太拉比而言，上帝是停了祂「創造」的活動（參創二3），而不是指祂有工作。祂在安息日仍要維持整個宇宙的正常運行，否則整個宇宙便會崩潰。從人的角度看，上帝在安息日有兩方面工作要繼續進行的，就是在安息日使人出生及離世，因為只有上帝才能賜予或取回生命，祂也要處理死者審判後的命運。

耶穌提到上帝在安息日工作，是以此為自己在安息日醫病作論據。而且在安息日工作是上帝的特權，沒有人能和上帝相比，因此當耶穌在安息日工作（事實上他屢次「違反」安息日的傳統〔九1～16；參太十二1～20；可二23～28；路十三10～17，十四1～6〕），亦即宣布他有上帝般的權柄；而猶太人也聽懂這話，所以指責耶穌妄稱自己與上帝同等，因而決意要殺他（18節）。

上帝起初設立安息日的目的何在？現今我們應如何看安息日？

6.3. 耶穌的回應（五19～47）

面對猶太人的敵意與挑戰，耶穌的回答佔了這章大部分內容，可分為兩部分：第一部分是耶穌解釋父上帝與子合一的關係（19～30節）；第二部分是耶穌提到來自施洗者約翰、父上帝、他自己的工作及聖經這4方面的見證（31～47節）。這兩部分成為極有力的自我辯護。凡服膺聖經的人，都會降服在這些見證下，然而猶太人心硬，連他們素來所仰賴的摩西，都要控告他們（45～47節）。

6.3.1. 耶穌：審判者與生命的賜予者（19～30節）

雖然耶穌「把自己當作跟上帝平等」（18節），但這並不表示他完全獨立於上帝之外。耶穌仍說他「憑著自己不能做甚麼」，而是「看見父親做甚麼，才做甚麼」（19節）。約翰福音常提到父與子的關係是：父發動，子回應；父差遣，子順服；父命令，子遵行；父賜下，子執行，而且一直都是以這樣情況出現。

當耶穌說「父親所做的，兒子也做」（19節），其實是指他作上帝在安息日所作惟一的事。父上帝在安息日賜人屬地的生命，而耶穌卻賜人屬靈的生命（21、24節）。上帝審判在安息日裏死了的人，而耶穌同樣有在安息日審判人的權柄（22～23節）。

20節兩次出現「指示」這詞，是約翰用來表示父子間親密的方式。

20節句首原文有「因為」（希臘文：*gar*，《現修》沒有譯出來）這連接詞，用來解釋子依賴父的基礎是「父親愛兒子」。

上帝對耶穌的愛可說是基督教神學的基礎，若非如此，祂對罪的憤怒無形中是發洩在耶穌身上，這不是基督教的救贖觀，也損及我們對「上帝愛世人」的了解（三16）。從父願意把祂一切所作的指示給子而顯出祂亦愛子。亦因這愛，父要指給子看見比醫病（1～9節）還要更大的事，就是要藉著子賜給人永生。提到使人有生命，這一向被視為只有上帝及祂僕人——如以利亞般（王上十七21～24）——才有的特權，但耶穌不僅像以利亞般使人有生命，更是生命的源頭（一4），所以他可以**「隨著自己的意思賜生命給人」**（21節）。

耶穌也有審判的權柄，這權柄是父賜給他的。上帝在舊約時代被視為「世界的審判者」（創十八25），但耶穌在此卻宣稱：不論是現今或末日，他都是審判者，這似乎與三章17節所指耶穌來是「為拯救，而不是要審判」的意思衝突，兩者的協調可參考4.3.2.「愛與永生」的解釋。父將審判的權柄交給子，為**「使人都尊敬兒子，像尊敬父親一樣」**。耶穌全權代表父上帝，又完成父所交託的，這顯明了父與子原本是合而為一，所以**「那不尊敬兒子的，就是不尊敬差遣他來的父親」**（22～23節）。

再者，生命與審判是有關連的。子藉著他的「話」賜人生命，人就**「不至於被定罪」**，作者在此把這個短語定義為**「出死入生」**，這意思是，信徒不是要等到末日才免去審判，當得著永生之時，他已**「出死入生」**了。這觀念正是學者所謂「已實現的末世觀」（參1.4.5.「獨特的末世觀」）。

另一方面，審判又與耶穌「人子」（27節）這身分有關。「人子」一詞在這段經文的意思較為複雜，與前文的不同（一51，三13～14）。在此，耶穌把但以理書裏「人子」的觀念應用到自己身上，這位「人子」是「接受了權威、光榮，和主權，好使各國、各族、說各種語言的人都服事他」(但七13～14)。而且，他也有審判的權柄(參太十三41，二十五31～46；另參《以諾一書》62.7～16、63，69.27～29)。耶穌這番話是指，如果他們知道他是人子，他們也該知道他們正面臨審判。

你認為一個相信復活的人，他的生活及人生的抉擇有何不同(參林前十五12～58)？你目前的生活可以反映出這樣的信仰嗎？

正如前文提及，永生與審判可以是現在發生，但同時亦是未來的(25～27節)。25節出現的「**時刻將到，現在就是了**」所用之措詞，呈現出「已經／現在」與「尚未／未來」之間的張力。這種張力曾於四章23節出現，如今再次在這段經文浮現出來。

最後，值得一提的是，耶穌所指「**行善的，復活得生命；作惡的，復活被定罪**」(29節)中的善與惡，並不是一般宗教所指的功德，這與三章19與21節對照。「**行善的**」是指那些就光的人，他靠上帝行事(三21)；而「**作惡的**」是指那些愛黑暗的人，他沒有照上帝的意思行(三19)。

6.3.2. 對耶穌的四重見證(31～47節)

作見證這觀念早已根植於猶太的傳統之中。② 耶穌指出他「**若見證自己，我【耶穌】的見證就不足信**」(31節)。耶穌在此是表明見證他的是真的。③

這4位見證人中的第一位是施洗者約翰(32節)。耶穌提醒猶太人知道，他們是從施洗者約翰得知耶穌是「**見證真理**」的(33節)。雖然他們之前曾聽過施洗者約翰所說的(一19～28)，並且「**享受**」(35節)過約翰的見證，但他的見證不能持久。為了人的好處，特別是為猶太人的「**得救**」(34節)，耶穌需要另一個見證，就是他的工作。

他的工作所見證的比約翰「**更有力**」。在約翰福音，「**工作**」這詞經常用來描述耶穌的大能作為(五20，九4，十25、32、37～38，十四10～11，十五24)，並與「記號」連在一起，來指涉父上帝交給耶穌去成就的「神蹟」。這些「工作」乃救恩歷史裏其中一個目標，而基督「正在成就」這工作。這工作正如作者所言，是由內住(住在裏面)的父完成的(十四10)。

4個見證中，「父的見證」是把其他的見證貫穿起來，因為父的見證是藉著施洗者約翰、耶穌的工作、與聖經顯明出來。

接著就是第三個見證——**父上帝**。猶太人無法接受這見證，因為他們**「從來沒有聽見他的聲音，沒有看見他的容貌」**(37節)，也沒有父的道**「存在」**(這詞原文*menô*與十五章4節的**「常在」**是同一個詞，帶有「經常同在」的意思)心裏(38節)。此時，耶穌從為自己辯護轉變成控告他們。因著他們不信父所差來的，就證明他們沒有父的道，亦無法像他們的列祖一樣**「聽見」**、**「看見」**上帝(參申五24～27)。作為亞伯拉罕的後裔，竟從沒聽過上帝的聲音，這簡直是一個很大的諷刺！

當你初信主時，聖經如何幫助你？在起初讀聖經時，你對耶穌的印象如何？

第四個見證耶穌的是聖經(當然是指舊約聖經)。舊約聖經是猶太人所殷勤查考的，因為**「從裏面可以找到永恆的生命」**(39節)。猶太人相信「律法」與永生有密切關係這信念，曾出現在不少猶太拉比的著作裏。雖然其他聖經作者沒有確切為耶穌作見證，但約翰福音至少有6段經文指出舊約聖經提到基督(一45，二22，三10，五45～46，二十9)。此外，其他的福音書也說明舊約亦曾提到基督，通常所用的格式都是「經上所說……」或「應驗先知……」(太一22，二15、17、23，四14；路二十四27)，這位基督就是耶穌自己。

「愛上帝的心」原文作「上帝的愛」，而「上帝」是所有格，文法上它可以作「人對上帝的愛」或「上帝對人的愛」，由於這裏是提到猶太人對上帝的態度，因此前者的意思較合上下文。

談論完4個見證後，耶穌轉而控訴猶太人不肯到生命的源頭得生命(40節)、沒有**愛上帝的心**(42節)、不接納耶穌(43節)、不求從上帝來榮耀(44節)。耶穌最後所指出的是，摩西對他們的定罪。根據猶太人的傳統，摩西的角色仍然不斷成為以色列人的中保，但耶穌卻說摩西是一個控告者(45節)。這種角色的轉變，不只因為他們不信耶穌，也是因為他們不信摩西為耶穌所作的見證(其實是指他的律法；46～47節)。由此可知，摩西與耶穌的見證是緊密相連的；相信或拒絕一方就等同於相信或拒絕另一方。

耶穌的4重見證於我們而言，全都記載在聖經中，我們要反省自己，是否也曾盡力去聽、去了解這些見證，以致幫助我們加深對耶穌的認識與信心。另一方面，我們也應成為耶穌的見證人，見證他是上帝的兒子。所以除了父上帝、施洗者約翰、耶穌的工作或是聖經之外，我們的生命與行動也是他的見證！

釋經短註

① 因著地點的改換，有學者認為五章與六章次序應該對調，因為六章亦是在加利利發生，如此就與四章耶穌在加利利的迦拿醫治官員之子的地點一致。但這說法限制了約翰的寫作，他的目的不是要交代耶穌所有行程及次序，而是按他心中的信息鋪設內容。

② 31至47節這段落的場景，有點像舊約出現的法庭。在舊約一個被認可的訴訟，是需要有兩個以上的見證人才能成立(申十九15)。這種原則尤其使用在判處死刑的案件上(民三十五30；申十七6～7)。在此，耶穌似乎也在這個基本原則上受質問(八17；參太十八16)。

③ 在31至47節提到4個見證(人)之前，耶穌指出「有一位」(32節)見證他的是真的。究竟這「有一位」是誰？是施洗者約翰抑或父上帝？若參考33節：「……約翰，聽見他見證真理」似乎是指施洗者約翰，但再從34節「其實，我並不需要人的見證」看，又解不通。所以這「有一位」應該是指37節的「父親」。

溫習問題

1. 在畢士大池的眾多病人中，為何耶穌只單單挑選那患病38年的人醫治？（1～9節）
2. 耶穌與猶太人對安息日的看法有何基本上的差異？猶太人是如何理解安息日？（10～18節）
3. 為甚麼這個被耶穌醫治的病人的反應是出賣而非感恩？他的行徑合於人的常情嗎？（15節）
4. 為甚麼耶穌對那被醫治的人說：「不可再犯罪，免得招來更大的禍患」？耶穌作了甚麼警告？（14節）
5. 「父親所做的，兒子也做」是包括甚麼事？子作這些事是建立在甚麼基礎之上？（19節）
6. 我們如何平衡「兒子憑著自己不能做甚麼」與「把自己當作跟上帝平等」之間的張力？（18～19、30節）
7. 一個人的「出死入生」是在甚麼時候發生的？與將來的審判事件有何關係？（24節）
8. 我們應該如何了解「行善」與「作惡」的觀念？這是鼓勵我們要善行嗎？（29節）
9. 本段經文中，有哪4位為耶穌作的見證？其目的何在？
10. 耶穌與猶太人對摩西的看法有何不同？這樣的不同是基於甚麼原因？（44～47節）

第七章

在加利利：兩個神蹟

（六1至71）

- 五餅二魚的神蹟
- 耶穌在水上行走的神蹟
- 生命的食糧之講論
- 門徒的懷疑與退去

經文

耶穌使五千人吃飽

6 1過了些時候，耶穌渡過加利利湖(又稱提比哩亞湖)。2有一大羣人跟隨他，因為他們看見了他治病的神蹟。3耶穌上山，與他的門徒坐在那裏。4那時候猶太人的逾越節快到了。5耶穌抬頭，看見一大羣人到他跟前來，就對腓力說：「我們到哪裏去買食物，好讓這些人都吃飽呢？」6他說這話是要試驗腓力；他自己已經知道要怎麼做。

7腓力回答：「就是花兩百塊銀子去買餅也不夠每人吃一小塊！」

8另外一個門徒，就是西門・彼得的弟弟安得烈，上前說：9「這裏有一個孩子帶來了五個大麥餅和兩條魚，可是哪裏夠分給這許多人呢？」

10耶穌吩咐他們：「叫大家坐下。」(那地方草很多。)大家都坐下，單是男人，總數約有五千。11耶穌拿起餅，祝謝了，然後分給坐著的人，魚也是這樣分了；他們都盡量吃。12他們吃飽後，耶穌吩咐門徒：「把剩下的零碎都收拾起來，不可糟蹋。」13他們就把五個餅的碎塊，就是大家所吃剩的，收拾起來，一共裝滿了十二個籃子。

14大家看見耶穌所行的神蹟，就說：「這個人一定是那要到世上來的先知！」15耶穌知道他們要拉住他，強迫他作王，又獨自避到山上去了。

在水上行走

16傍晚，耶穌的門徒來到湖邊，17上了船，向對岸的迦百農出發。那時候天已經黑了，耶穌還沒有來到他們那裏。18忽然，狂風大作，浪濤翻騰。19門徒搖櫓，約走了五、六公里，看見耶穌在水上朝著船走過來，就很害怕。20耶穌對他們說：「是我，不要怕！」21他們這才歡欣地接他上船；船立刻到達目的地。

羣眾尋找耶穌

[22]第二天，留在湖對岸的一羣人看見那裏只有一條小船；他們知
道耶穌並沒有與門徒一起上船，而是門徒自己去的。[23]有幾條從提
比哩亞來的小船停靠在岸邊，就是主祝謝後分餅給大家吃的那地方
附近。[24]這羣人發覺耶穌和他的門徒都不在那裏，就上船往迦百農
去找他。

耶穌是生命的食糧

[25]他們在湖的對岸找到了耶穌，問他：「老師，你幾時到這裏
來的？」

[26]耶穌回答：「老實說，你們找我，不是因為看見了神蹟，而是
因為吃餅吃飽了。[27]不要為那會腐壞的食物操勞，要為那存到永生
的食物努力。這食物就是人子要賜給你們的，因為父上帝已經在人
子身上蓋了印記。」

[28]他們就問：「我們該做甚麼才算是做上帝的工作呢？」

[29]耶穌回答：「信他所差來的那一位，這就是上帝要你們做的
工作。」

[30]他們又說：「那麼，你會行甚麼神蹟，好讓我們看了就信你呢？
你的工作到底是甚麼呢？[31]我們的祖先在曠野吃了嗎哪，正如聖經
所記載的：『他從天上賜食糧給他們吃。』」

[32]耶穌說：「我鄭重地告訴你們，摩西並沒有給你們從天上來的
食糧①；從天上來的真食糧是我父親賜給你們的。[33]因為上帝所賜
的食糧就是那從天上降下來、把生命給了世界的那一位。」

[34]他們說：「先生，請時常把這食糧賜給我們！」

[35]耶穌對他們說：「我就是生命的食糧；到我這裏來的，永遠不
餓；信我的，永遠不渴。[36]但是我對你們說過，你們已經看見了我，

---

①「摩西並沒有給你們從天上來的食糧」或譯「摩西所給你們的，並不是從天上來的食糧」。

仍然不信。[37]凡是父親所賜給我的人都會到我這裏來。到我這裏來
的，我絕對不會拒絕他；[38]因為我從天上下來，不是要憑我自己的
意思行事，而是要實行差我來那位的旨意。[39]差我來那位的旨意就
是：他所賜給我的人，一個也不失落，並且在末日要使他們復活。
[40]因為父親的旨意是要使所有看見兒子而信他的人獲得永恆的生命；
在末日，我要使他們復活。」

[41]猶太人的領袖因為耶穌說「我是從天上降下來的食糧」，就竊
竊私議：[42]「這個人不就是約瑟的兒子耶穌嗎？我們認識他的父母。
現在他竟說他是從天上降下來的！」

[43]耶穌說：「你們用不著私下議論。[44]要不是那差我來的父親吸引
了人，沒有人能到我這裏來；到我這裏來的，在末日我要使他復活。
[45]先知的書上說過：『人都要蒙上帝的教導。』所有聽從父親而接受
他教導的，都要到我這裏來。[46]這不是說有誰看見過父親，惟有從
上帝那裏來的那一位見過父親。[47]我鄭重地告訴你們，信的人就有
永恆的生命。[48]我就是生命的食糧。[49]你們的祖先在曠野吃了嗎哪，
還是死了；[50]但是那從天上降下來的食糧是使人吃了不死的。[51]我就
是從天上降下來那賜生命的食糧；吃了這食糧的人永遠不死。我所
要賜給人的食糧就是我的肉，是為使世人得生命而獻出的。」

[52]這話在猶太人當中引起了劇烈的爭論。他們說：「這個人怎麼
能把自己的肉給我們吃呢？」

[53]耶穌對他們說：「我鄭重地告訴你們，如果你們不吃人子的肉，
喝他的血，你們就沒有真生命。[54]吃我肉，喝我血的，就有永恆的
生命；在末日我要使他復活。[55]我的肉是真正的食物，我的血是真
正的飲料。[56]那吃我的肉，喝我的血的，常在我生命裏，而我也在
他生命裏。[57]永生的父親差遣了我，我也因他而活。同樣，吃我肉
的人也要因我而活。[58]這就是從天上降下來的食糧；那吃這食糧的，
要永遠活著。這食糧不像你們祖先吃過的，他們吃了，還是死了。」

[59]這些話是耶穌在迦百農會堂教導人的時候說的。

永生的話

60好些門徒聽見這些話，就說：「這教導太難了，誰聽得進去呢？」
61耶穌知道他的門徒私下在議論這件事，就對他們說：「這話使
你們信心動搖嗎？62假如你們看見人子上升回到他原來所在的地方，
又怎樣呢？63給人生命的是聖靈，肉體是無濟於事的；我告訴你們
的話就是賜生命的靈。64但是，你們當中有人不信。」(耶穌早就知
道哪些人不信，誰會出賣他。)65他又說：「因此，我對你們說過，
要不是出於我父親的恩賜，沒有人能到我這裏來。」

66從此，跟從他的人當中有好些人退出，不再跟他一道。67耶穌
就問他的十二使徒：「你們呢？你們也要退出嗎？」

68西門·彼得回答：「主啊，你有賜永生的話語，我們還跟從誰
呢？69我們信，並且知道你是從上帝那裏來的聖者。」

70耶穌說：「我豈不是選召了你們十二個人嗎？可是你們當中有
一個是魔鬼！」71耶穌這話是指加略人西門的兒子猶大說的。猶大是
十二使徒之一，就是後來要出賣他的人。

與五章相同，一些學者把這情況解釋為這段經文的材料是經過編修，又或誤植(即把五章與六章的次序對調)。這些看法缺乏外在證據。

在六章作者記述耶穌進入加利利，**但沒有交代耶穌是從哪裏往加利利**。顯然，這不是約翰所強調的。這一章主要記載五餅二魚及耶穌在水上行走這兩個神蹟。一如畢士大池醫病的神蹟，約翰沒有把六章的兩個神蹟編號(即「第……個神蹟」)。但因著五餅二魚的神蹟，而發展出「生命的食糧」之講論。然而，好些信心軟弱的門徒對於耶穌自喻為「生命的食糧」感到難以接受，而紛紛打退堂鼓，惟有那以彼得為代表的「十二使徒」(The Twelve)，卻堅決跟隨耶穌。此時，耶穌第一次暗示猶大將要出賣他，是為他的受難佈下伏線。

7.1. 五餅二魚的神蹟(六1～14)

這神蹟在4卷福音書都有記載，並且篇幅比之前所述的神蹟——水變酒、醫治官員之子、醫治畢士大池邊的癱瘓——較長。與五章1節的開始相同，一個模糊的時間參考點「過了些時候」(1節)再次出現，以致不能知道畢士大池事件與五餅二魚的神蹟相隔多久。但是4節出現的「逾越節」則為我們提供時間上的定位，表示與上一次逾越節(二13～14；耶穌潔淨聖殿)相隔將近一年了。

提比哩亞湖就是加利利湖，新約中只有約翰使用這詞(23節，二十一1)。自從約公元25年，希律在加利利海西南邊建立了一座提比哩亞城後，加利利湖便稱「提比哩亞湖」。

耶穌渡過**提比哩亞湖**後，就「有一大羣人跟隨他」，這些羣眾不是因耶穌的教導，而是因為「看見他治病的神蹟」(2節)而跟著耶穌。他們的跟隨，就像昔日猶太人的情形一樣(參二23～25)。

據路加福音九章10節記載，五餅二魚的神蹟是在伯賽大城發生，當耶穌問腓力：「我們到哪裏去買食物，好讓這些人都吃飽呢？」(5節)這話可能是挑戰腓力。腓力是伯賽大人(參一44)，他必定熟悉當地的地理環境，也知道可從哪裏購買食物；但更重要的是，耶穌要考驗他。不過，彼得也是伯賽大人（一44），但耶穌卻沒有挑戰他，這可能是耶穌對不同門徒有不同的訓練方法。耶穌對腓力這樣的試驗，其實不斷發生在上帝的兒女身上。在舊約時代，上帝所試驗的是祂自己的子民，而非外邦人，為要尋找那些信靠祂的人。到了新約時代，即使信徒已有上帝完整的啟示，上帝仍要不斷試驗他們，為要看看他們是否相信上帝在任何處境中仍是終極供應者。這功課雖然經常令人不好受，但結果往往都能使人認識到自己的軟弱，以及上帝的豐富。

• 伯賽大考古公園入口

為何腓力仍無法通過耶穌的「試驗」？是否凡經歷過神蹟的人，必定比其他人更有信心？何解？

腓力是第一批跟隨耶穌的門徒其中一個，他曾目睹耶穌行過至少3個神蹟（二1～11，四46～54，五1～9），並且信了耶穌（二11），但他的回答反映他此時是絕望的。他的務實精神及數學頭腦，使他有這樣的回答：「**就是花兩百塊銀子去買餅也不夠每人吃一小塊！**」（7節）① 從實際的層面來看，腓力全是對的，但問題在於他沒有考慮耶穌在內，也忘記了先前認信耶穌(參一45)之真正意義。因此，耶穌是「**試驗**」(6節)腓力對他身分及對上帝恩典的認識。

安得烈試圖從另一途徑來解決問題，顯然他也著急起來了；但他找到的資源更少，只是一個帶著五個大麥餅及兩條魚的「**孩子**」。不過，與腓力相同的是，他的回答亦表現出他的絕望：「**可是哪裏夠分給這許多人呢？**」(9節)。

六章9節的「孩子」

「孩子」(希臘文：*paidarion*)這名詞未必是指小孩子，它可以指年輕人或年輕的僕人。這名詞在《七十士譯本》出現時，也不是指孩童，其中也有用來稱呼以利沙的僕人(王下四38、41；希臘文直譯：「……丟在鍋裏，【對他的僕人基哈西】說……」)。創世記的作者曾以此名詞來稱呼約瑟(創三十七30)，而當時他已是一個青年人。就食物的分量而言，路加福音曾暗示「三個麵包」是一個成年人一餐的食量(十一5)，而安得烈所提「**五個大麥餅和兩條魚**」更顯出這丁點兒的食物，只能餵飽一個成年人的需要而已。

原文沒有「單是男人」這短語。這是受馬太福音十四章21節「除了婦女和孩子，約有五千」(參可六44)的影響之故。

耶穌沒有理會門徒絕望的反應，他吩咐門徒叫眾人坐下。按次序坐下後所顯出的人數「**單是男人，總數約有五千**」(10節)。因此有聖經學者估計實際人數可能達至兩萬人，或甚至超過此數目。耶穌祝謝食物後把它全分給眾人，他們每個人都得吃且「**吃飽**」(12節)。作者雖沒有描述門徒看到此情景後會是如何的驚訝，但眾人都毫無異議的把這事視為神蹟(14節)。② 這五餅二魚不但餵飽所有人，而且還剩下「**十二個籃子**」的大麥餅碎塊。但這裏並沒有提及有剩下「魚」，可能因為約翰接下來便記錄耶穌談論「生命的食糧（餅）」有關（34～65節）。

當猶太人看見耶穌所行的神蹟，便聯想到摩西時代以色列人在曠野吃的嗎哪，他們稱耶穌是**「那要到世上來的先知」**（14節；參申十八15）。約翰又描述猶太人對耶穌所行的神蹟有錯誤的理解，他們想擁他作王，他們將耶穌那「王」的身分政治化。顯然的，這些羣眾並非單純的一羣聚集者，而是一羣政治的活躍分子。在這個情形下，耶穌的反應是**「獨自避到山上去了」**（15節）。

耶穌行五餅二魚的神蹟，既然不是順應羣眾或門徒的要求而作的，那麼，你認為他如此行的原因何在？他是否也時常如此供應你？

7.2. 耶穌在水上行走的神蹟（六16～21）

接著耶穌在水上行走這神蹟，也是在加利利發生，當時是**「傍晚」**。馬可福音形容耶穌是「催」門徒上船（可六45）。可能因為耶穌看到門徒已感染了羣眾擁戴耶穌為王的熱情，因此催促他們離開那裏。約翰沒有指出門徒從哪裏上船，倒是說明船所要到的目的地：迦百農（17節）。迦百農在前文已出現過兩次（二12，四46），位於加利利海的西岸。上船之後，作者接著又描述**「那時候天已經黑了」**（17節），暗示門徒是在黃昏時分上船，一直航行到晚上，而耶穌仍未上船。對約翰而言，「晚上」除了指涉時間，更具有神學上的含意（參三2，九4，十三30）。「晚上」（或「夜裏」）常與失去耶穌的同在或處在屬靈的黑暗相關。

• 加利利湖中的漁船

為甚麼耶穌要用「在水上行走」這不可預期的方式來到門徒面前？他要門徒學甚麼功課？這對你的人生有何屬靈意義及啟迪？

當門徒渡過加利利湖時，忽然狂風大作。加利利湖實際是約旦河裂口上的一個深溝，四周被丘陵地圍繞，於是大量的水會積聚於此而成了一個湖泊。它低於海平線約180公尺，由於溫差變化之故，冷風常會由東南方的高原吹進溫暖且潮濕的加利利湖，引致海面波浪翻騰。此時門徒搖櫓，已「**約走了五、六公里**」。③ 就在門徒全力與風浪搏鬥之際，他們「**看見耶穌在水上朝著船走過來，就很害怕**」(19節)。

耶穌對門徒說：「**是我，不要怕！**」耶穌突然出現，使門徒感到害怕。馬可福音形容門徒「以為是鬼魂」(六49)。④ 最後，門徒不但因認出耶穌而「**歡欣**」(希臘文：*thelô*，意即「要、願意」)，又接他上船，而船亦「**立刻到達目的地**」(21節)。船到達目的地不是因為耶穌上船後，船加速航行，或是船離岸邊比門徒所想像的近，而是因上帝的干預；換句話說，這是另一個神蹟。

耶穌在水上行走與「我是」

六章20節再次出現 *egô eimi*（「是我」）這希臘短語。約翰福音裏的耶穌經常以這短語來表示自己的神性（參1.4.1.「高基督論」）。如果這裏也有同樣用法，就表示耶穌在門徒面前彰顯自己是具有上帝在舊約向人顯現時的相同性質。有學者對這點持不同的看法，認為耶穌只是告訴門徒「是我」，而不是其他人，並沒有任何強調神性意義，因為約翰福音九章9節出現的「是我」（原文也是*egô eimi*），只不過是指瞎眼復明的人之自我表白，而沒有神性成分的「我是」。

但耶穌走在水面上，很可能具有逾越節的象徵意義（參六4「逾越節近了」），再加上這段經文使人回想起詩篇描述上帝帶領祂的百姓脫離狂風大浪，進入平安的庇護裏（詩一〇七23～32）。更重要的是，若把耶穌在水上行走這段經文與五餅二魚的神蹟併在一起看，便可發現餵飽五千人的「糧」（「餅」），以及本段的「我是」之神性自我彰顯，形成了「我是生命的糧」講論的內容。約翰在這段落中的伏筆，足以顯明約翰所使用的「我是」，是為顯明耶穌的神性。

這敍述顯出了耶穌如何對「害怕」的門徒表明自己的身分與關懷。在風浪中以權能顯明他是保護者與引導者。如果把風浪看作是人生的各樣際遇，這段經文對信徒的安慰是實際不過。因著耶穌是「是我（*egô eimi*）」，無論我們在甚麼境況中，我們仍能鼓起勇氣往前行。耶穌昔日的聲音，今天也迴盪在信徒耳中。

7.3. 生命的食糧之講論（六22～58）

「生命的食糧」之講論可說是把耶穌在五章所宣稱有賜生命及審判的特權，以及六章以大能顯示他的權柄之神蹟整合起來的。另外，從羣眾對耶穌的教訓之反應，也説明審判已藉著耶穌的工作發生了。關於「生命的食糧」之解釋——特別是53至58節之意義——引起學者不少的討論；但重要的是，耶穌在此要表明，他有獨特的身分及與父之間的特殊關係。

7.3.1. 眾人尋找耶穌（22～26節）

這「眾人」與耶穌行五餅二魚的神蹟時之羣眾並不相同。不是所有經驗神蹟的羣眾都一齊過去迦百農尋找耶穌。

約翰以「第二天」（參一29、35、43，十二12）把耶穌在水上行走的事件與「生命的食糧」之講論連起來，23節「……就是主祝謝後分餅給大家吃的那地方附近」再強調這點。**眾人**渡船往迦百農去尋找耶穌（24節）。我們不清楚眾人怎樣知道在迦百農可以找到耶穌，可能他們聽到耶穌對門徒的吩咐（參17節），又或從門徒乘船的方向猜測，甚或他們知道迦百農是耶穌事工的中心點（參太四13；可一21，九33）。無論如何，他們的行為模式很像耶穌的第一批門徒（一35～39），都是主動尋找耶穌的。

• 位於加利利海北邊的迦百農，置中靠左是會堂遺址

當他們找到耶穌便問：**「老師，你幾時到這裏來的？」**耶穌沒有直接回答他們，只說他們來的真正動機是**「因為吃餅吃飽了」**（26節）。這表明他們根本不明白神蹟的真正意義，他們只把注意力放在神蹟本身，而不是在耶穌身上。於是耶穌藉著講論「生命的食糧」來闡述五餅二魚神蹟的意義。這講論可以分為以下3部分。

7.3.2. 真嗎哪（27～33節）

耶穌說**「不要為那會腐壞的食物操勞」**（27節），是責備他們對上帝國度的看法規限於物質層面。**「操勞」**（希臘文：*argazomai*，意即「工作、投資」）與29節的「工作」同義，形成了一句相關語。在前一天五餅二魚的神蹟裏（1～15節），他們所吃的食物雖是由神蹟產生出來，但是會腐壞（參西二22）。在接著的對話中，「工（工作）」與「信（信心）」產生交互作用。羣眾問耶穌：**「我們該做甚麼才算是做上帝的工作呢？」**（28節）耶穌回答：**「信他所差來的那一位，這就是上帝要你們做的工作」**（29節）。耶穌從「人的工作」這重點轉移到「上帝的工作」，是上帝差遣祂兒子進入世界而作成的。因此，作上帝的工就是信靠那位從上帝所差的耶穌。

29節的意思是指得救完全是上帝所賜，而非由人的努力而得的。

耶穌藉著猶太人提到他們的祖先在曠野吃嗎哪的經驗，將焦點從摩西轉移到上帝身上，因為嗎哪是上帝所賜的，而不是摩西。不但如此，耶穌更強調上帝過去怎樣賜糧，「現在」也會透過耶穌賜糧給世人（31～33節）。

今天許多人也像昔日的羣眾般問相同的問題。他們以為有好品德、傳福音，又敬拜就等如作上帝的工，但真正的焦點是耶穌本身。他是上帝賜給人的禮物、是永生之源。人只要相信他已等如作上帝的工。

簡單而言，不是我們為上帝作工，而是祂藉著我們的信心在我們心中工作，摒除心中的邪惡，使我們生命成長。

7.3.3. 耶穌是生命的糧（34～51節）

猶太人因此要求耶穌「時常把這食糧賜給」他們。言下之意，他們以為耶穌所賜的糧仍會使人餓。但耶穌卻表示凡到他那裏的「永遠不餓；信我【耶穌】的，永遠不渴」（35節）。這不是指信耶穌的人不再有靈性上的饑渴，而是指他們的生命可以永遠得著耶穌的餵養。

表明他自己之後，耶穌指出猶太人最後依然都會不信。神蹟不能使他們建立屬靈的觸覺，相信上帝藉耶穌所帶來的啟示。所以耶穌為著那些因信而跟從他的人感謝父上帝，這也顯出救恩這工作，是父與子合一的行動。父把救恩賜給信徒，⑤ 而子則保守他們「一個也不失落」（36～39節）。

猶太人竊竊私議耶穌的自我宣稱——生命的食糧，看他為出身於平凡的家庭而已（參可六3）。耶穌立刻回應是父上帝「吸引」人到他面前，並且在末日他會使人復活（41～44節）。接著，耶穌再次把自己與曠野的嗎哪作比較（48～49節；參30～33節），他除了再次指出嗎哪不能賜予人永生外，更進一步為「吃我的肉」之論述作預備（50～51節）。

7.3.4. 人子的血與肉（52～58節）

猶太人不明白耶穌所指把他的肉給眾人吃的意思，⑥ 原因是他們內裏沒有生命。49至58節多處出現「吃」這動詞（49、50、51、52、53、54、56、57、58節），反映耶穌在此強調「吃」他的肉的重要性。「吃」

他的肉是甚麼意思？若將54節：**「吃我肉，喝我血的，就有永恆的生命；在末日我要使他復活」**，與40節：**「要使所有看見兒子而信他的人獲得永恆的生命；在末日，我要使他們復活」**這應許作比較，**「吃」**人子的肉與**「喝」**人子的血的人，就是指**「所有看見兒子而信他的人」**（參六35）。

7.4. 門徒的懷疑與退去（六59～71）

有好些門徒聽了「生命的糧食」那段話之後，⑦ 就覺得他的話太難聽。這**「太難」**不是「難以了解」，而是指「難以接受」。若參考24及41節，耶穌是對「這羣人」中一些「猶太人」說話，但這裏的聽眾也包括「門徒」在內。這些門徒顯然不是指**「十二使徒」**（參67、71節）。他們並不是真門徒，因為真門徒是父賜給子、被上帝吸引、從聖靈而生的。耶穌看他們為不信者（64節），因為真門徒是住在他的話裏（參八31），但「這些門徒」卻難以接受耶穌的話。約翰福音所指的真門徒不僅指能說出耶穌所吩咐的話，或隸屬某一個羣體，而是真正順服耶穌及他的話。

像之前提及的情況（參二25），耶穌能讀出人心裏的思想，他進一步指出他們會**「信心搖動」**，又質問若他們親眼見他升回天上，他們的反應又會怎樣。這升回天上是指他釘十字架、復活與升天的事，只有這一連串的動作，耶穌才可回到父那裏去（參三14**「人子也必須被舉起」**）。這樣的事實顯然與猶太人的彌賽亞觀念相衝突。

從約翰福音可見聖靈主要的工作是賜下生命：聖靈帶來重生（三5、8）、聖靈是活水（七39）。從這角度看才了解這裏所指「靈」之意思。

耶穌的說話（教導）來自上帝（參三34），而且是帶著「生命」的（63節），遵守這些話就可以**「永遠不死」**（參八51）；因此，耶穌的話就等於他的「肉」與「血」了。耶穌的話也是**「靈」**，⑧ 因為上帝無限量的將聖靈賜給他（三34）；所以，如果藉著對聖靈正確的了解並接受耶穌的話，就必得著生命。

耶利米也認識到上帝的話具有同樣的性質，他留心聽上帝的話，因這話使他心裏充滿喜樂（耶十五16）。相信耶穌又信他的話，是耶穌對那些耶路撒冷的宗教領袖所提出的挑戰，因為真正信摩西所寫的，**「當然會信我【耶穌】」**，不信摩西所寫的，**「又怎麼能信我【耶穌】的話呢」**（五46～47）？

你能否說出在你的信仰生活中，聖靈的工作是怎樣的？

耶穌的解釋並不能使「那些門徒」滿意，如同那些議論紛紛的猶太人一樣（41、52節），他們拒絕耶穌的教導並且離開他（66節）。當耶穌行完五餅二魚的神蹟後，羣眾是興奮不已的，但當耶穌向他們解釋他的國不屬於這個世界後，他們的激情就消失得無影無蹤。

馬可福音八章33節耶穌責備彼得是「撒旦」。可見撒旦是隱藏在所有墮落人性的背後，所以撒旦的計謀成為他們的（另參十三2）。

在此，耶穌挑戰12個門徒說：**「你們也要退出去嗎？」**彼得立時回應並承認耶穌是**「從上帝那裏來的聖者」**。他的認信可以說是回應20節的「我是」（參7.2.「耶穌在水上行走的神蹟」），耶穌在此將彼得與猶大分別出來。耶穌指出他們**「當中有一個是魔鬼」**（70節）。

這一章聖經不但記述耶穌對自己身分的講論，也提出「作門徒」的意義。作耶穌的門徒不但相信耶穌那些易於接受的話，甚至那些難以接受的也要相信並且遵行，因為耶穌有永生之道，除他以外別無他選。當彼得說**「我們信」**（69節），並不表示他完全理解耶穌的話，只是他不作他選而已。耶穌的話難以接受，並不表示上帝的話有誤，這只能反映人智性上及信心上的限制；人的信心必須建立在上帝的恩典及聖靈的工作上，並且順服上帝才可成長。若我們的智性及信心不足，就當倚靠上帝恩典，使我們的信心成長。彼得和其他門徒的生命豈不都是這樣成長的嗎？

耶穌「早就知道」誰要賣他（六64、71）。但是，為何他不立刻指出他（猶大）來？他這樣作有何目的？

釋經短註

① 7節「兩百塊銀子」原文*diakosiôn dênariôn*譯作「兩百第那流」（參《呂振中》）。基於幣值上的差異，《現修》的「兩百塊銀子」及《新譯本》的「二百銀幣」，並不能幫助現代華人了解其確實幣值。一個「第那流」相當於當時一個工人一日的工錢，因此《呂振中》譯作「二百日工錢」是較為清楚。*New International Version*把它譯作 eight months' wages（「八個月的工資」）。

② 對於解釋五餅二魚這神蹟，有學者認為這只發生在人心裏面。耶穌採取心理戰術，以「孩子」的食物來誘發別人的愛心，引發人將自己的食物拿出來，使人人都吃飽並有餘。另有學者認為這不是神蹟，它就像分派聖餐一般，每人只分得一點點。以上兩種解釋都過於假設。耶穌確實行了這神蹟，而其他福音書也記載此事，已反映出它的真實性及重要性。作者約翰記載此事為要表明道成肉身的耶穌用了五餅二魚餵飽了五千以上的人。

③ 19節「五、六公里」是個本色化的譯法，其原文直譯是「25或30個史達第」。一個史達第約0.18公里，所以25或30史達第大概4.5或5.4公里。《和合本》譯為「十里多路」外，其他的中文譯本如《現修》及《新譯本》譯為「五、六公里」，《呂振中》則作「四到六公里」，《當代聖經》譯為「四、五公里」。*New International Version* 則換算為 three or three and half miles（「3或3.5里」）。

④ 有些學者把19節「在水面上……走」這短語的介詞「面上」（希臘文：*epi*）解釋為「邊」，譯成「在海邊行走」。他們試圖把這神蹟淡化作一般的事情。如果這只是在岸邊發生，門徒看到耶穌出現時，豈會「害怕」！

⑤ 37節上的「凡是」是指整體的信徒，原文是由*pan* 這形容詞及*ho* 這中性單數代名詞組成的一句短語，意即「所有的人」；但37節下的「到我這裏來的」原文是單數分詞*erchomenon* 是指個別信徒。這種由整體至個別的轉變為要表示：凡所有接受救恩的人都會「來」到耶穌面前，而耶穌亦會「保守」每一個「來」的人。「整體」與「個別」交互出現之用法，可再參39及40節。

⑥ 有些學者從主的餐的角度來解釋52至58節，特別是53節提到喝他的血、吃他的肉。這樣的解釋是有其困難，因這段經文的語氣充滿了隱喻性，即使它有聖禮的意味。平心而論，它的意義如同學者布朗（Colin Brown）所言：「第六章不是論述關於主的餐，而是主的餐與第六章所描述的有關。」

⑦ 59節耶穌「生命的食糧」之講論是在迦百農（參六24）的會堂說的。因此60節的「這些話」就是指27至58節這一個段落。

⑧ 要了解63節所指耶穌的話是「靈」之意，就要把耶穌視為是聖靈的承受者，否則他的「血」與「肉」將完全失去意義。若單從

肉體看，人子本身也無法達到上帝所要求的目的，把生命賜給世人。這情形就如同上帝之子成為了人，為要「釘十字架－復活」這目的抽離，因兩者都與聖靈的差遣有關，為要使上帝與人藉著基督在祂國裏合而為一。

溫習問題

1. 羣眾跟隨耶穌的原因是甚麼？(2、14、26節)好些門徒離開耶穌的原因又是甚麼(66節)？他們之間有沒有共通的地方？
2. 耶穌為甚麼要「試驗」腓力？(6節)
3. 為何耶穌行五餅二魚的神蹟？與變石頭成為食物的試探(太四3～4；路3～4)比較，兩者在性質上有何不同？
4. 為甚麼門徒看見耶穌在水上行走就「害怕」？甚麼原因使他們變得「歡欣」？(16～21節)
5. 按耶穌的意思，人應如何行才算是做上帝的工？(28～29節)
6. 猶太人為何不能接受耶穌是從「從天上降下來的食糧」？(33、41～44、64節)
7. 若將耶穌是「生命的食糧」(34、48、51節)與嗎哪(31、49、58節)比較，兩者有何異同？
8. 「吃」耶穌的肉，與「喝」耶穌的血是甚麼意思？(50～51節)
9. 一些門徒會因耶穌的教訓「信心搖動」，亦「退出」(60～61、66節)的，其原因何在？
10. 為甚麼彼得在其他門徒退去時仍執意地跟隨耶穌？(56～69節)

第八章

在耶路撒冷與猶太地區：敵對的高峯

（七1至十一57）

- 耶穌的教導與不信者的反應
- 醫治與不信者的反應
- 好牧人的講論與不信者的反應
- 拉撒路的復活與不信者的反應

經文

耶穌和他的兄弟

7 1事後，耶穌周遊加利利省一帶，不願意在猶太地區來往，因為
猶太人的領袖想殺害他。2猶太人的住棚節快到了，3所以耶穌的
兄弟對他說：「你離開此地到猶太去吧，好讓你的門徒能看見你所
行的事。4人要出名，就不能暗地裏做事。你既然能行這些事，就
該在世人面前表現出來！」(5原來連他的兄弟也還沒有信他。)
6耶穌對他們說：「我的時機還沒有成熟；你們卻隨時都方便。
7世人不會恨你們，卻憎恨我，因為我不斷地指證他們的行為是邪
惡的。8你們自己去過節吧，我現在不上去①，因為我的時機還沒有
成熟。」9耶穌說了這些話後仍然留在加利利。

耶穌過住棚節

10耶穌的兄弟走了以後，耶穌也上去過節。他不是公開出門，
而是祕密去的。11節期中，猶太人的領袖到處找耶穌，要知道他在
哪裏。

12人羣中對他議論紛紛，有的說：「他是一個好人」；有的說：「不，
他在煽惑羣眾。」13只是大家都不敢公開講論他的事，因為他們怕猶
太人的領袖。

14節期過了一半，耶穌就上聖殿去教導人。15猶太人的領袖都很
詫異，說：「這個人沒有跟過老師，怎麼會這樣有學問呢？」
16耶穌說：「我的教導不是我自己的，而是出於那位差我來的。
17一個人若決心要實行上帝的旨意就會曉得，我的教導是出於上帝
的旨意還是憑著我自己講的。18那憑著自己講的，是想尋求自己的
榮耀；但是那尋求差他來那位的榮耀的，才是真實無偽的。19摩西
不是把法律頒佈給你們嗎？可是你們沒有一個人遵守法律。你們為

---

①「我現在不上去」有些古卷作「我不去」。

甚麼想殺害我呢？」

[20]羣眾回答：「你有鬼附身，誰想殺你呢？」

[21]耶穌說：「我在安息日行了一件大事，你們都引以為奇。[22]可是摩西吩咐你們行割禮(其實割禮不是從摩西，而是從你們的祖先開始的)，你們就在安息日為嬰兒行割禮。[23]如果人在安息日行割禮，目的是維護摩西的法律，那麼，我在安息日使一個人完全恢復了健康，你們又為甚麼責怪我呢？[24]不要根據外表斷定是非，要按照公正的標準來判斷才是。」

他是不是基督

[25]有些耶路撒冷人說：「這個人不是我們的領袖們想殺掉的嗎？[26]你看，他公開講話，竟沒有人出來反對！是不是他們真的知道他就是基督？[27]可是基督出現的時候，沒有人會知道他從甚麼地方來，而這個人的來歷我們都很清楚。」

[28]當時，耶穌在聖殿裏教導人，他高聲說：「你們真的認識我，知道我從哪裏來的嗎？我來，並不是憑著自己的意思。差我來的那一位是真實的。你們不認識他，[29]我卻認識他；因為我從他那裏來，是他差遣我的。」

[30]於是，他們想逮捕他，只是沒有人下手，因為他的時刻還沒有到。[31]羣眾當中也有許多人信了他；他們說：「基督來的時候會比這個人行更多的神蹟嗎？」

警衛逮捕耶穌

[32]法利賽人聽見羣眾在紛紛議論耶穌的事，他們和祭司長就派警衛去逮捕耶穌。[33]耶穌說：「我還有一點點時間跟你們在一起，然後要回到差我來的那位那裏去。[34]你們要尋找我，但是找不著；因為我要去的地方，你們不能去。」

[35]猶太人的領袖們彼此對問：「他想到哪裏去，使我們找不著呢？難道他要到散居在希臘城市的猶太僑民那裏去教導希臘人嗎？[36]他

所說『你們要尋找我，但是找不著』和『我要去的地方，你們不能去』這話是甚麼意思呢？」

活水的河流

37節期的最後一天是最隆重的一天。耶穌站起來，高聲宣告說：
「人要是渴了，就該到我這裏來喝。38聖經上說：『那信我的人有活
水的河流要從他心中湧流出來②。』」39耶穌這話是指信他的人將要接
受的聖靈說的。那時候聖靈還沒有降臨，因為耶穌還沒有得到榮耀。

羣眾因耶穌紛爭

40羣眾當中有許多人聽見了這話，就說：「這個人確實是那位先知！」
41也有人說：「他是基督！」
另有人說：「基督怎麼會來自加利利？42因為聖經記載著：基督
是大衛的後代，要降生在大衛的本鄉伯利恆。」43於是羣眾為了耶穌
引起紛爭。44有些人想逮捕他，但是沒有人下手。

猶太人的領袖不信耶穌

45警衛們回去見祭司長和法利賽人；他們問：「為甚麼沒有把耶
穌帶來呢？」
46警衛們回答：「從來沒有人像他那樣講話的！」
47法利賽人說：「你們也受他愚弄了嗎？48難道我們的領袖或法利
賽人有信他的嗎？49這些不明白摩西法律的愚民是該受詛咒的！」
50他們當中有尼哥德慕；他從前去見過耶穌。他警告他們：51「我
們的法律容許在沒有聽口供或查明真相之前定人的罪嗎？」
52他們說：「難道你也是加利利人嗎？去查考聖經就知道，加利
利不會出先知③。」

---

② 「人要是渴了……湧流出來」或譯「人要是渴了，就該到我這裏來；人要是信了我，就該來喝。聖經上說：『有活水的河流要從他心中湧流出來』」。

③ 「加利利不會出先知」另有些古卷作「那位先知不可能出自加利利」。

行淫的女人

8 1[大家都回家去了，耶穌卻到橄欖山去。2第二天一早，他回到
聖殿；羣眾都來找他，他就坐下，開始教導他們。3經學教師和
法利賽人帶來一個女人；她是在行淫時被抓到的。他們叫她站在中
間，4問耶穌：「老師，這個女人在行淫時被抓到。5摩西在法律上命
令我們，這樣的女人必須用石頭打死。你認為怎樣？」6他們想用這
話陷害耶穌，找把柄控告他。但是耶穌彎下身子，用指頭在地上寫
字。7他們還是不停地問他，耶穌就直起腰來，對他們說：「你們當
中誰沒有犯過罪，誰就先拿石頭打她。」8說過這話，他又彎下身子，
在地上寫字。9他們聽見這話，就一個一個溜走，從年紀大的先走，
只剩下耶穌和那個還站在那裏的女人。10耶穌就直起腰來，問她說：
「婦人，他們都哪裏去了？沒有人留下來定你的罪嗎？」

11她說：「先生，沒有。」

耶穌說：「好，我也不定你的罪。去吧，別再犯罪！」]④

耶穌是世界的光

12耶穌又對大家說：「我是世界的光；跟從我的，會得著生命的
光，絕不會在黑暗裏走。」

13法利賽人對他說：「你在為自己作證；你的證言是無效的。」

14耶穌說：「即使我為自己作見證，我的證言也是真實的；因為
我知道我從哪裏來，往哪裏去。你們卻不知道我從哪裏來，往哪裏
去。15你們以人的標準來判斷人；我卻不判斷任何人。16即使我判斷
人，我的判斷也是正確的；因為我不是獨自判斷，而是那位差我來
的父親跟我一起判斷。17你們的法律書上記載著，有兩個人見證相
符，他們的見證就算有效。18我為自己作見證；那位差我來的父親

---

④ 有些古卷沒有括弧內這一段；另有些古卷把這一段放在約翰福音二十一章24節之後；也有些古卷放在路加福音二十一章38節之後；再有古卷放在約翰福音七章36節之後。

也為我作見證。」

19於是他們問：「你的父親在哪裏？」

耶穌回答：「你們不認識我，也不認識我的父親；如果你們認識我，也就會認識我的父親。」

20這些話是耶穌在聖殿的庫房裏教導人的時候説的。當時沒有人逮捕他，因為他的時刻還沒有到。

我去的地方你們不能去

21耶穌又對他們説：「我要走了；你們要尋找我，可是你們將死在自己的罪中。我去的地方，你們不能去。」

22猶太人的領袖就説：「他説『我去的地方，你們不能去』，難道他要自殺嗎？」

23耶穌説：「你們是從地上來的，我是從天上來的；你們屬這世界，我不屬這世界。24所以我説，你們將死在自己的罪中。如果你們不信我就是『自有永有』的那一位，你們將死在自己的罪中。」

25他們就問：「你到底是誰？」

耶穌回答：「我從一開始就告訴過你們了⑤。26關於你們，有許多事我應當説，應當審判。但是，差我來的那一位是真實的；我只是把從他那裏聽到的告訴世人。」

27他們不明白耶穌所説關於父親的事。28所以耶穌告訴他們：「當你們把人子舉了起來，你們就會知道我就是『自有永有』的，並且知道我不憑著自己做甚麼，我只説父親所教導我的。29差遣我來的那一位跟我同在；他並沒有撇下我，使我孤單，因為我始終做他所喜歡的事。」

30許多人聽到耶穌這些話就信了他。

⑤「我從一開始就告訴過你們了」或譯「我何必告訴你們」。

自由人和奴隸

[31]耶穌對信他的猶太人說：「你們若常常遵守我的教導，就真的
是我的門徒了；[32]你們會認識真理，真理會使你們得自由。」

[33]他們回答：「我們是亞伯拉罕的子孫；我們沒作過誰的奴隸，
你說『你們會得自由』，這話是甚麼意思呢？」

[34]耶穌對他們說：「我鄭重地告訴你們，每個犯罪的人都是罪的
奴隸。[35]奴隸在家庭裏沒有穩固的地位，兒子卻始終屬於家庭。[36]要
是上帝的兒子使你們得自由，你們就真的是自由人了。[37]我知道你們
是亞伯拉罕的子孫，可是你們想殺害我，因為你們不接受我的教導。
[38]我講的是我父親指示我的，而你們是做你們的父親告訴你們的。」

[39]他們回答：「我們的祖宗是亞伯拉罕。」

耶穌說：「如果你們真的是亞伯拉罕的子孫，你們一定會做亞伯
拉罕所做的事。[40]我只不過告訴你們我從上帝那裏聽到的真理，你
們卻想殺我。亞伯拉罕並沒有做過這種事啊！[41]你們是做你們的父
親所做的事。」

他們回答：「上帝是我們惟一的父親；我們並不是私生子啊！」

[42]耶穌對他們說：「如果上帝真的是你們的父親，你們一定會愛
我；因為我是從上帝那裏來的，而我已經在這裏了。我不是憑自己
來的，而是他差遣我的。[43]你們為甚麼不明白我的話呢？因為我的
話你們聽不進去。[44]你們原是魔鬼的兒女，只想隨從你們父親的慾
念行事。從起初他就是謀殺者，從不站在真理一邊，因為他根本沒
有真理。他撒謊是出於本性；因為他本是撒謊者，也是一切虛謊的
根源。[45]正因為我講真理，你們就不信我。[46]你們當中誰能指證我有
罪呢？我既然講真理，你們為甚麼不信我呢？[47]凡是上帝的兒女，
必然聽上帝的話。你們不是從上帝那裏來的，所以你們不聽。」

耶穌和亞伯拉罕

[48]猶太人問耶穌：「我們說你是撒馬利亞人，並且有鬼附身，難
道說錯了嗎？」

[49]耶穌說：「我並沒有鬼附身；我尊敬我的父親，你們卻侮辱我。
[50]我不求自己的榮耀，但是有一位替我尋求並主持公道的。[51]我鄭重
地告訴你們，遵守我教導的人一定永遠不死。」

[52]他們對他說：「現在我們更確實知道你有鬼附身！亞伯拉罕死
了，先知們也死了，你卻說『遵守我教導的人一定永遠不死』。[53]你
敢說你比我們祖宗亞伯拉罕偉大嗎？亞伯拉罕死了，先知們也死了，
你把自己當作甚麼人呢？」

[54]耶穌回答：「如果我榮耀自己，我的榮耀就毫無價值。那位榮
耀我的是我的父親，就是你們所說是你們上帝的那一位。[55]你們從
來不認識他，我卻認識他。如果我說我不認識他，我就跟你們一樣
是撒謊者了。可是我認識他，並且遵守他的教導。[56]你們的祖宗亞
伯拉罕曾歡歡喜喜地盼望著我來的日子；一看見了，他就非常快樂。」

[57]他們對他說：「你還不到五十歲，你見過亞伯拉罕嗎⑥？」

[58]耶穌回答：「我鄭重地告訴你們，亞伯拉罕出生以前，我就
『有』了。」

[59]於是，他們撿起石頭要打他，耶穌卻躲開，從聖殿走出去。

治好生來失明的

9 [1]耶穌在路上看見一個生下來就失明的人。[2]他的門徒問他：「老
師，這個人生來就失明，是誰的罪造成的？是他自己的罪或是
他父母的罪呢？」

[3]耶穌回答：「他失明跟他自己或他父母的罪都沒有關係，而是
要在他身上彰顯上帝的作為。[4]趁著白天，我們必須做差我來那位
的工作；黑夜一到，就沒有人能工作。[5]我在世上的時候，我就是
世上的光。」

[6]說了這話，耶穌吐口水在地上，用口水和著泥，抹在盲人的眼
睛上，[7]並對他說：「你到西羅亞池子去洗吧。」(西羅亞的意思是「奉

---

⑥「你見過亞伯拉罕嗎」另有些古卷作「亞伯拉罕見過你嗎」。

差遣」。)他就去洗，回來的時候，能看見了。

[8]他的鄰居和經常看見他在討飯的人說：「這個人不是一向坐在這裏討飯的嗎？」

[9]有的說：「就是他」；也有的說：「不是他，只是像他罷了。」

那個人自己說：「我就是他。」

[10]他們問：「你的眼睛是怎樣開的呢？」

[11]他回答：「一個名叫耶穌的，和了泥抹我的眼睛，對我說：『你到西羅亞池子去洗。』我去，一洗就能看見。」

[12]他們問：「那個人在哪裏？」

他回答：「我不知道。」

法利賽人查究失明人的事

[13]他們帶那從前失明的人去見法利賽人。[14]耶穌和了泥開他眼睛
的那一天是安息日。[15]法利賽人又一次盤問那個人是怎樣得看見的。
他告訴他們：「他用泥抹我的眼睛，我一洗就能看見。」

[16]有些法利賽人說：「做這事的人不可能是從上帝那裏來的，因為他不守安息日的戒律。」

另有些人說：「一個有罪的人怎能行這樣的神蹟呢？」他們因此爭論起來。

[17]於是，法利賽人再次盤問那個人：「既然他開了你的眼睛，你說他是怎樣的人呢？」

他回答：「他是一位先知。」

[18]猶太人的領袖不相信他從前失明，現在看得見；等到把他的父
母找來，[19]他們問：「這個人是你們的兒子嗎？你們不是說他生下來
就失明嗎？那麼，現在又怎麼會看見呢？」

[20]他的父母回答：「他是我們的兒子，他生下來就是失明的，這
個我們知道。[21]至於他現在怎麼會看見，是誰開了他的眼睛，我們
都不知道。他已經成人了，你們去問他吧，讓他自己回答你們！」
[22]他的父母這樣說是因為怕猶太人的領袖；當時他們已經商妥，如

果有人承認耶穌是基督，就要把他趕出會堂。23因此他的父母回答：
「他已經成人了，你們去問他吧！」

24他們再一次把那生下來就失明的叫來，對他說：「你必須在上
帝面前說誠實話！我們知道耶穌是一個罪人。」

25他回答：「他是不是罪人，我不知道；不過我知道一件事：我
從前失明，現在能看見了。」

26他們問：「他替你做了甚麼？他怎樣開了你的眼睛？」

27他回答：「我已經告訴你們了，你們不肯聽。為甚麼現在又要
聽呢？難道你們也想作他的門徒嗎？」

28他們辱罵他：「你才是那個傢伙的門徒；我們是摩西的門徒。
29我們知道上帝對摩西說過話；至於那傢伙，我們根本不知道他是
哪裏來的！」

30他回答：「這就怪了。他開了我的眼睛，你們卻不知道他是從
哪裏來的！31我們知道，上帝不聽罪人的祈求；他只垂聽那敬拜他、
並實行他旨意的人。32從創世以來，未曾聽過有人開了生來就是失
明的眼睛的。33除非他是從上帝那裏來的，他甚麼都不能做。」

34他們斥責他：「你這生長在罪中的傢伙，居然教訓起我們來！」
於是他們把他從會堂裏趕出去。

靈性的盲目

35耶穌聽見他們把他趕出會堂。以後耶穌找到他，對他說：「你
信人子嗎？」

36他回答：「先生，請告訴我他是誰，好讓我信他！」

37耶穌對他說：「你已經見到他，現在跟你講話的就是他。」

38他說：「主啊，我信！」就向耶穌下拜。

39耶穌說：「我到這世上來的目的是要審判，使看不見的，能看
見；能看見的，反而失明。」

40在那裏的一些法利賽人聽見這話，就問他：「難道你把我們也
當作失明的嗎？」

41耶穌回答：「如果你們是失明的，你們就沒有罪；既然你們說
『我們能看見』，那麼，你們仍然是有罪的。」

羊圈的比喻

10 1耶穌又說：「我鄭重地告訴你們，那不從門進羊圈，卻從別
處爬進去的，是賊，是強盜。2那從門進去的，才是羊的牧人。
3看門的替他開門；他的羊認得他的聲音。他按名字呼喚自己的羊，
領牠們出來。4他把自己的羊都領出來，就走在牠們前頭；他的羊
跟著他，因為牠們認得他的聲音。5牠們並不跟隨陌生人，反而要
逃開，因為不認得陌生人的聲音。」

6耶穌對他們說了這個比喻，但是他們不明白他所說的是甚麼意思。

好牧人耶穌

7於是，耶穌又對他們說：「我鄭重地告訴你們，我就是羊的門。
8凡在我以前來的都是賊，是強盜；羊不聽從他們。9我是門；那從
我進來的，必然安全，並且可以進進出出，也會找到草場。10盜賊
進來，無非要偷，要殺，要毀壞。我來的目的是要使他們得生命，
而且是豐豐富富的生命。

11「我是好牧人；好牧人願意為羊捨命。12雇工不是牧人，羊也不
是他自己的。他一看見豺狼來，就撇下羊逃跑；豺狼抓住羊，趕散
了羊羣。13雇工跑掉了，因為他不過是一個雇工，並不關心羊羣。
14-15我是好牧人。正如父親認識我，我認識父親。同樣，我認得我的
羊；牠們也認得我。我願意為牠們捨命。16我還有其他的羊不在這
羊圈裏，我也必須把牠們領來；牠們會聽我的聲音。牠們兩者要合
成一羣，同屬於一個牧人。

17「父親愛我；因為我願意犧牲自己的生命，為要再得到生命。
18沒有人能奪走我的生命，是我自願犧牲的；我有權犧牲，也有權
再得回。這是我父親命令我做的。」

19猶太人又為了這些話起紛爭。20他們當中有好些人說：「他是鬼

附的！他發瘋了！何必聽他？」

[21]另有些人說：「鬼附的人不能說出這樣的話！鬼能開盲人的眼睛嗎？」

被猶太人棄絕

[22]在耶路撒冷，慶祝獻殿節的時候到了；那時候是冬天。[23]耶穌
在聖殿裏的所羅門廊下走著；[24]猶太人圍繞著他，對他說：「你使我們懸疑要到幾時呢？坦白地告訴我們，你是不是基督？」

[25]耶穌回答：「我已經告訴過你們，可是你們不信。我奉我父親
的名所做的事就是我的證據。[26]但是，你們不是我的羊，所以你們
不信。[27]我的羊聽我的聲音，我認得牠們；牠們跟隨我。[28]我賜給他
們永恆的生命，他們不至於死亡；無論誰都不能從我手中把他們奪
走。[29]那位把他們賜給我的父親比一切都偉大⑦，沒有人能從父親
手裏把他們奪走。[30]父親和我原為一。」

[31]這時候，猶太人又拿起石頭要打他。[32]耶穌對他們說：「我在你們面前做了父親要我做的許多善事；你們究竟為了哪一件事要拿石頭打我？」

[33]他們回答：「我們不是為了你所做的善事要拿石頭打你，而是因為你侮辱了上帝！你不過是一個人，竟把自己當作上帝！」

[34]耶穌說：「你們的法律不是寫著上帝曾說『你們是神』嗎？[35]我
們知道聖經的話是永不改變的；對那些接受上帝信息的人，上帝尚
且稱他們為神。[36]至於我，我是父親所揀選並差遣到世上來的。我
說我是上帝的兒子，你們為甚麼說我侮辱上帝呢？[37]如果我不是做
我父親的事，你們就不必信我；[38]如果是，你們縱使不信我，也應
當相信我的工作，好使你們確實知道父親在我的生命裏，我也在父親的生命裏。」

---

⑦「那位把他們賜給我的父親比一切都偉大」另有些古卷作「我父親所賜給我的比一切都偉大」。

39於是他們又想逮捕他，他卻逃脫了他們的手。

40耶穌又回約旦河的對岸，到約翰從前施洗的地方，住在那裏。41有許多人來找他，說：「約翰沒有行過神蹟，但是他指著這個人所說的一切話都是真實的。」42在那裏，有許多人信了耶穌。

拉撒路的死

11 1有一個患病的人名叫拉撒路，住在伯大尼；馬利亞和她的姊姊馬大也住在這個村莊。(2這馬利亞就是那位曾用香油膏抹主的腳，用自己的頭髮去擦乾的。患病的拉撒路就是她的弟弟。)3那兩姊妹打發人去見耶穌，說：「主啊，你所愛的朋友病了。」

4耶穌聽了這消息就說：「拉撒路的病不至於死，而是要榮耀上帝，並且使上帝的兒子因此得榮耀。」

5耶穌一向愛馬大和她的妹妹，也愛拉撒路。6他接到拉撒路害病的消息後，繼續在所住的地方停留兩天。7然後他對門徒說：「我們再到猶太去吧。」

8他的門徒說：「老師，前些時候，猶太人要拿石頭打你，你還想再到那裏去嗎？」

9耶穌說：「白天不是有十二個鐘頭嗎？人在白天走路，不至於跌倒，因為他看得見這世上的光。10人在黑夜走路，就會絆倒，因為他沒有光。」11耶穌說了這些話後，又說：「我們的朋友拉撒路睡著了，我要去喚醒他。」

12門徒說：「主啊，如果他是睡著了，他會好起來的。」

13其實，耶穌的意思是說拉撒路已經死了；他們卻以為他講的是正常的睡眠。14於是耶穌明明地告訴他們：「拉撒路死了；15為了要使你們相信，我不在他那裏倒是好的。現在我們去看他吧。」

16多馬(綽號雙胞胎的)對其他的門徒說：「我們跟老師一道去，跟他一起死吧！」

復活和生命的主

[17]耶穌到了伯大尼，知道拉撒路已經在四天前埋葬了。[18]伯大尼
離耶路撒冷還不到三公里；[19]有好些猶太人來探望馬大和馬利亞，
為了她們弟弟的死來安慰她們。

[20]馬大聽見耶穌來了，就出來迎接他；馬利亞卻留在家裏。[21]馬
大對耶穌說：「主啊，要是你在這裏，我的弟弟就不會死！[22]但是我
知道，甚至現在，無論你向上帝求甚麼，他一定賜給你。」

[23]耶穌告訴她：「你的弟弟一定會復活的。」

[24]馬大說：「我知道在末日他一定會復活。」

[25]耶穌說：「我就是復活，就是生命。信我的人，雖然死了，仍
然要活著；[26]活著信我的人一定永遠不死。你信這一切嗎？」

[27]馬大回答：「主啊，是的！我信你就是那要到世上來的基督，
是上帝的兒子。」

耶穌哭了

[28]馬大說了這話就回家，輕聲告訴妹妹馬利亞說：「老師來了，
他叫你。」[29]馬利亞聽見這話，立刻起來，去見耶穌。([30]當時耶穌
還沒有進村子，仍然在馬大迎接他的地方。)[31]那些到家裏安慰馬
利亞的猶太人看見她急忙起身出去，就跟著她，以為她要到墳墓
去哭。

[32]馬利亞來到耶穌那裏，一看見他，就俯伏在他腳前，說：「主
啊，要是你在這裏，我的弟弟就不會死！」

[33]耶穌看見馬利亞哭，也看見跟她一起來的猶太人在哭，心裏非
常悲傷，深深地激動，[34]就問他們：「你們把他葬在哪裏？」

他們回答：「主啊，請來看。」

[35]耶穌哭了。[36]因此猶太人說：「你看，他多麼愛這個人！」

[37]有些人卻說：「他開過盲人的眼睛，難道他不能使拉撒路不
死嗎？」

使拉撒路復活

[38]耶穌心裏又非常激動。他來到墳墓前；那墳墓是一個洞穴，入口的地方有一塊石頭堵住。[39]耶穌吩咐：「把石頭挪開！」

死者的姊姊馬大說：「主啊，他已經葬了四天，屍體都發臭了！」

[40]耶穌對她說：「我不是對你說過，你信就會看見上帝的榮耀嗎？」
[41]於是他們把石頭挪開。耶穌舉目望天，說：「父親哪，我感謝你，因為你已經垂聽了我。[42]我知道你時常垂聽我；但是我說這話是為了周圍這些人，為要使他們信是你差遣我來的。」[43]說完這話，他大聲喊：「拉撒路，出來！」[44]那死了的人就出來；他的手腳裹著布條，臉上也包著布。耶穌吩咐他們說：「解開他，讓他走！」

殺害耶穌的陰謀

[45]許多來探訪馬利亞的猶太人看見耶穌所做的事，就信了他。
[46]但也有些人回去見法利賽人，把耶穌所做的事向他們報告。[47]因此，法利賽人和祭司長們召開議會，在會上說：「這個人行了這許多神蹟，我們該怎麼辦呢？[48]要是讓他這樣搞下去，大家都信了他，羅馬人會來擄掠我們的聖殿和民族的！」

[49]他們當中有一個人名叫該亞法，就是當年的大祭司。他發言：「你們甚麼都不懂！[50]讓一個人替全民死，免得整個民族被消滅。難道看不出這對你們是一件合算的事嗎？」[51]其實，這話不是出於他自己；只因他是當年的大祭司，他在預言耶穌要替猶太人死，
[52]不但替他們死，也要把分散各地的上帝的兒女都召集在一起，合成一羣。

[53]從那時候開始，猶太人的領袖們計劃殺害耶穌。[54]因此耶穌不在猶太地區公開活動。他到一個靠近曠野、叫以法蓮的鎮上去，在那裏和門徒一起住。

[55]猶太人的逾越節快到了。節期以前，許多人從鄉下上耶路撒冷去，要在那裏守潔淨禮。[56]他們到處尋找耶穌；當他們聚在聖殿裏的時候，彼此對問：「你認為怎樣，他不會來過節吧？」[57]那些祭司

長和法利賽人早已下命令：如果有人知道耶穌在甚麼地方，必須報
告，好讓他們去逮捕他。

當耶穌返回耶路撒冷與猶太地區後，猶太人對耶穌的敵意到達最高峯（七1～十一57）。雖然整個段落可以用地理位置來標示，但約翰的神學意涵亦清楚呈現，就是耶穌雖曾顯明他那彌賽亞身分，但猶太人依然不信並拒絕他。

這段落共分4部分：首先是，說明耶穌雖然多次教導猶太人，但他們仍不相信（七1～八59）。在七章住棚節這段落中，耶穌祕密的上耶路撒冷。他在聖殿公開教導猶太人，讓他們知道他是從上帝來的，又是上帝的兒子。耶穌在這些教導中不乏使用象徵性語言來描述他所賜下的救恩，如：「活水」（七37～44）、「世界的光」（八12）等等，然而猶太人還是不信。

第二個段落是論及猶太人雖然知道耶穌醫治了一個生來失明的人，他們還是不信（九1～41）。約翰特別指明這醫治是在安息日發生，因著這緣故，猶太人更加拒絕耶穌是從上帝來的。猶太人的頑梗弄瞎了他們的心眼，這就是他們的「罪」了。

在第三個段落耶穌自稱是好牧人，猶太人仍是不信，因為他們不是他的羊（十1～42）。好牧人為羊捨命，又引導、賜下永恆的生命給羊。相對而言，那些猶太人領袖是強盜，他們來是為偷、殺、毀壞。好牧人的工作甚至與父上帝相同，但猶太人無法接受這個觀念，於是就拿起石頭打耶穌。

第四個段落描述耶穌雖然使一個人從死裏復活，但猶太人卻齊心計劃要殺耶穌（十一1～57）。耶穌使拉撒路從死裏復活後，有許多猶太人相信他，但祭司長和法利賽人卻在另一處地方，商議殺耶穌的計謀。約翰此時亦刻意記載大祭司說了一個預言（雖然他不了解這預言），這預言正確地把耶穌代贖的任務說了出來。

8.1. 耶穌的教導與不信者的反應(七1～八59)

耶穌在五章曾彰顯自己的身分，但遭猶太人反對(五16～18)，跟隨的人也「信心動搖」(六66)。在接著的兩章，耶穌更多顯明自己，他說他是「活水」(七38)、「世界的光」(八12)及「我是」(八58，《現修》作「**我就『有』了**」)。但這樣的自我表白卻引起更大的敵意，猶太人想要殺耶穌或逮捕耶穌的經文在這段落中出現了10次之多(七1、19、25、30、32、44，八20、37、40、59)。因著猶太人的反對與敵意，耶穌公開指出他們是來自魔鬼的(八44)，並把自己與父上帝的關係作了最清楚的闡述(八42～59)。

8.1.1. 對耶穌的懷疑與挑戰(七1～13)

「猶太人的領袖」原文是「猶太人」(參《和合本》)，更是指「在猶太地的人」，這可與「在加利利的人」作對比。此處的「猶太人」實指猶太地區的官長(參《現修》)，因25節提到這些人是「領袖」，32及45節更直指是祭司長和法利賽人。

約翰再次以「**事後**」(1節，希臘文：*meta tauta*；參4.4.1.)「施洗者約翰的門徒之疑惑」，作為新段落的開始。這裏所指的「**事**」是指五餅二魚的神蹟與「生命的食糧」的講論。1節提到「**猶太人的領袖**想殺害他」，這句子已不是第一次出現(參五18)，猶太人對耶穌的敵意有增無減，耶穌所說所作的，並不能使猶太人信服。由此可見耶穌作聖工背後，同時也有另一股黑暗勢力在活動。

猶太人的住棚節

住棚節又名收藏節(或收穫節，出二十三16)，源於舊約，是與收割莊稼有關(利二十三33～43；申十六13～15)。它在提斯利月第十五日(即現今的九月底或十月初)舉行，為期7天。以色列人守這節一方面是感謝上帝當時所賜給他們的農穫(申十六13～15)；另方面是感謝並回顧上帝過去在曠野供應以色列人一切所需(利二十三39～43)。參加慶典的人是住在以樹枝與樹葉所搭建的臨時帳棚，並且每天在聖殿舉行灑水與點燈儀式，藉此使參加者了解他們是深深的倚賴上帝一切的供應。

耶穌在世時經常被誤解，甚至是被他的兄弟誤解。今天他仍受不同人誤解，當中包括信他的人。你被誤解時有何感受和反應？這段經文對你有何提醒？

七章的內容發生在「住棚節」，它與「逾越節」相隔半年(參六4)，約翰並沒有記載在這期間的事，因為他的記載是有選擇性的(參二十一25)。作者在此特別記載耶穌的「兄弟」(二章12節亦出現過這詞；另參太十三55；可六3)對他說了一番話，這番話的意思是指「如果耶穌要以神蹟來證明他是彌賽亞，他應該在耶路撒冷行神蹟才是，因為在猶太人傳統相信耶路撒冷是彌賽亞出現之處」。這番話反映了他們不信耶穌是彌賽亞(3～5節)；但這番話亦證明了日後當他的兄弟相信他時，是因信他是舊約所預言的彌賽亞(參徒一14)。

耶穌這樣的回答是有原因，他或許是為了使六章66節那些退去的門徒回轉，但更有可能的是，耶穌可以在耶路撒冷藉著神蹟宣告他是彌賽亞，而非單單在偏遠的加利利。

耶穌回答說**「我的時機還沒有成熟」**(6節；《和合本》譯作「我的時候還沒有到來」)，這裏的「時機」(希臘文：*kairos*)與約翰慣常使用的「時刻」不同(參3.3.3.「神蹟的發生及其結果」)，但兩者意義相同。在約翰的著作裏，有時會因文體變化，而使用同義詞。本節的「時機」可以看作是雙關語，一方面是指他要「上」耶路撒冷(8節)，但一方面則是指他要「上到」父那裏去，這是指上帝為耶穌所定要回去父那裏去

上帝／耶穌的行事自有祂的時間表。從你過往的屬靈生活中，能否看出上帝在你身上的工作是如何合乎其時？

「人羣」為何怕「猶太人的領袖」？他們的害怕帶給他們甚麼損失？你是否也會怕一些權威人士，而不敢說真話？這段經文帶給你甚麼提醒？

的時候，這時候是由耶穌的死、復活、升天（得榮耀）來達成。

耶穌等他的兄弟上去之後，就「**祕密**」的上去過節，這與「**公開**」相對（3、10節）。在節期（住棚節）中「**猶太人的領袖**」知道耶穌必定上耶城過節，所以他們四處尋找他，為要殺他。他們不能在加利利下手，因為加利利是希律安提帕的管轄之地。與「猶太人的領袖」相對的是「**人羣**」，這裏的「**人羣**」包括猶太地區的人及加利利人，他們懼怕「**猶太人的領袖**」。這些人在私下議論，有認為耶穌是「**好人**」的，也有認為他「**煽惑羣眾**」的。「**猶太人的領袖**」對耶穌的態度顯然已影響許多的人，使耶穌成為重要的公眾人物。（12～13節）

8.1.2. 耶穌教導的權柄（七14～24）

雖然這段經文沒有說明耶穌何時上耶路撒冷，但必不是耶穌的兄弟們所提議節期的初期，而是節期過了一半（2節）。耶穌在耶路撒並沒有隱藏自己，他公然在殿中「**教導人**」，當時他相當引人注目。

聽到耶穌教導的內容，猶太人就希奇他的「**學問**」。這是約翰反諷的寫作手法，猶太人明明看見道成為人的耶穌、宇宙的創造者、真理的化身和智慧的來源，卻稱他為「**沒有跟過老師**」的人。他們這樣說不是讚賞耶穌，而是挑戰耶穌教導的權柄。耶穌的回應是：他是代表差他來的那一位教導人。如果耶穌宣稱他是憑自己的權柄，或說他不需要教師，他將遭受猶太人的侮辱。猶太的拉比慣常在重要的論述中引述權威的話；耶穌同樣也引述他的權威是來自「**那位差**」他的。（15～16節）

耶穌再將答辯轉為挑戰他們的生活行為。如果他們真的「**決心實行上帝的旨意**」，他們就會知道耶穌的教導是出於上帝。實際上已再沒有更高的權柄或外在標準可驗證耶穌宣稱的真偽，惟有遵守上帝的旨意而行，才可以分辨出耶穌的宣稱是出於上帝，因為耶穌的真理與父上帝的是合一的（17節）。

耶穌再進一步挑戰他們有關權柄的觀念。人如果憑著自己說話，即使他擁有權柄，都只「是想尋求自己的榮耀」；相對的，耶穌是「**真實無偽的**」，因為他是為「尋求差他來那位的榮耀」而說話（18節）。

原文可譯作「這人是真的，在他心裏沒有不義」（參《和合本》）。

接下來，耶穌又指責猶太人誤解及操弄摩西的律法。耶穌訴諸於他們所依循的標準：摩西所賜的律法。猶太人自稱為摩西的門徒，也十分敬仰摩西（五45，九28），然而他們卻沒有一人守律法，因為他們拒絕摩西對耶穌的見證（五45～46），更甚者是他們想殺摩西所見證的那一位。摩西的律法禁止殺人（出二十13），然而猶太人卻計劃殺耶穌（七19；參五18）。

在這番話結束前，耶穌出其不意的說出猶太人想殺他。殺害耶穌這計劃早已在安排中（五18）。羣眾在此聽到耶穌的話似乎顯得一頭霧水，便說：「你**有鬼附身**，誰想殺你呢？」約翰在此加插了「羣眾」，明顯的，這裏有兩羣不同的人，因為他們不知道有人要殺耶穌。

這裏的「有鬼附身」是指一個人瘋言瘋語（參八48）。

耶穌沒有正面答羣眾的詢問，繼續指出猶太領袖的錯誤。他提及在安息日行的「一件大事」（21節）。這「大事」是指在畢士大池醫病（五1～8），但他卻因**在安息日治病**而遭受譴責（參七23）。耶穌藉著在安息日行割禮這事指責羣眾對他的責怪是錯誤的。摩西或他們的祖先所作的（行割禮）只屬

符類福音書亦有記載耶穌在安息日治病（太十二9～13；路十三10～17，十四1～4），但約翰並未記載那些事件。

一部分；耶穌所作的（使人全然健康）則是全部。猶太人在摩西的律法上列出一些可以在安息日行的事，例如：行割禮、祭司在殿中進行禮儀（參太十二5）。耶穌要指出醫病與割禮不但同樣重要，而且比行割禮更迫切。因此，當割禮可以超越安息日的規條時，醫病更可如此。耶穌的醫治和救贖與舊約的主旨相符，他不但沒有破壞舊約的律法，還要透過成全律法，而肯定舊約救贖的目的。

安息日與行割禮，誰較優先？

摩西的律法規定，男孩出生的第八天就要受割禮（七23；參利十二章），但另一方面，律法也規定安息日不可作工。在此可能會出現一種張力，如果嬰孩出生後第八天剛剛是安息日，他應否受割禮？在這情況就當問：那一條律法較為優先？從耶穌的話（七25）便知，即使安息日是在嬰孩出生的第八天，猶太人仍須在安息日替孩子行割禮。猶太經典《米示拿》（*Mishnah*）主張割禮的誡命是超越遵守安息日的誡命，所以安息日是可以行割禮。

這短語原文可直譯為「你們以義的審判來判斷」。

耶穌最後以「要按照**公正的標準來判斷**才是」（24節；參申十六19）作為結論。他的意思是指要按著上帝的義，而非自己的義作判斷（參五30）。猶太人的問題就在於此，他們被自義弄瞎了眼睛，看不見上帝的義（十七25；約壹二29；啟十六5），因此他們既違背律法也遠離上帝的義。

8.1.3. 耶穌的身分與源頭（七25～36）

這段經文出現了另一羣人——「耶路撒冷人」，他們與20節的「羣眾」完全不同，因為他們是知道殺耶穌這個計謀（25節；參五18）的。他們驚訝耶穌為何仍可以**「公開」**講話，而且那些「領袖」竟對他的行徑保持緘默。他們以為那些領袖已有足夠證據，證明耶穌就是基督。在這無知的情況下，耶穌的身分被耶路撒冷人第一次公開提及出來（26節）。

如果耶穌以平凡的身分出現在今天的教會中，他所說的話是否會被接受？你會否以外表判斷一個人？這段經文對你有何提醒？

不過這些猶太人在判斷耶穌的身分上產生猶疑，因為耶穌的身世與彌賽亞來源彼此不協調（27節）。這些猶太人對彌賽亞來源的看法，正反映當時人的看法，以為彌賽亞的來源是個奧祕（參太二十四26～27；可十三21～22；路十七23～24）。對當時而言，彌賽亞雖然是個有血有肉的人，但在他向以色列人顯現之前是沒有人認識他的。猶太拉比謝拉（Rabbi Zera）所寫的《米示拿》之〈論議會〉（*M. Sanhedrin* 97a）曾這樣記載：「有三件事情是沒有辦法知道其來源的：蠍子、撿到的東西、彌賽亞」。然而，他們所認識的耶穌，只不過是一個普通的「拿撒勒人」而已。約翰的這種表達極為諷刺，羣眾只說對了真相的一面，但耶穌所說：**「我從他【父上帝】那裏來，是他差遣我的」**，才是真相的全部（29節）。這句話表明耶穌的「來源」和「使命」。當耶穌說「他們並不認識那差他來的（父）」，是暗示凡認識耶穌的人就認識父上帝，凡不認識耶穌的自然也會不認識父上帝（28節）。

耶穌的回答令這些耶路撒冷人極為反感，因此他們想捉拿他，只是沒有人敢下手，表面看是他們不敢作，事實上是因為耶穌的**「時刻」**還未到（七30；參七25）。這裏再次提到耶穌的**「時刻」**，正如耶穌的時刻（時機）不是由耶穌的母親（二4）或弟兄（七6）來決定，他的時刻更不是由這些暴民來決定，而是在上帝的旨意中。

雖然有人想除掉耶穌，但亦有一些人卻相信耶穌是彌賽亞（基督），

31節所用「神蹟」這名詞希臘文是sêmeion，參3.3.「第一個神蹟」這詞的意義。

而且為數也不少。他們回應說：「還會有另一個基督比耶穌所作的更有**『記號』**，認出他是基督嗎？」這樣的回應充分反映他們完全認同耶穌是基督這身分，只是他們心中的基督不是一位受苦的基督。

彌賽亞與神蹟

耶穌時代的人對耶穌所行的神蹟的解釋，其實是反映猶太人對彌賽亞來臨的另一種看法。傳統上，彌賽亞的來臨與神蹟並不相關，但當人們所盼望那位像摩西的先知（申十八15）之彌賽亞來臨之時，就期望他是「第二位拯救者」，並有「第二次出埃及」。所以摩西在出埃及所行的神蹟，也定必重現。基於這個背景，這些人對耶穌的言行（包括神蹟）自然有所聯想，並且有所回應。

此時耶穌進一步談論的，不再是他「來源」的問題，而是他「離去」的問題。「離去」這主題以**「一點點時間」**這短語導入。耶穌所要去的目的地，是猶太人無法到達的。如同耶穌的來源情況一樣，是沒有人去過他來源的地方。耶穌所指的目的地有兩個層面：是屬世的（往普世去，當時是指希臘各城市）；是屬天的（往父那裏去）。但猶太人只了解屬世的層面（35節）。就屬世層面而言，耶穌的「離去」促使福音被帶給希臘人（甚至普世的人），因為透過聖靈的降臨和門徒的見證，他確實曾教導過**希臘人**（33～35節；參十16，十七20）。

「希臘人」這名詞在十二章20至21節再次出現。當希臘人再次來到耶穌面前時，是象徵耶穌得榮耀的「時刻」來到（十二23）。

8.1.4. 聖靈的應許與猶太人的不信(七37～52)

這段落開始就提到「最後一天」，這天是住棚節的第七天(參申十六13)，耶穌以「水」作他講道內容，是取材自當日祭司施行的獻水儀式。在講道裏耶穌提及聖靈，這是他在公開講道中第一次如此說。他引用舊約聖經上帝所應許的國度來說明這點(參詩七十八15～16；賽三十二15，四十四3～4；珥二28～32；亞十四8)，並且指出聖靈必須在耶穌得榮耀之後才來到(39節)。由此可知，聖靈與耶穌得榮耀緊扣在一起，這裏提醒任何追求經歷聖靈的人知道，渴求聖靈充滿的動機若是為自己的榮耀，就不可能是出於聖靈；只有真誠切慕耶穌得著榮耀的人，才能顯出他對聖靈的渴望與聖靈工作的果效。

住棚節的獻水儀式

利未記二十三章36節記載住棚節最後一天是在第八天，但根據《米示拿》記載，在第七天以後就沒有灑水和點燈的儀式，因此守這節的傳統曾被修改，而約翰說最後一日就是第七天。在守節的每一天祭司們會從西羅亞池取水，倒在金壺裏，然後在大祭司的帶領下遊行回到聖殿。當遊行的隊伍經過耶城的水門(Water Gate)，隊員就吹響三筒的號角，而當祭司們接近聖壇時，聖殿內的詩班便唱感謝讚美詩(詩一一三～一一八篇)。獻水時是先把水倒入一個銀碗裏，然後留待晨祭時灑在祭壇前獻給上帝。這隊伍連續6天早晨都會進行一次獻水禮，到了第七日則會施行7次。第八天就沒有澆水的儀式，只有禱告與默想。

接著的段落又返回耶穌彌賽亞身分的爭議上(40～44節；參26～29節)②，這是一個公開的爭論。在這爭論中有3個結論產生：有人認為耶穌是那位猶太人所期待的「先知」(參申十八15～18)；也有人認為耶穌是彌賽亞；但有人反對以上兩種看法，因為耶穌是從加利利出來的。那些反對耶穌是彌賽亞的人，是因為他們相信彌賽亞不單是大衛的後裔，也是生於伯利恆。對他們而言，耶穌只不過是加利利人而已。但是約翰的讀者都知道耶穌不單是大衛的後裔，也生於伯利恆。約翰這樣的記載手法，亦是另一種的反諷。

警衛們(即聖殿警衛)空著手回到議會，這使那些猶太人領袖感到挫折，但更受挫折的是警衛也認同耶穌的話很有權柄。他們責備警衛們受愚弄(七47)。法利賽人的說話反映出他們當時是一羣社會中的精英，也是猶太正統神學的護衛者，在他們眼中凡不明白摩西律法的就是「**愚民**」、是「**該受咒詛的**」。此時議會中的一員尼哥德慕再次出現(參三1)，他為耶穌說話，認為「**沒有聽口供或查明真相之前**」是不能定罪的(50～51節)。法利賽人沒有作正面的回答，卻指出加利利沒有出過**先知**。不過根據列王紀下十四章25節，先知約拿就是來自於離拿撒勒不遠的迦特．希弗。因此，去「查考聖經」的應該是那些法利賽人。若與41至42節對照，這裏可以代表約翰所使用另一個反諷的表達！

有些抄本在「先知」這詞之前加上定冠詞，表示一個特定的先知。這先知可能就是指像摩西的先知(申十八15)。無論「先知」是否有定冠詞，法利賽人對耶穌都是有偏見。

8.1.5. 行淫時被拿的婦人(八1～11)

本段的記述與上一段議會的場景(七5～53)有所不同，因為它是發生在耶路撒冷的聖殿內(八2)。1節暗示耶穌在聖殿教導完後，羣眾就「**都回家去**」，而耶穌「**卻到橄欖山去**」，這與路加福音記載相近(參路二十一37)。這是耶穌在聖殿教導完後習慣了的生活模式。

這段經文被放置於此，其原因可能是為了要說明耶穌在八章15節所說：「我卻不判斷任何人」，又或是以猶太人的有罪來對照耶穌的無罪(八21、24、46)。

• 圖中左上位置乃橄欖山，右面一帶乃耶路撒冷，它與橄欖山只一谷之隔

八章1至11節抄本證據與正典地位

長久以來這段經文的真實性及地位一直備受質疑，主要有幾個原因：

第一、最早期以及最權威的抄本都沒有這段經文，出現這段經文的抄本都是後期的或是不重要的抄本；自公元900年起，這段經文才出現在一些希臘文抄本，如《坎平抄本》(*Codex Campianus*〔M〕)。另外，就它所出現的位置而言，它曾被置於路加福音二十一章38節之後，又或安插在約翰福音七章36、44節及二十一章25節之後，這些不同的安排，表示這段經文的真實性並不確定。

其次，從上下文看，若七章52節是接著八章12節，就文意來說是相當自然，因為八章12至20節可以說是耶穌在眾人面前回答七章45至52節中那些法利賽人的控告，因此即使沒有八章1至11節，內容編排也可算是合理的。

第三，聖經學者也注意到，這段經文的體裁、文法及用詞都不是約翰所慣用的，如：1節的「橄欖山」及3節的「經學教師」，在約翰福音只出現1次。另外，它卻是較接近路加的著作，如：「一早」(1節)只出現在路加福音二十四章1節及使徒行傳五章

21節；八章2節的「回到」及「羣眾」是路加福音及使徒行傳常用的詞彙，但卻不常在約翰福音中使用。不但如此，2節與路加福音二十一章38節平行。因此，它曾被置於路加福音二十一章38節之後是不足為奇的。

因此，不少現代的學者認為，它不是原始的經文，而是出自別人之手，或是教會後來加上去的。新約學者梅茨格（B. M. Metzger）所說的可作為代表：「這段經文所顯示的證據之多，足以證明它並非約翰所寫。」。

然而這段經文在早期的教會中仍有它的地位。3世紀的《使徒教訓》（*Didascalia apostolorum*）裏清楚提到淫婦的故事，這故事主要是用來說明耶穌的溫柔；此外，凱撒利亞的優西比烏（Eusebius of Caesarea，公元265～340年）曾在其著作中提到此事；帕皮亞（Papias，公元50～130年）曾說過一個在主面前被控以許多罪名的婦人之故事（約翰所記的婦人僅被控以單一的罪名：行淫），並且這個故事被蒐錄在《希伯來人福音》（*Gospel of the Hebrews*）中。雖然西方的教父如愛任紐（Irenaeus）及特土良（Tertullian）都沒有提到這個故事，但安波羅修（Ambrose）和奧古斯丁（Augustine）將之視為福音書的一部分，而耶柔米（Jerome）則把它蒐集在《武加大譯本》（*Vulgate*）中。同樣的，這個故事也出現在5世紀的《伯撒抄本》（*Codex Bezae*）中。

因此，這段經文即使不是出自約翰之手，它仍可能是真實的故事，並且屬正典的一部分，這關鍵在於：正典的準則之一，是教會普遍的接納與使用。因此，天主教及絕大部分的基督教教會都將它視之為正典一部分，因為大部分的英文及中文聖經譯本都包括這段落。聯合聖經公會所出版的新約希臘文聖經，以雙引號括起這段經文，表示這段落是後期加上的，但它被保留下來，因為它有久遠的歷史，以及在鑒別學上是重要的。

這故事以耶穌一早到聖殿去教導羣眾開始，被**經學教師與法利賽人**帶到耶穌面前的女人是「行淫時被抓到的」（1～2節）。行淫是涉及兩個人的事，但與婦人行淫的那個男人溜到哪裏去？即使他跑掉了，為何又不把他抓回來？可見其實那些抓著女人的人所關注的，並不是為執行律法及伸張正義，而是要把耶穌陷在兩難的處境中（參6節）。

經學教師與法利賽人在符類福音常扮演敵對耶穌的角色，但此處這兩類人聯合在一起卻是約翰福音中惟一出現的1次。

經學教師和法利賽人想藉著犯姦淫的婦人，一方面挑戰耶穌的信仰是否正統，同時亦挑戰他對羅馬法律的服從（5節）。如果耶穌遵照摩西律法，用石頭打死這婦人，他就違反羅馬法律，因為猶太人是無權執行死刑。這樣，他們就可指控耶穌行私刑，並指控他自立為王。此外，耶穌這樣行亦不合乎他那「憐憫」、「赦免罪過」和「改變生命」的形像，更與他的教訓（「我來的目的不是要召好人，而是要召壞人」；參太九13；可二17；路五32）不相配。但是，如果耶穌赦免婦人的罪，他就是誤導了百姓對公義的維護，有失他教導的身分，成為一位「不守摩西律法」的老師。結果他仍要受猶太議會的審訊，他在羣眾面前也失去公信力。

淫婦是未婚抑或已婚？

按猶太人律法傳統，已婚的婦人與有婚約的處女若犯了姦淫，所得的刑罰是不同的。根據摩西律法，有婚約的處女若與其他人行淫，則兩人都要被石頭打死（申二十二23～24）；但不忠的妻子及其姦夫則被處死（利二十10；申二十二22）。按《米示拿》對這些經文的解釋是，有婚約的處女犯姦淫是要以石頭打死，而不忠的妻子則以絞刑處之。因此，這個被帶到耶穌面前的女子，可能是已定婚的未婚女子。不過，即使摩西律法對犯姦淫的人有如此規定，我們仍無足夠資料證明1世紀的猶太人經常執行這類嚴格的規定。無論如何，那些宗教領袖真正要控告的是耶穌（6節）。

耶穌並不回答他們的詰問，而是「彎下身子，用指頭在地上寫字」（6節）。歷世歷代的釋經學者對耶穌所寫的字有各種不同揣測，不過這都是揣測而已，只能反映個人的聯想，且是畫蛇添足。如果耶穌所寫的字是重要的話，經學教師和法利賽人看完後必定知難而退，而約翰必定會把耶穌在所寫的內容記錄下來。

當猶太人仍在不斷催問時，耶穌便直起腰來，對他們說了一句出人意外的話：**「你們當中誰沒有犯過罪，誰就先拿石頭打她。」**(7節)耶穌這話既暗示他支持摩西律法，同時亦避免了行私刑之嫌，更重要的是：耶穌在控訴他們的良心。此刻，控告者竟成為被告者，他們被迫要退去，因為沒有人能通過良心的考驗。約翰形容他們是**「溜走」**，表示他們是靜靜離開，而且是**「年紀大的先走」**(9節)。

你對耶穌處理罪的方法有何回應？你從他的行為學到甚麼功課？

最後，所有人都離去，只剩下那婦人。從耶穌與那婦人的對話中，顯出耶穌也沒有定那婦人的罪。耶穌不定她的罪，不是因為她沒有犯姦淫的罪，而是因為他來到世上的目的**「不是要定世人的罪，而是要藉著他來拯救世人」**(三17，十二47)；換句話說，「召壞人悔改」(路五32)是耶穌首要的工作。他對罪從不包容，但卻永遠給罪人悔改機會，使他有新的生活。

若教會出現淫亂或犯了道德上的罪，是否能夠將耶穌這樣的赦免應用出來？何解？

耶穌所說的最後一句話：**「去吧，別再犯罪！」**(11節)與他對那在畢士大池邊被醫好的人所說的話相似(五14)。耶穌明顯不是否認那些經學教師及法利賽人對婦人的控告，而耶穌所要求「別再犯罪」的「罪」並不單指姦淫的罪，而是她整個生命要遠離罪惡。這婦人被耶穌赦免，也意味著她有責任不再犯罪。要注意本節經文並無迹象顯示這婦人有悔改的心，所以耶穌不定她的罪不是因為她悔改了，只顯示耶穌赦罪的主權與憐憫。有了耶穌的憐憫與恩典，人才有可能不再犯罪。

8.1.6. 耶穌的見證與權柄(八12～30)

12節所出現的**「又」**字，可顯示本段是連接著七章住棚節的背景。

住棚節的每一個晚上（除安息日外），聖殿的女院都有點燈的儀式。「燈」是用來提醒那些朝聖者，過去上帝在曠野以火柱帶領以色列百姓，「點燈」則象徵以色列人對上帝（「光」是指上帝，參詩二十七1）的委身。因此，當耶穌在住棚節宣稱他是**「世界的光」**（12節），這對法利賽人來說是不能容忍的，因為這是僭越了專屬耶和華上帝作為「光」這身分（參創一3）。

耶穌所說「我是世界的光」對你有何意義？「在光中行」或「在黑暗中行」對你個人的生活有何實際的影響？

於是法利賽人引用耶穌曾說過的話來反駁他，說他是為自己作見證，所以他的證言是不真實的（13節；參五31）。明顯的，那些人只是斷章取義，卻不聽施洗者約翰、耶穌的工作、父上帝、聖經這4方面的見證（參6.3.2.「對耶穌的四重見證」）。耶穌的回答是：即使他是為自己作見證，這見證也是真實的，因為他知道自己從哪裏來，往哪裏去（參七32～36），這已足夠支持他所聲明的，因為他所說的不是出於自己，而是出於差他來的父。

耶穌所說**「我卻不判斷任何人」**（15節）是指出他所作的判斷（審判）並不像法利賽人那樣的。法利賽人的判斷（審判）是膚淺、憑**「人的標準」**的判斷。而耶穌卻**「不是要定世人的罪，而是要藉著他來拯救世人」**（三17）。但從另一個角度來說，耶穌來到世上同時也帶來審判，因為他迫使人作出一個接受還是拒絕他的抉擇。正如三章19至21節所言，一個人怎樣對耶穌作出回應就怎樣受審判，亦即他的回應，是決定他永恆的命運。

論完「判斷」的問題後，耶穌便回應他們對於他見證自己的指控（17～18節）。耶穌稱摩西的律法為**「你們的法律書」**，是因為這是他們所承認的權威。耶穌引用申命記十七章6節提到只要有兩個或以上的證人作見證，那見證才被接受。耶穌訴諸兩個見證，一個是**「我是」**，另一個就是父親。兩者形成雙重的觀

18節「我為自己作見證」的「我」，原文是「我是」。

念：一方面父與子在審判及見證這事上是合一的；但另一方面，父與子之間卻是有清楚的區別。

耶穌的說話顯然無法說服那些法利賽人，他們反問耶穌說：**「你的父親在哪裏？」**(19節) 這又是典型的「誤會陳述」(參1.4.3.「『誤會陳述』的使用」)。法利賽人以為耶穌所說的「父親」是地上的父，其實耶穌所指的是在天上的父親。對約翰而言，認識父親的惟一方法是認識子(19節下)。

接著，耶穌把話題轉到他的離去和談及猶太人的處境(21節)。耶穌的**「走了」**代表他即將面臨死亡，而他們**「尋找」**耶穌，是與耶穌先前所說的一番話(七33～34)有關。此時耶穌宣告他們要**死在自己的罪中**，這「罪」是以單數名詞出現，是指他們不願相信耶穌(另參24節)。

「死在自己的罪中」這短句在《七十士譯本》也曾出現(參箴二十四9；結三18)。

然而，猶太人不回應耶穌所定他們的罪，卻轉移討論他的**「離去」**(22節)。若比較七章35節，猶太人似乎之前是不明白耶穌所說的離去是指「死」，但在此他們就知道了，只是仍不知他會怎樣死，否則他們不會說他要**自殺**。耶穌沒有理會猶太人的猜測，因為他們根本不明白耶穌所作的，所以耶穌指出他們是**「從地上來的」**(即屬世界的)，而他則**「從天上來的」**(即不屬世界的)，兩者處在不同領域。24節重複18節的說話，這審判的話對法利賽人顯然是重要且嚴厲。《現修》將「我是」譯為**「我是『自有永有』的那一位」**(參28節)。這短句是耶穌用來宣告他的神性的慣用語(參1.4.1.「高基督論」)。

雖然曾有異教的教主自殺，但猶太人完全不能接受自殺。根據猶太歷史學家約瑟夫所記，猶太人不會為自殺的人舉行公開的葬禮。此外，猶太拉比也指出，自殺的人在末日來臨之時，會處在咒詛之中。

耶穌的自稱引起猶太人領袖質問他(25節)。耶穌沒有答他們的問題，因為他們是知道他是誰，只是他們否認他而已。耶穌指出他本可以說出他們許多罪，又可以審判他們，只是現時他來的目的是為宣告那從父上帝來的說話。然而這班領袖完全不能明白，耶穌終於說出他的死與復活，為使他們了解「我是」這身分及被上帝差遣(28～29節)之意義。耶穌進一步指出，他確信那差他來的並沒有撇下他(29節)。面對十字架的痛苦，耶穌這樣的確信是重要的，但更重要的是：父沒有撇棄子這事實，成為子不會撇棄信徒的基礎。聽完耶穌所說的一番話，許多猶太人都信了他。

8.1.7. 自由與奴僕(八31～41)

既然有些猶太人信了，③耶穌就向這些信的人揭示真門徒的意義：「你們若常常**遵守我的教導**，就真的是我的門徒了」(31節)。由於真理是透過耶穌彰顯，所以住在耶穌的「道」裏面的便認識真理。從上下文看，「真理」是與認識耶穌的身分和工作有關，因此在意義上它是與「福音」相近。這真理不是以知識把人從無知中拯救出來，而是帶有能力，使人從罪的捆綁中釋放出來(32節)。

「遵守我的教導」可直譯為「住在我的道裏面」。「住」(或「在」，參十五4)這詞在約翰著作裏，是指與上帝有永恆而親密的關係。因此，真信徒就是「住在」耶穌的「道」裏。

當提到釋放(即「自由」)，就暗示猶太人是在捆綁中。但猶太人堅稱他們「沒作過誰的奴隸」(33節)。從民族的歷史看，他們的話是說不通的，因為他們曾受轄制於多個強國之下(埃及、敍利亞、巴比倫、波斯、羅馬)，但從宗教角度看卻不然。猶太人深信他們是上帝的屬靈兒女，因此就是亞伯拉罕的子孫。猶太人根據舊約聖經，認為一個人得自由的準則在於是否成為上帝的兒女和聖潔的民(申十四2)。因此，他們對耶穌的話感費解，這是可預料到的。

但耶穌這樣說為要挑戰猶太人兩個頗感自信的觀點：他們對奴僕的看法(34節)和他們是亞伯拉罕的子孫這身分(35～36節)。就第一個看法而言，耶穌指出「**每個犯罪的人都是罪的奴隸**」(34節)，意思是任何種族的人只要犯罪，他就是罪的奴隸。如此，猶太人自信自己是「自由」這基礎便被瓦解，因為即使是猶太人，也不能保證可避免上帝對罪惡審判；並且也只有上帝的兒子才使人不受罪的捆綁，得以真正的自由。(36節)。

關於他們擁有亞伯拉罕的子孫這身分方面，如果他們是罪的「奴隸」，就不可能是「兒子」(35節)，所以亦不能住在家裏。同理，若耶穌是上帝的兒子，他就永遠住在天父的家裏。這兒子不但可享有尊榮，更有釋放奴僕的權柄；因此，他使誰得自由，誰就得自由，而不再是奴隸了(36節)。

從民族的角度看，耶穌同意那些猶太人是亞伯拉罕的「子孫」(37節；希臘文：*sperma*，意即「種子」)。但是，耶穌看道德上的關係遠比種族上的關係重要，因為真正亞伯拉罕的「子孫」(39節；希臘文：*tekna*，意即「孩子／兒子」)，必定效法亞伯拉罕的榜樣而行。耶穌說了兩次他們想殺他(37、40節)，這顯然說明他們不是真正亞伯拉罕的子孫，也證明他們的「父親」是另有其人。猶太人完全明白耶穌的指控，所以回答說：「我們並不是**私生子**啊！」(41節)

「私生子」原文譯作「從淫亂生的」(參《和合本》)。有學者認為猶太人用這詞來反諷耶穌的出生。這樣的解釋不具說服力，因舊約聖經曾出現這樣的用法(參何一2)。

8.1.8. 屬靈上的後裔(八42～59)

猶太人不只宣稱亞伯拉罕是他們的父，也稱上帝是他們的父親(41節)。耶穌進一步應用「父、子」這倫理關係的觀念，指出「子／子孫」是會反映「父」的品德。由於猶太人所行的並不像他們的父亞伯拉罕，因此他們並不是亞伯拉罕的子孫(參39節)。同樣，在他們身上也看不到有上帝的品格——愛那位從父差來的，因此他們也不是上帝的兒女（42節）。

此外，耶穌曾說過他的話是出自於上帝（七16），因此上帝的兒女應該明白耶穌所說的話。但這些人卻不明白，表示他們不能把耶穌的道**聽**進去（43、47節）。他們不能聽，不是因為耶穌講解不清楚，乃是因為他們是屬於另一個來源：魔鬼（44節）。耶穌指出魔鬼是謀殺者和說謊者的來源。在伊甸園裏，魔鬼藉著謊話破壞了亞當和夏娃與上帝的關係，將死亡帶入世界（參羅五12）。魔鬼說謊就像上帝曉諭真理一樣的自然；上帝不會說謊（來六18），同樣，魔鬼也不會說出真理。從猶太人的行為來看，他們是魔鬼的子孫，因為他們不但拒絕真理，也想謀殺人（37、40、43、47節）。

「聽」（希臘文：akouô）在約翰福音具有順服／聽從之意（參一37，四42，十27）。

面對著耶穌的話，猶太人當然反感，他們侮辱耶穌，稱他為撒馬利亞人，並且是被鬼附的（48節）。耶穌被控為「**撒馬利亞人**」，這是4卷福音書中第一次，是惟一的出現（有關猶太人與撒馬利人的關係，參5.1.「在撒馬利亞：與撒馬利亞的女人談道」），但「**有鬼附身**」則出現不少次（七20，八52，十20）。耶穌被控以「撒馬利亞人」之含義是難以追溯，但從猶太人把「**撒馬利亞人**」與「**鬼附著的**」連在一起看，可能兩者都是指耶穌是精神錯亂或瘋了。

耶穌否認他是被鬼附身，他指出他的言行全都出自父上帝所吩咐的（參三34）。凡尊敬子的，就是尊敬父（五23），凡侮辱（即「不尊敬」）子的，也就不尊敬父（八49）。所以，只有不求自己榮耀的（50節），才能說是尊敬父。這是耶穌自我的表白，他完全不受別人的判斷所牽制，因為人是「**根據外表斷定是非**」（參七24），他所倚重的是由父上帝來「**主持公道**」（50節，即「判斷」）。

面對猶太人無理性的辱罵與人身攻擊，耶穌怎樣反應？這對你落在類似的景況時有何提醒？

上帝為萬事「主持公道」。這樣的提醒如何幫助你面對你的生活和事奉？

耶穌**「鄭重」**地宣告：**「遵守我教導的人一定永遠不死。」**（51節）**「永遠不死」**（《和合本》譯作「永遠不見死」）與接著一節的**「一定永遠不死」**（《和合本》譯作「永遠不嘗死味」）是同義，「見」和「嘗」都是一種「經歷」（參三3、5；另參來二9，六4～5）。「死」的使用再次顯示約翰運用雙關語，這可指肉身上的也可以指屬靈上的死，但猶太人只了解肉身的層面。令猶太人費解的是：即使亞伯拉罕及眾先知遵守上帝的道，他們還是要死，既然上帝的道不能使列祖及先知不死，何以惟獨遵守這人的道就能不死呢？難怪猶太人此時更加確定耶穌是**「有鬼附身」**（52節）。

猶太人在53節的提問，與撒馬利亞婦人的提問有相同之處（四12）。

猶太人再將問題推至另一個高峯，他們質問耶穌是否比亞伯拉罕偉大（**53節**）。這是約翰反諷的表達，因為約翰的讀者是知道耶穌的確比亞伯拉罕偉大。猶太人期望耶穌會否認這事，但耶穌卻巧妙地把話題轉移至「榮耀」這主題上，他指出他不會榮耀自己，但也聲明有他的父來榮耀他（54節）。他這樣的回答其實就暗示了他比亞伯拉罕偉大！

在56節，耶穌又轉回討論亞伯拉罕說：**「你們的祖宗亞伯拉罕曾歡歡喜喜地盼望著我來的日子；一看見了，他就非常快樂。」**可是令猶太人感到費解的是，就耶穌的年齡，他不可能見過亞伯拉罕（57節）；但耶穌指出：在亞伯拉罕還沒有出生之前，**「我【指耶穌】就『有』了」**（此短語原文譯作「我，我是」）。猶太人顯然聽懂耶穌是宣告他的神性，因此把這話當作是褻瀆上帝的，於是他們拿石頭打他（參利二十四16）；但因為耶穌的時刻還未到，所以沒有人可傷害他。他離開了這曾被他稱為**「我父親的聖殿」**（參二16）的地方。

溫習問題(8.1.) 在頁211。

8.2. 醫治與不信者的反應(九1～41)

九章的內容圍繞著耶穌使一個生來失明的人再次恢復視力這神蹟。這事正好解釋八章12節耶穌自稱是「**世界的光**」的主題，這可能亦是約翰把這兩章放在一起的原因。九章也見證耶穌這真光是怎樣勝過黑暗(參一5)。約翰有善於使用象徵語言的習慣，所以他有意將這個「生來失明的人」來代表全人類，表示人生下來在靈性上是瞎眼的。因此，光進入這世界的目的是要照亮全人類(一9)。

使瞎子得看見的神蹟具有彌賽亞身分的含意。舊約聖經常提到上帝使瞎眼的看見(出四11；詩一四六8)，又把瞎子得醫治看為彌賽亞工作之一(賽二十九18，三十五5，四十二7)。耶穌使瞎眼的得看見，其實應驗了舊約的預言，因而耶穌的彌賽亞身分就顯明出來。彌賽亞的到來具有雙重意義，他一方面要拯救那些靈性上瞎眼的人，但另一方面又宣判那些不願被光照耀的人的罪(九39～41)。

8.2.1. 醫好生來是失明的人(1～12節)

1節「**耶穌在路上**」原文可譯作「耶穌正過去的時候」。這短語不能顯示八章與九章之間相隔的時間，也不能確定事件發生的地方。有些釋經學者認為，這事是發生在聖殿的入口處，但這樣的說法純屬臆測。即使耶穌要求那失明的人去西羅亞池子洗眼睛，這只能說事件可能發生在這池子附近。

從耶穌在路上看見一個生下來就失明的人，約翰藉著門徒的提問，帶出一個當時公認為理所當然的觀念；但更重要的，是要引出一個更超越的真理。七章3節之後約翰沒有記載門徒的事，到了九章他們又再出現。從門徒對盲人的提問：**「是誰的罪造成的？是他自己的罪或是他父母的罪呢？」**(2節)反映他們不是以僕人的身分，而是以審判官的身分來判斷這人失明的原因。他們假設「罪」是這人眼瞎的原因，這也是當時猶太教普遍的觀念。猶太拉比引用舊約聖經指出人犯罪必會受懲罰(詩八十九32)，而且懲罰延至下一代(結十八20)。因此，門徒自然就想到：盲人之所以失明，是因為他或他父母犯罪。

然而耶穌並不同意門徒的判斷，他將譴責轉移到上帝對人的憐憫與恩典上，人的悲苦可彰顯上帝的作為(3節)。提到上帝的作為，他說：**「趁著白天，我們必須做差我來那位的工作」**(4節)。耶穌在此用**「我們」**，因為他是講及他個人的使命與他和門徒的角色；他又用**「必須」**來表達上帝旨意的「必須」性(參四4)。此外，他又將白天與黑夜作對比(即「光」與「黑暗」)。這兩個詞彙是雙關語，但門徒卻仍未弄清楚耶穌的意思。這「白天」是指耶穌**「在世上的時候」**(5節)，因此，黑夜就是指耶穌離開世界到父那裏去之時(十三1)。這離開是短暫的，所以黑暗也只能掌權一陣子，而不是永遠如此。

耶穌醫治的方式頗令人驚訝，他**「吐口水在地上，用口水和著泥，抹在盲人的眼睛上」**(6節)。以唾沫治病在當時代是很普遍，但以唾沫和著泥則是不尋常。耶穌如此行很可能是要打破猶太人各類的傳統禁忌(參太二十三23～26；路十一37～38)。耶穌攻擊這些禁忌，可說是對社會、政治及宗教系統的攻擊。這些舉動使猶太官長一向覺得安全和習慣的系統崩潰，因而令那些官長對耶穌有莫名的恐懼，他們固有的地位亦遭威脅。

耶穌以唾沫醫病

耶穌以唾沫醫病的例子，也曾出現於馬可福音(七32～35，八22～25)，但馬太及路加與約翰所記的不同。在馬可福音裏，唾沫成為耶穌行神蹟的工具。如同他被觸摸一般(參可五30～31)，耶穌的唾沫成為他自己的延伸和能力。至於這行動的象徵性意義，解經家各持不同意見。不少早期的教父引用創世記二章7節上帝用地上的塵土造人，並將生氣吹進人的鼻孔這事例作解釋。因此，耶穌以唾沫和泥土抹在盲人眼睛上，表示開啟和創造。但是，創世記並沒有提及唾沫，因此以上的解釋與目前的情況並不相合。

上帝需要人與祂合作來完成祂的工。你認為你當如何與上帝合作，來完成目前所交託給你的工作？

耶穌並未使盲人立即得醫治，盲人還須去西羅亞池子洗他的眼方得痊癒(7節)。在約翰眼中，西羅亞池子不只是個池子，由這名稱原來的意思「奉差遣」便得知它隱含著一些意義，就是：父差子，子也差生來就失明的人。在此要注意的是，使這失明者得醫治的，不是唾沫、泥或西羅亞池的水，而是耶穌自己(17、26節)。

盲人的鄰居看見盲人得醫治，都大感驚訝，當中有人不信是他，說：「**這個人不是一向坐在這裏討飯的嗎？**」直至他說出「是我」，他們才停止爭論。他們接著便問：誰是醫治者？他據實說醫治者是「耶穌」。眾人繼續追問耶穌在哪裏。這問題似乎暗示他的鄰居也想詢問耶穌，以證明這盲人的話是確實的(8～12節)。

• 新約耶路撒冷城模型中之西羅亞池

8.2.2. 法利賽人的不信與盤問(13～34節)

盲人的鄰居無法完全肯定和信服盲人的說話，他們需要更具權威的人評估這事。他們把這事看為宗教問題，而非醫學問題，所以把那得醫治的人帶到法利賽人那裏。可見在猶太人心目中，法利賽人是猶太人的宗教領袖。

約翰此時特別指出盲人得醫治的日子是「安息日」(14節)。他這樣的描述，是要預告風暴即將來臨，也提醒讀者：耶穌與猶太人曾經在安息日的問題上產生衝突(參五9～16)。法利賽人聽完這被醫治者的證詞後，對耶穌行為的看法卻分成兩派。那些從律法衡量事情的一派認為耶穌「不可能是從上帝那裏來的，因為他不守安息日的戒律」；另一派從神蹟的角度則認為：「一個有罪的人怎能行這樣的神蹟呢？」因此他們就爭論起來(16節)。

沒有結果，他們轉向問那盲人，要求他說出他對耶穌的評價。他毫不猶疑的說：「**他是一位先知。**」(17節)盲人這樣的表達可能表示，他把耶穌看作是以利沙或以利亞般的人物，但也有可能僅是將他看作是「從上帝那裏來的人」。無論如何，這復明的盲人能夠把神蹟與先知連在一起，就表示他被打開的不只是肉體的眼，也是屬靈的眼。

「猶太人的領袖」原文是「猶太人」。這顯然是指13節的法利賽人，因為他們可藉議會的名義傳召瞎子的父母。

猶太人的領袖並不接受這復明的盲人之證詞，因此就叫他的父母來(18節)。這事對於這家庭原本是一件喜事，但如今卻籠罩著遭指控的氣氛。被傳召的父母說他們只知道他生來是失明，卻拒絕回答他復明之原因。他的父母是受到壓力而不敢回答問題，因為猶太人領袖已商議好，若有人承認耶穌是基督，就要把他趕出會堂。④ 故此，他們只說他是**成人**，由法利賽人自己去查究原因(20～23節)。這情景就像詩篇所說的：「我的父母離棄我」(詩二十七10)。

「成人」是指到了足夠負起法律的責任的年齡，通常是指13歲。

法利賽人再次把那醫好的盲人召來，迫他「**在上帝面前說誠實話**」(24節)。此時法利賽人已裁決了耶穌，認為耶穌所作的已證明他是一個罪人。這復明的盲人並沒有挑戰法利賽人的看法，只是重申他從前確實是失明，但如今卻能看見(24～25節)。

這短句原文作「你該將榮耀歸給上帝」(參《和合本》)。它的意思不是指「因著上帝在你生命中所作的，而把榮耀歸給祂」，而是《現修》的譯法，意思是指「應該承認事實」(參書七19；耶十三16)。

然而法利賽人仍堅持對耶穌的看法，所以再多問一次同樣的問題(26節；參九15)。這生來失明的人已把事實真相全盤托出，但他們仍要繼續追問。惟一的可能是：法利賽人想設陷阱來否定復明者對耶穌的見證。這復明的人因此指出他們的矛盾說：「**我已經告訴你們了，你們不肯聽。為甚麼現在又要聽呢？**」又說：「**難道你們也想作他的門徒嗎？**」(27節)第二句的發問並不是真的期望聽的人回答，但當中卻出現了一個「**也**」字，顯示了這復明的人早已把自己看作是耶穌的門徒了。

從這復明的人接著的回答中顯出他的智慧(30～33節)。令他費解的是，法利賽人本應對上帝有豐富的知識，但如今卻認不出上帝的作為來。不但如此，他還教導這些法利賽人明白一課神學課題，就是「**上帝不聽罪人的祈求；他只垂聽那敬拜他、並實行他旨意的人。從創世以來，未曾聽過有人開了生來就是失明的眼睛的。**」他以「**除非他從上帝那裏來的，他甚麼都不能做**」總結他的話(31～33節)。故事發展到這地步，猶太人變得毫無理性的作人身攻擊，並且把這人趕出會堂。

8.2.3. 真、假失明(35～41節)

耶穌主動尋找人，並關心人靈性上的狀況。你體會到上帝關心你屬靈的需要嗎？在哪方面體會祂的關心？

當那復明的人被趕走後，耶穌主動的尋找他，正如他尋找那患病38年的人一樣(五14)。耶穌問他是否相信人子，這裏的「**信**」不僅是指接受神蹟，且是對人子的委身。⑤那復明的人回答說：「**先生，請告訴我他是誰，好讓我信他！**」(36節)他當然稱耶穌為「**先生**」(亞蘭文的意思是「拉比」，希臘文：*kurie*，意即「主啊」)，因為他雖被耶穌醫治，但他從未看過耶穌。因此當面對著這陌生人，他自然禮貌的稱他為「先生」。但當耶穌向他表明身分後，他再稱耶穌為「主啊」，這不再是一個禮貌的稱呼，而是真心稱他為主，他又立刻回應說：「**我信**」，並「**向耶穌下拜**」來表達他的認信。

復明之人的「下拜」

有些學者認為這人的「下拜」不能表示他看耶穌為上帝，這只能表示他相信耶穌是從上帝而來的一位拯救者，所以他的「下拜」是表達對耶穌的尊敬，而這動詞應譯為「親吻」。此外，多馬對耶穌的認信：「我的主！我的上帝！」(二十28)應該是約翰福音的最高潮，在最高潮出現之前，若在此把耶穌當作上帝般敬拜，就不合約翰寫作的鋪排。然而，這個詞在四章23至24節和十二章20節共出現5次，都是指對上帝的敬拜，惟獨在這一節是指敬拜耶穌。兼且，若從38節的「主」、「信」、「拜」放在一起看，實際上這裏的情況與多馬對耶穌的認信沒有兩樣；不但如此，它更十分吻合耶穌在二十章29節所說：「那些沒有看見而信的是多麼有福啊！」如果38節果真是「拜」的意思，則這節經文便成為九章的最高潮，那個復明的人對耶穌作了一個最合適的反應，就是向他「下拜」。

39節可以說是整個故事之摘要，道出這章所帶出的教訓。但是耶穌說他來「是要審判」，似乎與三章17節他來「不是要定世人的罪」的意思有出入。其實耶穌的意思是指他對接受他的人是拯救，對拒絕他的人是審判(三18)。就此意義下，耶穌來到世上，確實也「要審判」。

耶穌接著所說的「使失明的，能看見；能看見的，反而失明」引自舊約聖經(賽六10，四十二19)。「失明」與「看見」有兩個層面的意義：一方面法利賽人雖然肉眼能看見，但屬靈的眼卻是失明的；另一方面，這生來是失明的人如今除了肉眼能看見，屬靈的眼也明亮了。

法利賽人顯然對失明的了解是在生理上的，因此他們說：「難道你【指耶穌】把我們也當作失明的嗎？」(40節)這話不是一個疑問句，而是拒絕接受耶穌稱他們是失明這說法。耶穌進一步指出，如果他們真的失明以致不明白上帝的真理，「就沒有罪」(即沒有「不信」的罪)。但他們硬

這短句原文可譯作「你們的罪仍存在」。「存在」與約翰福音中常用來表示上帝與人親密關係的「住在」(參十五4、5、9、10)是同一個詞，但這裏的「存在」卻帶負面的意思。

著說能看見，就促使他們處於「**你們仍然是有罪的**」這嚴重的境況中(41節)。他們明明看見耶穌所行、所宣告的，但卻拒絕承認耶穌是從上帝來的。總而言之，他們拒絕了使他們能看見的那光。因此，他們就被定罪，他們選擇了作失明的人。

溫習問題(8.2.) 在頁212。

8.3. 好牧人的講論與不信者的反應(十1～42)

1至21節有兩個重要的功能：一則作為住棚節與獻殿節之間的橋樑(即八、九章)；二則引入22至39節的內容。22至30節的出現，是因為22節的「修殿節」。

第十章記載耶穌在兩個不同的場合所說的話，這章上部分的故事(**1～21節**)是承接住棚節之後(參七2)；下部分(22～42節)則發生在獻殿節。這兩部分都論到同一個主題：耶穌是牧人。上帝在舊約裏曾被描述成以色列人的牧人(詩二十三篇；賽四十11)，因此，耶穌是借舊約的觀念來揭示自己為牧人這特殊身分，然而猶太人不但無法了解，反倒看耶穌為「侮辱了上帝」，所以要「拿石頭要打他」並「逮捕他」(32～33、39節)。他們之所以不信和拒絕耶穌，並非因耶穌的教導過於他們所理解的，而是顯示他們的生命與耶穌毫無關係(26節)。

8.3.1.羊圈的比喻(1～6節)

九與十章的關係

十章1節耶穌說「我鄭重地告訴你們」，表示十章好牧人的講論是接著九章，因為「鄭重地」這短語是段落與段落之間的連接詞(參三3、11，六26、47等)。此外，根據十章21節：「鬼附的人不能說出這樣的話！鬼能開盲人的眼睛嗎？」，當時的聽眾和耶穌在九章醫治生來是失明的人之時的聽眾相同。事實上，如果沒有分章及章題，我們會較容易看出第九與十章之間的關係。

雖然九與十章的主題有了轉變（由「光／黑暗」到「羊／牧羊人」），十章1至21節仍屬耶穌與猶太領袖之間的辯論。尤其十章1節耶穌所說「賊」和「強盜」，實指那些猶太人領袖。不但如此，十章不少內容是接續九章的故事，並作進一步的說明：當那生來失明的人得醫治後，法利賽人把他趕出去；主耶穌相對地是個好牧人，去尋找他並領他到可安歇的草邊（35節）。耶穌所說「牠們並不跟隨陌生人，反而要逃開，因為不認得陌生人的聲音」（5節），是暗示生來失明的人拒絕跟從法利賽人而轉向耶穌，因他「認得他的聲音」（4節）。

巴勒斯坦有多種不同類型的「羊圈」，其中一種是由石塊堆砌而成，建在住家前面的院子裏。為保護羊圈，石牆上有時會佈上些荊棘。這段經文所描述的，較像一個大型而獨立、由好幾個家庭共用的羊圈，他們僱用一個**「看門的」**（3節）來看守羊羣。若牧人進來，他就正大光明的從門進去，「看門的」亦認識他，就替他開門，但是賊或強盜則「從別處爬進去」（1節）。

許多學者試圖解釋「看門的」是誰，但沒有一個理論具說服力。因為這類故事中許多的細節是為了配合故事的整體，而未必有象徵性的含意。

以現代企業化的經營方式，或是西方以牧羊犬協助牧羊的方式，是很難了解巴勒斯坦的牧羊人與羊之間的親密關係。本段落所描述的羊是聽到牧羊人的聲音，並且有所回應。根據巴勒斯坦牧羊人的習慣，牧羊人在傍晚時分就把自己的羊趕入羊圈裏。一個羊圈通常可以同時容納好幾個牧羊人的羣羊（參3節「自己的羊」）。每天清早，各個牧羊人會站在羊圈的門口，發出特有的聲音呼叫他的羊，由於羊認得牠主人的聲音，因此牠們一聽到屬於

你如何在平日生活中「認得」主的聲音？他的「聲音」如何吸引你注意他？

自己牧人的聲音，就會一隻接一隻的走出來。有時牧羊人不但發出聲音，更會按著名字叫自己的羊（3節），如小黑、雪球、短尾……等。如此，當第一羣的羊被帶走後，第二個牧羊人就會用同樣方法帶出自己的羊。

放出羊之後，牧羊人「**就走在牠們的前頭；他的羊跟著他**」（4節）。這幅圖畫是舊約聖經對「領袖」極為重要的描述（民二十七17），它不但説明上帝的子民與他們的領袖間的個人關係，也將從耶穌所設立的領袖榜樣表明出來（參可六34）。牧羊人領導的方式不像軍隊那種放射狀結構，把命令由上達下，也不是在後面以鞭子驅趕羊羣，他是有方向的走在前頭，而羊羣在後面跟著他走。

「比喻」（希臘文：paroimia；參十六25、29）可直譯為「隱喻」（參《呂振中》），它與符類福音所慣用的「比喻」（希臘文：parabolê）不同。

猶太人並不明白耶穌所説的這一切話，是因為他們不是耶穌的羊（26節），故此他們認不出耶穌的聲音，而不是因為耶穌使用了「**比喻**」。他們靈性上是失明的（九39），因此就無法跟著耶穌這位牧人走。

8.3.2. 耶穌是好牧人（7～21節）

耶穌再以「**鄭重**」（7節）為開始，將帶領羊羣（1～6節）這主題轉移至羊圈的安全上（7～10節）。連接這兩個主題的是賊和強盜（1、8、10節），他們的目的是偷、殺、毀壞（10節）。若承接3至4節，耶穌理應稱自己為牧羊人，但他卻稱自己為「**羊的門**」（7節）。但若參考9節，便明白耶穌是另有意思的。凡藉著這門進來的羊（即人），必然得救，並且出入得草吃。這節經文與「**我【指耶穌】就是道路、真理、生命；要不是藉著我，沒有人能到父親那裏去**」（十四6）的意義平行。耶穌是世人進入上帝國度的門，人可以在那裏得生命，並且透過耶穌可以來到父上帝面前。

「**凡在我【指耶穌】以前來**」（8節）的「**以前來**」很容易會被理解為舊約的先知、義人甚至是施洗者約翰；但這難以解釋為何他們被耶穌稱為賊、強盜，況且耶穌對先知等人的態度是相當正面的（參五章46，八56）。試參照「**都是賊**」的「**是**」這現在時態動詞，可見這是指當時的宗教領袖。

10節耶穌將盜賊與自己作對比。他們的工作與目的完全不一樣：一個是偷、殺、毀壞，另一個則是使羊得生命，並且得豐豐富富的生命。「**豐豐富富**」的生命是指在「永生」裏可以有好多方面的屬靈經驗，但這還要強調的是，耶穌所賜的生命是最高超的生命──永生。耶穌所給予信徒的生命帶著末世性，人如今已可以藉耶穌得著將來上帝國度中永恆的生命。

接下來的描述由門（9節）轉回好牧人（11節）。若參考以西結書三十四章11至31節，耶和華亦自稱是一位好牧人。因此當耶穌在這裏宣稱自己是好牧人，亦即是一個彌賽亞的宣告，把自己放在與上帝同等的位置上，雖然聽眾未必了解他的意思。

好牧人是要「**為羊捨命**」。在這一章裏，耶穌曾兩度提及他要捨命（11、15節）。這當然是指他在十字架上為羊（人）而死，並且是一種**替代性**的死。按實際情況，一個牧人的死恐怕會帶給羊羣災難，因為羊羣不再有牧人的保護。但耶穌這牧人的死，卻更可帶給羊羣生命。

「替代性」這意義可從「為羊捨命」的「為」字看出。

耶穌又作出另一個對比，把自己與雇工比較（12～13節）。雇工並不惡毒，但卻為工錢而工作，因此並不顧念羊，如果看見狼來了，雇工就撇下羊逃走了。14至15節共出現4次「認識」（參《和合本》；《現修》在15節兩次譯作「認得」，但在原文都是同

身為基督徒的你，如何經歷耶穌親身的牧養？

一個詞)這詞，說明好牧人與羊之間的特殊關係。更特別的是：耶穌把天父對他的認識，與他對羊的認識，以及羊對他的認識作對比(留意15節「**正如**」一詞)。這不是一種理性上的認識，而是生命上親密的關係，如同父上帝與耶穌之間愛的契合般。

耶穌再說「**我還有其他的羊**」(16節)，表示除了羊圈裏的羊(指跟隨耶穌的猶太人)之外，圈外還有另一些羊(指外邦人)。耶穌在此暗示他對外邦人宣教的使命(三16～17)，而他是透過他的門徒來執行這宣教使命(二十21；參太二十八18～20)。上帝的救恩是「從猶太人來的」(四22)，**也是預備給外邦人的**(羅一16)。

猶太信徒與外邦信徒同得福音的這種觀念，可參考保羅的書信(林前十二2；林後五14～21；加三18；弗二11～22，四3～6)。

耶穌不但為猶太人死，也為外邦人死，並且召集他們，成為合而為一的羊羣，當中是由一個牧人照管(參十一51～52)。他們能夠「合成一羣」，不是他們自自而然聚在一起，而是耶穌召喚他們，使他們在他裏面合而為一，這是耶穌事工的結果。

耶穌再次提到他的死(17～18節)這主題，是包含兩個要點，第一，父對子的愛與子對世人的愛是緊扣在一起。因著父對子的愛，使子願意為世人捨命。第二，耶穌的死為要「**再得到生命**」(17節)。約翰福音是從「復活後觀點」而寫(參1.4.2.「獨特的記載觀點」)，因此在耶穌還在世之時，已提及他的死和生命的取回。耶穌的捨命只是他事工其中一個目的，「得回」才是這目的的高潮，這是父上帝命令他如此的(18節)。

猶太人之前已有不少次因耶穌而起的紛爭(七12、25～27、31、40～41，九16)。

聽完耶穌所說的一番話，猶太人就為這些話**起紛爭**(19節)。猶太人起初不明白耶穌的講論(6節)，但後來卻為他起了紛爭。他們對耶穌有兩種極端的看法：一則認為耶穌是「**鬼附的！他發瘋了**」(20節)；另外的則驚訝耶穌的醫治(21節)。

「鬼附」與「發瘋」是指同一件事(參七20，八48)，都是指「發瘋了」。

8.3.3. 耶穌在獻殿節的宣告(22～30節)

猶太人的獻殿節

「獻殿節」是惟一沒有在舊約聖經出現的一個節期，但卻深受猶太人重視。這節源於馬加比收復聖殿後。公元前168年，敘利亞人在聖殿裏豎立起一個宙斯神像，褻瀆聖殿達3年之久。根據《馬加比一書》所記，敘利亞人在公元前165至164年被馬加比家族人趕出，猶太人於公元前164年基斯流月25日重新把聖殿獻給上帝(「基斯流月」是猶太曆法第九個月，相當於羅馬曆法的12月，參尼一1；亞一1)。從此這天便成為猶太人一年一度紀念重獲敬拜自由的節日，慶典歷時8天。

「冬天」這詞不像「黑暗／夜」(參三2，十三30，二十1，二十一3～4)般具有象徵意義來指屬靈氣候上的低迷。

約翰特別提到**「那時候是冬天」**(22節)，只表示由於天氣寒冷，耶穌便不在聖殿的前院教導人，而改為在聖殿東側面的所羅門廊上(23節)。猶太人圍著耶穌，並問他說：**「你使我們懸疑要到幾時呢？」**(24節)約翰記錄這一句話為要表達一個雙關語。按照希臘文，它可直譯為：你還有多久，就要「拿走我們的生命」呢？這話意味著凡拒絕耶穌的人，將要面對審判並被耶穌取走生命。

猶太人再追問：**「坦白地告訴我們，你是不是基督？」**耶穌只說他曾告訴過他們，只是他們不信而已。耶穌果真告訴過猶太人他的身分嗎？沒有！但他曾藉著他「所行的事」(工作)與所說的「比喻」(講論)來表明他的身分，凡明白的人就能領會他的意思(25節)。更重要的是：猶太人不能明白耶穌的言行，是因為他們不是耶穌的羊。屬耶穌的羊是明白耶穌所行所說的，並且也跟隨著他(25～27節)。

耶穌再講論「羊」這主題(27～29節)。羊是會「聽」牧羊人的聲音，也會「跟隨」他(3、27節);羊又可得永恆的生命(10、28)等。耶穌在28至29節保證羊必受保護,牠在耶穌的手中不但不被奪走(28節),甚至也得保守在父上帝那裏(29節)。這表示拯救和保護,都是由耶穌與父上帝合作行出來的,因為「父親和我【指耶穌】原為一」(30節)。⑥這裏的「奪走」是指信徒不會被撒但所擄,以至再次落入黑暗的權勢中。一個信主的人是非常安全的,耶穌所提供的救恩是穩妥的。

8.3.4. 逼迫與回應(31～42節)

耶穌在此「坦白地」告訴猶太人有關自己的身分(30節,參24節),而猶太人亦清楚了解耶穌的意思,但他們卻無法忍受耶穌的話,硬著說他是「侮辱了上帝」(「侮辱」希臘文:*blesphêmia*,意即「褻瀆」),**又用石頭打他**(31節)。⑦ 在約翰福音裏,這是猶太人第一次公開指控耶穌。

猶太人殺耶穌這主題,自五章18節開始,就不斷重複出現(五18,七19、30、44,八59,十31)。

耶穌要求猶太人解釋他們用石頭打他的原因。猶太人申辯說不是因他的善行,而是因他本來只是一個人,卻把自己當作上帝(32～33節)。約翰的讀者讀到此處,定會莞爾一笑;因為事實剛好相反:耶穌是上帝,卻使自己成為人!

耶穌引用聖經「你們是神;你們都是至高者的兒子」(詩八十二6)來為自己辯護(34節)。從詩篇的內容看,作者是針對不義的猶太審判官,他們玩弄權勢,不辨黑白。他們曾被稱為「神祇」(原文是複數),但至終也像普通人一樣會死去。這些審判官雖被稱為神,但卻沒有被控褻瀆上帝的罪名,這是因為他們是「上帝的信息」(《和合本》譯作「上帝道〔話〕」)之工具。但主耶穌本身就是「上帝的道」,他**豈不更**應被稱為上帝(35～36節)?

耶穌這種論證的方法是典型猶太拉比推論方法的一種,稱為「以小證大」(qal wehomer)。

這裏要處理的問題不是耶穌的自稱，而是猶太人認不出耶穌來。因此，耶穌轉而要求他們注意他的工作。如果耶穌從未行過父上帝的事，他們就有理由不信他；如果耶穌是在作上帝的工（事） 這些工作就能見證耶穌自己的身分（37～38節）。由此看來，耶穌的工作成為明白他話語之管道。耶穌在此論證的方法，與那生來是失明的人之邏輯推論相似（參九30～33）。

猶太人需要思考耶穌的工作，原因是他們可以「確實知道」父上帝是在耶穌裏面，耶穌也在父裏面，這與「**父親和我原為一**」（30節）之陳述意義相同。在好牧人的講論中，耶穌提到父上帝認識他，他也認識父上帝；並且耶穌也把這樣的認識延伸到他與信徒之間的關係（14～15節）。再從38節得知，這種互相認識的關係是基於「互相內住」的關係。在其後的講論中，耶穌也把這樣的關係應用在他與門徒的關係上（參十四20）。

猶太人既然不能認出耶穌醫治生來失明的人之工作性質，他們也不能接受行這事的人所説的話；結果，他們要再次捉拿耶穌（39節；參七30）。像往常一樣，耶穌「**逃脱了**」（39節），因為「**他的時刻還沒有到**」（八20）。

許多猶太人信耶穌，是因為施洗者約翰見證耶穌的真實。在傳福音時，你是如何介紹耶穌的？

之後，耶穌退到約旦河外，到了施洗者約翰「**從前施洗的地方**」（40節）。目前為止沒有考古證據來確定這裏的真實所在，但有一點可以確定的是，這是一個安全的地方，以致耶穌可以「**住在那裏**」以預備接著的工作。許多來到耶穌那裏的人指出：「**約翰沒有行過神蹟，但是他指著這人所説的一切話都是真實的。**」（41節）約翰偉大之處是在於他見證了耶穌（一8、26～27、33，三27～30），⑧ 他的見證引導許多人「**信了耶穌**」（42節）。

溫習問題(8.3.) 在頁213。

8.4. 拉撒路的復活與不信者的反應(十一1～57)

耶穌使拉撒路復活這事件只出現於約翰福音，這是一個極為驚人的神蹟，也是耶穌在約翰福音裏最後一次在眾人面前行的神蹟。耶穌在這個故事再次揭露自己的身分(25節)；此外，「相信」這主題也貫穿整個故事(26、40、42、45、48節)，目的是要使讀者了解到，人的「相信」是根植於耶穌的身分、工作上。不過，仍有一些猶太人對神蹟有負面的反應——不信，他們將這事告訴法利賽人(46節)。

猶太人立刻召開臨時會議，大家七嘴八舌的討論。大祭司所說的一段話，是以猶太人利益為出發點，指出耶穌的死可換取整個民族的安全；但反諷的是，約翰卻看他的話為預言耶穌的死及說明這死的真正意義(47～52節)。不過，大祭司的一番話反映了猶太人此時對耶穌的敵意與懼怕已達到最高峯。

8.4.1. 拉撒路的死(1～16節)

這裏的伯大尼與一章28節的不同。這裏的是位於橄欖山的東南面，距離耶路撒冷約3公里；而一章的「伯大尼」(又譯作伯大巴喇)則在約旦河外靠近加利利。

這一章與十章的關係並不明顯，只提到患病的拉撒路及其姊姊馬利亞、馬大這些人物，以及**伯大尼**這地點。這些人物第一次在約翰福音出現，然而約翰的敍述卻令人有點費解，因為約翰介紹馬利亞時，加了一個註解，說她是「**那位曾用香油膏抹主的腳，用自己的頭髮去擦乾的。**」(2節)而馬利亞膏主的事記載在十二章。這看似次序上有錯誤，其實是表示約翰的讀者已經知道馬利亞膏耶穌的事件了。

馬利亞與馬大也曾在路加福音出現（路十38～42），馬大在其中像個女主人，因此可能她是馬利亞的姊姊，而大部分中文聖經譯本都將馬大譯作馬利亞的姊姊（參1節，28節）。值得注意的是：約翰先提到馬利亞然後才提及馬大，並且在其後事件中也只提到馬利亞（1、45節）。這可能是初代教會時期，因著耶穌對馬利亞膏他的讚許（十二7～8；參太二十六13；可十四8～9），使馬利亞備受重視。

拉撒路的兩位姊姊打發人去見耶穌，說：**「主啊，你所愛的朋友病了。」**（3節）「主啊」一詞是對耶穌的尊稱，相當於「先生」，沒有任何對耶穌神性的認信。耶穌回答說：**「拉撒路的病不至於死，而是要榮耀上帝」**（4節），他清楚指出拉撒路的病是在上帝的計劃之中，這事的結局不是「死亡」而是耶穌「得榮耀」。約翰加上一句註解：**「耶穌一向愛馬大和他的妹妹，也愛拉撒路。」**暗示了耶穌在所住的地方再留多兩天，並非對拉撒路無情，而是有其他原因（6節）。兩天後，耶穌從約旦河對岸（40節）起行去伯大尼。到了伯大尼，拉撒路過世已有4天。

這短語與九章3節的觀念相似；另一方面，這短語也暗指向將來耶穌的捨命，以及藉著死與復活得榮耀。

• 伯大尼教堂乃紀念耶穌使拉撒路復活這神蹟而建立的

拉撒路死了4天是如何計算的？

傳統看耶穌到了伯大尼時，拉撒路已死了4天(17節)。他們認為拉撒路死的那天，就是報信的人去找耶穌的那天。報信的人走一天來到耶穌那裏，加上耶穌留在原地兩天(6節)，最後耶穌到伯大尼也走一天。但當我們仔細觀察經文細節，這計算法並不準確。當耶穌說：「拉撒路的病不至於死，而是要榮耀上帝」(4節)，是表示報信的人到耶穌那裏時，拉撒路仍活著，否則耶穌便會說：「這死人必要復活。」另外，兩天之後，耶穌又說「我們的朋友拉撒路睡著了」和「拉撒路死了」(11、14節)，可能暗示拉撒路是在那天死去的。因此，拉撒路的死與復活之間的4天，乃是從耶穌出發往伯大尼開始算起；換句話說，耶穌是走了4天才到伯大尼。

你怎樣看上帝拖延回應你的請求？你當時心情怎樣？事後能經歷到上帝的美意嗎？

耶穌故意拖延，為要使拉撒路徹底的死去，而不是瀕臨死亡，使他所經歷的是一個完全的復活。猶太人有一種迷信思想，認為一個人若死了，他的靈魂會在他遺體周圍漂浮3天之久，之後靈魂的活動就會停止，死者亦沒有復甦的機會(參39節)。耶穌行這神蹟，除了顯明他有復活的大能，也要叫門徒和觀看的猶太人相信他是生命的主(15、25、45節)。

7至16節整個畫面轉向耶穌與門徒的對話。令門徒感到驚訝的是，耶穌居然又回到猶太地區去(8節)。對門徒而言，猶太人拿石頭打耶穌這情景，仍歷歷在目(十32、39)。耶穌再次使用「光／白天」和「黑夜」的象徵性語言(參八12，九4)來回答門徒的疑慮(9～10節)。耶穌是「世上的光」(9節)。

耶穌所說「我的朋友拉撒路睡著了」是另一種「誤會陳述」。雖然猶太人習慣以「睡覺」來形容死亡(伯十四11～12；但十二2《和合本》)，但門徒仍無法了解耶穌的意思，否則他們不會回答說：「他會好起來

的。」於是耶穌**「明明地」**告訴門徒**「拉撒路已經死了」**（13、14節）。耶穌又指出，他沒有立刻到拉撒路那裏是為了使門徒可相信他，他不在那裏倒是**「好的」**（15節，「好的」原文意思是「歡喜／喜樂」）。

耶穌行事會考慮到門徒信心的長進。他對我們也有這樣的心意（參路十二28～31；腓一25）。試想想上帝過去曾用甚麼方法使你的信心長進。

由於耶穌堅持要回猶太地區（7節），多馬就號召其他門徒一齊跟耶穌去，即使要面對殺機（16節）。他的表現一方面顯出他對耶穌忠誠的勇氣，但另方面亦顯出他的盲從，因為他不知道其實他不是與耶穌「一起死」，而是耶穌單獨面對十字架的酷刑，為他們而死。多馬的話亦遠超過他自己所了解的。從另一角度看，他將來確實又要為耶穌而死，因為耶穌即將為人類死在十字架上，使他的子民得以重生，他們從此要背起他們的十字架，跟隨耶穌走那受苦的路（參可八34；林後四10）。多馬對門徒的召喚某程度也是對每個信徒的召喚！

耶穌的遲延也讓我們看到上帝行事的法則，祂不是按我們的時間及做事的方法來行事，祂有自己的時間、行事的原則，以及與我們有關的目的。上帝愛我們不像一般父母對待孩子一樣，順應孩子一切所求的去成就，這是縱容的愛，到頭來這只會使人變得自私與放肆。上帝是按我們生命是否聖潔、對上帝是否有更深的認識與信心、生命是否更有耶穌的樣式，來決定祂的作為。對馬大與馬利亞而言，最重要的是要拉撒路復活，但對耶穌而言，使人認識他是誰，以及對他的信心（15、25、45節）才是他所關切的。我們的內心可能有一個「拉撒路」等待耶穌的幫助，但我們能否看見耶穌對我們生命的期待與工作？

8.4.2. 耶穌是復活與生命（17～27節）

當耶穌抵達時，拉撒路已經埋葬了4天（17節）。「埋葬」（《和合本》譯作「在墳墓裏」），它可算是「死亡」的同義詞。如果亞拿尼亞和撒非喇死了之後立刻被抬出去埋葬，是反映出這是當時對死者普遍的處理方法（徒五5～10），拉撒路死後，他的遺體大概不會在家中停留太久。如同前文所示，耶穌在拉撒路死後4天才到達馬大家是按其計劃而行，以使拉撒路的復活成為真正「復活」的神蹟。約翰此時亦不忘描述伯大尼的地理位置，**「離耶路撒冷還不到三公里」**（18節）。不過耶穌並不是由耶路撒冷起行，而是由**「約旦河的對岸」**（十40）出發。

「三公里」原文是15個史達第（stadia）。1個史達第約180公尺，故此耶路撒冷與伯大尼相距約2.7公里。因此，《現修》譯作「還不到三公里」。

拉撒路的死，吸引不少的猶太人（**「好些」**原文為「許多」，19節）來安慰馬大與馬利亞。這「許多」的人未必說明拉撒路人緣好，又或他們家族的顯赫，這可能是約翰的一種表達手法，暗示耶穌使拉撒路復活這神蹟，是有許多人作見證的。這裏的「猶太人」對耶穌並沒有敵意（參五10、16、18，六41、52，七13，八57）。

耶穌剛進入伯大尼，馬大就從她的家走去迎接他，但馬利亞卻**「留在家裏」**（20節）。根據猶太人傳統的習慣，舉喪的家人應該留在家中，而致哀的人則輪流來到喪家，坐在他們的側邊，安慰他們並與他們一同哀慟。因此，馬大去迎接耶穌，多少反映了她與馬利亞性格上的差異（參路十38～42）。

從馬大與耶穌說的一番話（21～22節），可顯出她沒有懷疑耶穌的能力和他與上帝的關係，只是她有少許埋怨耶穌的遲來。有些解經家認為馬大說**「甚至現在，無論你向上帝求甚麼，他一定賜給你」**這句話，暗示她相信耶穌可以使她的弟弟從死裏復活，因為她相信耶穌向上帝所求的，上帝必定應允。但這樣的看法未必正確，因為從馬大在39節的反應，已證明她沒打算要求耶穌使拉撒路復活。

> 耶穌自稱「我就是復活，就是生命」這話，怎樣幫助你看基督徒的死亡？

馬大把耶穌所說她的弟弟**「一定會復活」**，視為是一般猶太人對喪家的安慰。因此，馬大回答說：**「我知道在末日他一定會復活。」**（23、24節）相信死人在末日復活，主要是受法利賽人的影響（參徒二十三6～8）。23與24節的對話，是約翰福音中「誤會陳述」的另一個例子，因為耶穌所說的**「你的弟弟一定會復活」**，是指下一刻要發生的事件（44節），但馬大所想到的卻是將來發生的事。

耶穌宣告**「我就是復活，就是生命」**（25節）的「我是」是表達耶穌的神性的「我是」（參1.4.1.「高基督論」）。接下來的**「信我的人，雖然死了，仍然要活著」**與**「活著信我的人一定永遠不死」**這兩個陳述不是同義句，而是意義上互補句（25下～26節）。第一個敘述說明**「我就是復活」**這宣告，意思是「我是復活，信我的人雖然死了仍然要活著」；第二個敘述是說明**「就是生命」**這宣告，意思是「我是生命，活著信我的人一定永遠不死」。

耶穌問馬大是否**「信這一切」**（26節）。**「這一切」**不是指要使拉撒路復活，而是指是否相信耶穌是復活與生命。馬大即時認信耶穌**「是那要到世上來的基督，是上帝的兒子」**（27節）。馬大在此提到3個平行的銜稱：**「到世上來的」**、**「基督」**、**「上帝的兒子」**。後兩者是安得烈（一41，「彌賽亞」）和拿但業（一49，「上帝的兒子」）對耶穌的認信。第一個則衍生自舊約聖經「奉主名而來的那位」（詩一一八26）。這些銜稱指出耶穌是從天上來的拯救者（參三31，六33、51），要來執行上帝所交託的使命。約翰將讀者的注意力，從馬大喪親之痛，轉移至她那令人動容的宣告與信心。

8.4.3. 耶穌與馬利亞(28～37節)

記載完馬大對耶穌的認信，接著是記載馬大回家「**輕聲告訴**」妹妹耶穌已來到。耶穌並沒有跟馬大一同回去，而是馬大先回去叫馬利亞，這可能是向馬利亞報信，使馬利亞與耶穌有單獨談話的時間。但結果這個目的無法達到，因為當馬利亞起來之時，那些在馬利亞家中安慰她的猶太人也跟著她出去。他們以為馬利亞要到墳墓那裏去哭，所以跟著馬利亞，希望可以在情感上給予她一點支持(31節)。猶太人發現馬利亞不是往墳墓去，而是朝耶穌的方向走。馬利亞見到耶穌時情緒比她的姊姊更為激動，她「**俯伏在他腳前**」，但她所說的話與她姊姊的相同(32節；參21節)。

基督徒為已死的信徒哀哭是否表示沒信心(參徒八2)？你認為情緒的表達與信心之間是否有衝突？

33節提到馬利亞在哭，雖然之前沒有提及她哭，但這並不表示馬利亞在此才開始哭。此處所指的「**哭**」是大聲哭號，而非啜泣，這反映了猶太人舉喪時的習俗。此外，跟著馬利亞的猶太人也哭，可見他們是在哀哭的行列中陪伴著馬利亞哭，他們的出現多少反映猶太人伴哭的習俗(參可五38～39)。根據《米示拿》，即使一個窮人家舉喪，也要雇用至少兩個吹笛手和一位職業哭喪者。

在《七十士譯本》這詞意思是「憤怒」，只出現一次(但十一30，《現修》譯作「洩怒」)。另外，在馬可福音十四章5節譯為「生氣」。

耶穌看見這種情形，「**心裏非常悲傷**」(33節)。「**悲傷**」(希臘文：*enebrimaomai*)這詞包含著強烈的情緒反應，帶有「生氣」的意思(38節，《現修》譯作「激動」)。為甚麼主耶穌會生氣？因為猶太人不信。雖然耶穌在他們當中行過許多神蹟，也宣講過天國的福音，但猶太人卻仍然像一般人哭號。上帝的兒子耶穌基督已在他們當中，他是復活也是生命，又即將使拉撒路從死裏復活，可是這羣人卻無視耶穌的存在，這種不信與屬靈的失明使耶穌感到生氣！

到最後耶穌也「哭」了，這「哭」所用的詞與馬利亞的不同，是指流淚或飲泣。

耶穌為甚麼「哭了」？

猶太人看見耶穌哭了，便以為他很愛拉撒路。但這必未是耶穌哭的真正原因。猶太人不可能了解耶穌哭的原因，如同他們不認識耶穌是上帝的兒子一般。如果耶穌的哭是因為拉撒路的死，那麼他使拉撒路復活一事，就使耶穌的哭泣變成莫名其妙且多此一舉。有學者認為，耶穌的哭泣可能與他生氣的原因一樣，他是因圍著的猶太人的不信而哭。若真是如此，33節應寫成「非常生氣（悲傷）而又哭泣」。但是，耶穌早知道猶太人是不信的，在他事奉的生涯中曾遇過許多不信的猶太人，若他在這時候真的是因猶太人而哭，這就顯得他有自憐的味道。

34至35節提到當耶穌去到拉撒路墓前，看見他的墓穴便哭起來。這可能是因為拉撒路的死引發耶穌聯想到死亡和罪是怎樣蹂躪人，他是為到人受到罪、死亡、及撒但權勢的殘害，而非因失去一個朋友而哭。

有部分猶太人想起耶穌曾醫治盲人（九1～7），於是說耶穌定能「**使拉撒路不死**」（37節）。他們的話並非出於嘲諷，也不是表達他們有像馬利亞和馬大對耶穌的信心，而只想要求耶穌行一個神蹟（參林前一22）。這種信心並非耶穌所要的，因為這是一種滿足感官的「信心」（如果這也能稱為信心的話），是不斷以神蹟（或經歷）來維持，耶穌先前對羅馬官員的責備，正可以說明他們這種錯誤的心態（四48）。

為何這麼多人對神醫佈道有特別的興趣？據你所知，他們的信仰生活與靈命是否有明顯的改變？你認為一個人的靈命長進是建立在甚麼基礎上？

8.4.4. 拉撒路的復活(38～44節)

耶穌來到墓前，又再感到「非常生氣」。「**那墳墓是一個洞穴，入口的地方有一塊石頭堵住。**」(38節)耶穌吩咐人挪開洞穴前的石頭，這是耶穌所發出的第一個命令。當時馬大和馬利亞也在墓前，馬大提醒耶穌說：「**主啊！他已經埋葬四天了，屍體都發臭了！**」約翰在此把馬大形容為「**死者的姊姊**」，可能是因為這裏的焦點人物是拉撒路。但耶穌卻提醒馬大，「信」才是看見上帝榮耀的媒介(38～40節)，所以她說：「**我不是對你說過，你信就會看見上帝的榮耀嗎？**」

耶穌在40節所說的這句話與4節他對那信差所說的話相同。所以，耶穌這句話應該是23至26節的摘要。

猶太人埋葬遺體的方法

安葬拉撒路的這類墳墓通常是一個石洞，在其中鑿有許多垂直或水平的洞窟作為安放遺體的位置，每個洞窟是由一塊石板封住。這類墓穴的入口處是由一塊大圓形石封住。從福音書的描述可知，埋葬耶穌的墳墓也是屬於這一類型的(二十3～6；參太二十七60；可十五46；路二十三53)。

猶太人也有將香料塗在遺體的習慣，但這與埃及所作的木乃伊不同。即使44節提到拉撒路的手腳及臉部裹著布，情況也不像埃及人般處理。猶太人會在遺體上塗上香料／膏(十九39～40；可十六1；路二十三56)，其目的主要是用來掩蓋屍體分解時所發出的臭味。不過若一個人死了4天，任何的香料都不能發揮功用。

當石頭挪開後，耶穌就向上帝禱告。他的禱文已顯出他之前曾為拉撒路禱告，他現在是因為父上帝聽了他的禱告而感謝祂。他作這禱告也是為了周圍的人，使他們相信他是由上帝所差派的。⑨

> *有學者甚至認為，耶穌的權柄之大，若他不特別提拉撒路這名字，在同一墓穴中的死人全都會出來了！*

耶穌禱告完便發出第二個命令：「**拉撒路，出來！**」(43節)這樣的情景跟耶穌在之前的講論中提及過的相同(參五28)。拉撒路(作者稱他為「死了的人」)應聲而出，他當時的手腳和面部仍包著布。⑩當拉撒路掙扎著出來時，耶穌發出第三個——也是最後一個——命令：「**解開他！讓他走！**」(44節)綜合這3個命令來看，第一個與第三個命令都是對著陪伴的猶太人而發，但第二個則對著拉撒路。雖然神蹟是由耶穌獨自一人行，但他也使用周圍的人幫助他，使那些不信的猶太人藉著參與，從中成為耶穌大能的見證者(47～48節)。

有聖經學者認為，拉撒路的被解開象徵著信徒因著耶穌而從死和罪惡中得解脱。所有基督徒在未信之前曾被罪及死亡的恐懼捆綁(來二14～15)，他們的生命與復活的主一旦連結，基督的大能便使他們經歷屬靈的復活與自由。拉撒路的復活，豈不提醒我們上帝在基督裏所賜給我們的莫大福氣？

8.4.5. 殺害耶穌的計劃(45～57節)

耶穌使拉撒路復活證明了耶穌有復活的大能，也彰顯了上帝的榮耀(4、40節)。但是，如同過去一貫發生的，耶穌的言行引起了眾人兩極化的反應(參五16～18，六14～15、24～33、66～69，七10～13、30～32、40～44、45～52，八44)。因此，有些猶太人「**信了他**」，但亦有向法利賽人告發他的(45～46節)。

耶穌使拉撒路復活一事，對猶太宗教領袖來説是個威脅，因此祭司長和法利賽人就在議會召開會議。這些宗教領袖顯然認同耶穌行了「許多」的神蹟——包括使生來失明的人復明(參九章)，但他們

「聖殿」(希臘文：topos)雖然是指「地方」，但實質是指「聖殿」(參耶七14；徒六14)。《呂振中》及《新譯本》則譯為「聖地」。

「當年」這個用詞意指：「那個時候」(即那個時候該亞法作大祭司)。

對耶穌卻束手無策(47節)。令人驚訝的是：這些人看見神蹟後，仍不能改變對耶穌的看法與態度，反而害怕耶穌所帶來的影響力，因**「大家都信了他」**。他們怕羅馬人會奪回他們的**聖殿**和民族(48節)，這樣他們就失去現有的特權與地位。

約翰特別提到該亞法是**「當年的大祭司」**(49節)。該亞法是公元18至36年任職大祭司，他視議會的人所説的話為無知，認為他們根本不知道自己在説甚麼(48節)。

身為大祭司，該亞法認為以耶穌一人替整個民族死，來解決民族的厄運，這才是耶穌要死的合理原因(50節)。**「替……死」**這詞包含獻祭的意義，它通常用來表示贖罪性的替代。在舊約裏，獻祭者或祭司會把雙手放在祭牲的頭上(利十六7～10、20～22)，那祭牲就背負了獻祭者的罪。該亞法和猶太人是從政治的角度看這事，但約翰的讀者卻知道這具有基督教信仰的含意。

約翰對該亞法的預言有兩個層面的解釋。第一，「耶穌將要替全民死」(50節)，亦即耶穌是**「上帝的羔羊，除掉世人的罪的」**(參一29)。第二，耶穌**「要把分散各地的上帝的兒女都召集一起，合成一羣」**(52節)。意思是散居各地的猶太百姓，在末日時會在聖地被聚集起來，一同享受上帝國的福樂(參詩一〇六47；賽四十三5～6，四十九5～6；耶二十三3，三十一8～11；結三十四12～13，三十七21～22)。對基督徒而言，「上帝的兒女」就是那些接受耶穌、相信他名的人(一12、13)；他們在末日之先，已藉耶穌的救恩被聚集在一個屬靈的地方——教會，這是耶穌的身體。此時，議會的人顯然接受了該亞法的看法，即時判決耶穌為有罪，並開始著手計劃逮捕和殺掉他(53節)。

耶穌知道猶太人正計劃要殺他，因此就離開猶太地區，去以法蓮一帶地（54節）。約翰在此提到「**逾越節快到了**」（55節），這是他第三次提及逾越節（參第四章釋經短註②）。若以逾越節作為時間參考點的話，耶穌的公開事工已歷兩年多之久。猶太人的敵意此時可說是達到最後的階段。議會逮捕耶穌的命令亦已發出，令到整個耶路撒冷也陷入尋找耶穌的狂熱中（55～57節）。

溫習問題（8.4.） 在頁214。

• 以法蓮山地

釋經短註

① 七章8與10節看似不協調。8節耶穌說「我現在不上去」，但10節卻說「也上去過節」。有些抄本(顯然是出自抄寫的文士之手)把10節寫成「我現在尚不上去」，表示耶穌現在「還」未上去，日後是會上去，以為這樣可免除衝突，而耶穌的誠信也得以維護。然而這是不必要的，因為耶穌在這裏的主要意思，是要拒絕他的兄弟在3節的建議。他必定上去過節，但不是按照他弟兄的意思，而是按著上帝的旨意及時間「上去」。

② 七章38節「有活水的河流從他心中湧流出來」的「他」可能是指信徒，又或是耶穌。支持前者的經文是四章13至14節，耶穌所賜的水要成為泉源直到永遠。意思是：當一個人相信耶穌，並且喝他【指耶穌】，他不但不會再渴，並且得著上帝所賜豐富的恩典，這恩典又像活水般從這人的生命湧流出來。如此，信徒便成為活水的源頭，這種解釋稱為「東方解釋法」，因早期東方教父大都採取這個解釋。

後者的解釋則稱為「西方解釋法」，亦稱「基督論解釋法」，因為他們看耶穌為活水的來源。這水實指聖靈(參39節)，而耶穌是賜下聖靈的那一位(十五26)。此外，37至38節原文是以詩歌體的交錯格式表達，它可直譯為：

人若渴了，可以讓他到我這裏來；
讓他來喝，信我的人。

「人若渴了」是與「信我的人」對應；同樣，「可以讓他到我這裏來」是與「讓他來喝」對應。所以第一行口渴的人是可以來到耶穌那裏；第二行則說明信耶穌的人可以飲於耶穌之處。如此耶穌就成為活水的源頭，這樣的思想是與約翰所慣用的體裁一致。由此看來，後者的解釋較合約翰神學與文體(參《當代聖經》譯法：「從他裏面要流出活水的江河來」)。

③ 八章31與30節之間出現一個經文不協調的問題：30節提到「有許多人信他(耶穌)」，但接著31節以後，耶穌與「信他的猶太人」的對話中卻反映出他們不但不接受耶穌的教導，而且想殺害耶穌(參31～59節)。對於這樣的差異，聖經學者提出許多不同的解釋。有些學者認為30節與31節耶穌是對著兩個不同的羣體說話，30節所指的是真信徒，而31節所說的則不是。這說法得不到經文的支持。

在這許多解釋中，較合適的看法是：約翰在此是點出猶太人反覆無常的信心。這種情況屢屢在約翰福音中出現：耶穌行完神蹟之後，並沒有「信任」他們，因為他們的信心是不可靠的(二24)；此外，耶穌的許多「門徒」因為不能接受他的話而多有退去的(六60、66)。因此，這裏也可視為類同的事件。當中的猶太人表面似乎是相信了耶穌，但關鍵是他們對於耶穌的話之態度，否則耶穌不會責備他們說：「你們若常常遵守我的教導，就真的是我的門徒了」(31節)。從人的態度就可以區分出真、假信心與與真、假門徒。他們並非有真的信心，因為他們還未接受耶穌所說的真理(45節)。

④ 新約時代有關於把人趕出會堂的做法一直都沒有文獻記錄，因此有些學者懷疑這裏的記載與當時代的時間不符。猶太人這樣的作法很可能只是偶而為之，以處理那些宣稱耶穌是彌賽亞的人，而且很可能僅限於耶路撒冷這城而已。

⑤「人子」在約翰福音的用法與符類福音的略有不同。符類福音裏的「人子」，是指在末世與大能的天使同來的那一位（參太十三41，十六27，二十五31；可八38；路九26）；而約翰福音則是指那位啟示上帝、成為肉身，且將他生命賜給人的「道」（三13～14，六27，十二23，十三31）。

⑥ 十章30節「父親和我原為一」（希臘文是沒有「原」字）的「一」字在希臘文是中性形容詞。它不是指耶穌與父是同一個位格，而是指耶穌與父做同一件事。因此，「一」是指耶穌與父在保護羊這「行動上」是合一的，而非在「位格上」的合一，因為耶穌與父在位格上是有區別的。

⑦ 在舊約時代，被石頭打死這刑罰的原因有：把自己的兒女獻給外邦神祇（利二十2）、行巫術的（利二十27）、犯安息日（民十五32～36）、事奉假神（申十三10，十七2～5）、與別人的未婚妻行淫（申二十二23～24），以及詛咒上帝（即褻瀆上帝，利二十四10～11、23）。關於最後一項罪名，《米示拿》其後將褻瀆上帝定義為使用上帝的聖名；但在耶穌時代，猶太人未必遵守如此嚴謹的定義，所以即使按猶太律法，耶穌都是沒有罪，而猶太人的指控也不能成立。

⑧ 十章41節的「一切話」可能是指施洗者約翰在一章29至34節中所說的話。不過這段話中有兩件事於當時而言還未發生：(1)耶穌是上帝的羔羊，要除去世人的罪的（一29）；(2)耶穌還沒有以聖靈施洗（一33），因聖靈還沒有降下（七39）。所以施洗者約翰所說的可能是預言性的話，因他預先看到耶穌得榮耀的時刻要來到。但更可能的是，羣眾所記起的，是約翰宣告耶穌是彌賽亞這身分，亦即是約翰所見證：「他在我以後來，我就是給他脫鞋子也不配。」（一27）

⑨ 十一章41至42節耶穌的禱文，是約翰所記3個禱文之一（參十二27～28，十七1～26）。這3個禱告都以「父親哪」來稱呼上帝；不但如此，禱文內容都與耶穌的使命有關。有聖經學者指出耶穌於41至42節的禱文與詩篇的禱詞「……我要頌讚你，因你垂聽我……」（一一八21）極為相似。42節禱詞「我知道你時常垂聽我」顯示耶穌與父之間持續有親密的交通，所以耶穌的禱告得蒙應允。

⑩ 桑德斯（Sanders）對猶太人包裹屍體的習俗有這樣的描述：「屍體是被置於長（大概長至一個人身高兩倍）與寬都足以把身體都包起來的一塊亞麻布條內，死人的腳是位於布條的一端，布條先繞過頭部，然後又繞回至腳的部位。到了腳踝的地方，布就被打結，而兩個手臂則貼著身體，藏在亞麻布包之下，臉部則以另一塊布包起，以免下顎脫落。」有學者質疑在這種包紮之下，拉撒路是不可能自己走出來，因此建議拉撒路的「出來」是「神蹟中的神蹟」，

但約翰在此並未有如此的暗示。所以，拉撒路極有可能是跳著出來，又或是拖曳著行出來的。

溫習問題(8.1.)

1. 猶太人為何這麼憎恨耶穌？(七7)
2. 當耶穌的兄弟叫耶穌上耶路撒冷過節時，耶穌推卻了。但為何他後來又上去過節？(七8～10)
3. 猶太人的領袖為何對耶穌的教訓感到詫異？(七15)
4. 甚麼原因引起猶太人對耶穌的講論議論紛紛？為何他們有如此兩極化的反應？(七11、32、43)
5. 猶太人領袖把行淫時抓到的女人帶到耶穌的面前有何目的？耶穌即時反應如何？(八3～6)
6. 為甚麼猶太人聽了耶穌一番話後，就「一個一個溜走，從年紀大的先走」？(八9)
7. 耶穌與猶太人對「奴僕」的定義的不同之處何在？(八32～35)
8. 為何猶太人不能將耶穌的話聽入耳？(八41、43、47)
9. 猶太人與魔鬼有何關係？這樣的關係如何影響他們與耶穌的關係？(八37、40、41、44、45)
10. 為何猶太人多次指控耶穌是「有鬼附身」？(七20，八48、52，十20)

溫習問題(8.2.)

1. 面對生來是失明的人，門徒與耶穌所關注的事彼此有何不同？(1～2節)
2. 耶穌以不尋常的方式醫治生來是失明的人，其目的何在？(6節)
3. 當鄰居知道生來失明的人得醫治，為甚麼他們不為他高興，反而要探知誰是醫治者？(12節)
4. 為何法利賽人會對耶穌的看法起了爭論？(16節)
5. 為何那復明的人稱耶穌為「先知」？這稱銜對這人有何意義？(17節)
6. 法利賽人想一再查明耶穌醫治那失明的人的事，其背後目的何在？(15、26節)
7. 將復明的人與他的父母相比，誰的信心較大？試比較這復明的人與五章被醫治的人之表現。(五1～16)
8. 當這生來失明的人得知站在他面前的人是耶穌，為何有下拜的行動？(38節)
9. 法利賽人在屬靈上的「失明」與「罪」之間有何關係？(40～41節)
10. 這復明的人對耶穌身分的認識是由「先知」提升到「從上帝那裏來的」，繼而是「主」。他有這樣成長的表現，其關鍵因素何在？(17、33、38節)

溫習問題(8.3.)

1. 耶穌所說的「賊」與「強盜」是指誰人？(1、8節)
2. 耶穌何以自稱是「門」？(9節)
3. 「豐豐富富的生命」是甚麼的生命？與一般的生命有何不同？(10節)
4. 在「好牧人」與「雇工」的對比中，耶穌要指出甚麼重點？(11～13節)
5. 當耶穌說「其他的羊」，是指哪些羊(人)？他們與圈內的羊(人)有何關係？耶穌如何把「其他的羊」引進羊圈裏？(16節)
6. 耶穌使用「認識／認得」、「聽」、「跟隨」(十4、14、27節)等詞彙來表達牧羊人與羊的關係。這些用詞有何含義？與「相信」一詞(25～26節)有何關係？
7. 好牧人為羊「捨命」(11、15、17、18節)，又「賜給他們永恆的生命」(28節)並完全保守他們(28～29節)。耶穌這些事工與他的身分有何關聯？
8. 在描述耶穌與父上帝在保護羊的事上，兩者的措詞幾乎相同，這是要說明甚麼真理？(28～29節)
9. 猶太人是從耶穌哪些話語中解讀他是「侮辱了上帝」？(33節)
10. 耶穌如何自辯他並沒有「侮辱了上帝」？(34～38節)

溫習問題(8.4.)

1. 十一章裏的「你(耶穌)所愛的朋友」(3節)是否就是指「耶穌所鍾愛的門徒」(十三22，十九26，二十一19)?何解?
2. 耶穌在十一章裏提到「榮耀」的是指哪件事?(4、40節)
3. 為何耶穌即使聽到拉撒路病了，仍「繼續在所住的地方停留兩天」?(5節)
4. 耶穌藉著「白天」與「黑夜」的對比來説明甚麼事實?(9～10節)
5. 多馬何以説「我們跟老師……一起死吧」?(16節)
6. 當馬大與馬利亞兩姊妹見到耶穌來到，她們的反應如何?她們怎樣表達對耶穌的信心?(20～27、32節)
7. 耶穌從所住的地方到伯大尼這路程的時間是怎樣計算出來的?(17節)
8. 耶穌為何來到拉撒路的墓前之時會哭起來?(35節)
9. 是否所有看見拉撒路復活之神蹟的人都相信耶穌?為何他們有此反應?(45～46節)
10. 猶太人領袖商議殺害耶穌的原因是甚麼?他們所懼怕的是甚麼事情?(47～53節)

第九章

在耶路撒冷：耶穌最後的公開事工（十二1至50）

- 馬利亞以香油膏抹耶穌
- 耶穌進耶路撒冷
- 希臘人的來到與耶穌的「時刻」
- 耶穌公開事工的尾聲

經文

在伯大尼受膏

12 [1]逾越節前六天，耶穌到了伯大尼，就是拉撒路住的地方(耶
穌曾在這裏使拉撒路復活。)[2]有人在那裏為耶穌預備了晚飯；
馬大幫忙招待，拉撒路和其他的客人跟耶穌一起用飯。[3]這時候，
馬利亞拿來一瓶極珍貴的純哪噠香油膏，倒在耶穌腳上，然後用自
己的頭髮去擦；屋子裏充滿了香氣。[4]耶穌的一個門徒，就是將出
賣他的加略人猶大，說：[5]「為甚麼不拿這香油膏去賣三百塊銀子來
分給窮人呢？」[6]他說這話，並不是真的關心窮人，而是因為他是賊；
他管錢，常盜用公款。

[7]但是耶穌說：「由她吧！這是她留下來為著我安葬之日用的。
[8]常常有窮人跟你們一起，但是你們不常有我。」

殺害拉撒路的陰謀

[9]一大羣猶太人聽說耶穌在伯大尼，就到那裏去。他們不但是為
著耶穌而去，也是想看看耶穌使他從死裏復活的拉撒路。[10]因此，
祭司長們計謀連拉撒路也要殺，[11]因為許多猶太人為了他的緣故離
開他們，信了耶穌。

光榮進耶路撒冷

[12]第二天，一大羣到耶路撒冷過節的人聽說耶穌就要進城。[13]於
是他們拿著棕樹枝出去迎接他，歡呼說：「讚美上帝！願上帝賜福
給那位奉主的名而來的！願上帝賜福給以色列的君王！」

[14]耶穌找到一匹驢，騎上去，正如聖經所記載的：

[15]錫安城的兒女們哪，不要懼怕。

看哪，你們的君王騎著小驢來了！

[16]起初，他的門徒不明白這事的意義，到了耶穌得了榮耀以後才
想起聖經的話是指著他說的，而且他們果然照所說的做了。

[17]當耶穌呼喚拉撒路，使他從死裏復活，走出墓穴時，跟耶穌在一起的
那羣人把他們所看見的傳開了。[18]許多人因為聽見他行這神蹟，都去迎接他。
[19]法利賽人彼此說：「我們真是一事無成；你看，全世界都跟他去了！」

希臘人要求見耶穌

[20]在節期中，到耶路撒冷禮拜的人當中有些希臘人。[21]他們來見加利利的
伯賽大人腓力，要求他：「先生，我們想見耶穌。」

[22]腓力去告訴安得烈，兩個人一起去告訴耶穌。[23]耶穌說：「人子得榮耀
的時刻已經到了。[24]我鄭重地告訴你們，一粒麥子不落在地裏，死了，仍舊
是一粒；如果死了，就結出許多子粒來。[25]那愛惜自己生命的，要喪失生命；
願意犧牲自己在這世上的生命的，反而要保存這生命到永生。[26]誰要事奉我，
就得跟從我；我在哪裏，我的僕人也要在那裏。那事奉我的人，我父親一
定重用他。」

耶穌講到自己的死

[27]「現在我心裏愁煩，我該說甚麼好呢？我該求父親救我脫離這時刻嗎？
但我正是為此而來，要經歷這苦難的時刻。[28]父親哪，願你榮耀你的名！」
當時，有聲音從天上下來，說：「我已經榮耀了我的名，還要再榮耀！」
[29]站在那裏的羣眾聽見這聲音，就說：「打雷了！」
另有些人說：「有天使在跟他講話！」
[30]但是耶穌對他們說：「這聲音不是為我，而是為你們發的。[31]現在這世
界要受審判；現在世上的統治者要被推翻。[32]我從地上被舉起的時候，我要
吸引萬人來歸我。」([33]他這話是指自己將怎樣死說的。)
[34]羣眾回答：「我們的法律告訴我們，基督是永世長存的；你為甚麼說人
子必須被舉起？這人子是誰呢？」
[35]耶穌說：「光在你們中間為時不多了，你們該趁著還有光的時候繼續行
走，免得黑暗追上你們，因為在黑暗中行走的人不知道他往哪裏去。[36]趁著
你們還有光的時候要信從光，好使你們成為光明的人。」

猶太人的不信

說完了這些話，耶穌離開他們，隱藏起來。37他雖然在他們面前行過許
多神蹟，他們還是不信他。38這是要應驗先知以賽亞說過的話：

主啊，有誰信我們所傳的信息呢？
主的權力向誰彰顯呢？

39他們所以不能信的理由，以賽亞也說過：

40上帝使他們的眼睛瞎了，
使他們的心智麻木了，
免得他們的眼睛看見，
他們的心智領悟。
所以上帝說：他們不會轉向我，
讓我治好他們。

41以賽亞說這些話是因為他看見了耶穌的榮耀，指著他說的。

42雖然如此，猶太人的領袖中也有許多信耶穌的，只因怕法利賽人，不
敢公開承認，免得被趕出會堂。43他們愛人的讚許勝過愛上帝的讚許。

耶穌的話要審判人

44耶穌高聲呼喊：「信我的，不僅是信我，也是信差我來的那位。45看見
我的，也就是看見那差我來的。46我作光，來到世上，為要使所有信我的人
不住在黑暗裏。47那聽見我的信息而不遵守的，我不審判他。我來的目的不
在審判世人，而是要拯救世人。48那拒絕我、不接受我信息的人自有審判他
的；在末日，我所講的話要審判他！49因為我沒有憑著自己講甚麼，而是那
位差我來的父親命令我說甚麼，講甚麼。50我知道他的命令會帶來永恆的生
命。所以，我講的正是父親要我講的。」

十二章記載耶穌最後的公開事工，它包括3件主要事情：馬利亞在伯大尼膏耶穌(1～11節)、耶穌騎小驢進耶路撒冷(12～19節)，以及希臘人求見耶穌(20～36節)。這3個故事在約翰精心的布局下，凸顯了耶穌彌賽亞的身分。接著這些事件的，是作者對猶太人不信的態度作總結(37～43節)，以及耶穌的自我宣告(44～50節)。

敏銳的讀者在這一章可以觀察到有兩股形勢在匯流。一方面，耶穌受羣眾擁戴的形勢明顯加增起來：眾人迎接他進入耶路撒冷(13節)，眾人又為耶穌所行的神蹟作見證(17節)，甚至希臘人都來求見耶穌(20～21節)。但另方面，猶太人的宗教領袖殺耶穌的意念也增大，甚至殃及拉撒路(10節)。耶穌的影響力使他們深感不安，他們不禁感歎說：「全世界都跟他去了！」(18節)最諷刺的是，儘管猶太人的恨意如何深，他們的行動卻推向一個他們最討厭的結局，就是耶穌因此得榮耀達最高峯。耶穌來到世上的目的是要被舉起，讓萬人都來歸向他(32節)。

9.1. 馬利亞以香油膏抹耶穌(十二1～11)

這段故事接續著拉撒路復活的故事，因為是發生在伯大尼，作者在此又加上註解，指出「耶穌曾在這裏使拉撒路復活」。當日剛剛是「逾越節前六天」(1節)，亦即星期六晚上(逾越節當天晚上是星期四)。

這晚耶穌被人邀請參加筵席，約翰沒有記載誰是東道主。有學者認為2節「有人」是指拉撒路一家，他們為要感謝耶穌使拉撒路復活，故請客是順理成章的事。但這樣的看法是基於揣測甚於經文本身所顯示的。即使馬大有幫忙招待，而拉撒路和馬利亞也在其中，也不足以證明拉撒路一家是請客的。就當時猶太人的習慣，他們喜歡聯絡數個家庭一起來招待同一位貴賓。在筵席中馬大如常在廚房盡心竭力，幫忙伺候客人（2節；參路十40～41）。同樣，馬利亞卻選擇花較多時間與耶穌建立關係，甚於做其他的庶務。

「純哪達香油膏」是出產於印度，由甘松植物的根與穗所提煉出來的特殊油膏。

此時，馬利亞拿出「**一瓶① 極珍貴的純哪達香油膏**」來抹耶穌的腳。雖然約翰並未提及裝香油膏的容器，但從符類福音的記載得知，香油膏是裝在貴重的「玉瓶」（太二十六7；可十四3）裏。馬利亞用頭髮擦耶穌的腳這行為是極不恰當的，因為猶太女子是不可以在公開場所鬆解自己的頭髮，除非被控不貞的罪之時（參民五11～18）。馬利亞這行動雖大膽，但卻代表她的愛與謙卑。這香油膏所發出的香氣薰滿全屋，在場所有人都聞到了。約翰這樣描述顯然是以見證人的身分來記載這事。

馬可指出抱怨的是「有些人」（可十四4）；馬太則用「門徒」的複數名詞（太二十六8）。

雖然馬可福音提到對馬利亞的行為感不悅的是**多位門徒**，但約翰在此卻特別指出是猶大表示不滿（4節）。猶大估計這瓶香油膏值「**三百塊銀子**」②，大概是一個工人一年的工資，所以約翰形容這瓶香油膏是「**極珍貴的**」（3節）。猶大批評馬利亞浪費，認為若將香油膏賣去分給窮人更為值得。他的理由似乎是名正言順，但約翰立刻反駁：「**他說這話，並不是真的關心窮人，而是因為他是賊；他管錢，常盜用公款。**」（6節）。

不待馬利亞的自我辯護，耶穌立刻作裁決說：「**由她吧！這是她留下來為著我安葬之日用的。常常有窮人跟你們一起，但是你們不常有我。**」（7～8節）馬利亞所作的顯然是超過她所知道的，這件看來似是奇怪而又浪費的事，對耶穌來說卻有極深的神學意含，因這是為他救贖性的受死而預備。因著她對耶穌的愛與信心，馬利亞將耶穌的身分與工作彰顯出來。

為何馬利亞沒有回應猶大對她的批評？你在事奉中曾否遭到別人惡意的批評？你當時有何回應？這故事如何帶給你事奉上的幫助？

9節開始，馬利亞以香油膏抹主的一幕就此結束，約翰將焦點集中在一羣猶太人與拉撒路身上。至於其他門徒（包括猶大）的反應，或馬利亞接著的行動如何已不重要了。因著耶穌使拉撒路從死裏復活，那羣猶太人來除了要見耶穌，也想看看拉撒路。拉撒路的復活見證了耶穌的大能，故成為猶太人信耶穌的基礎。這一切引動了祭司長商議「**連拉撒路也要殺**」（10節）。他們殺拉撒路是為阻止人相信耶穌，然而我們從福音書裏看不到祭司長有殺拉撒路的記載，約翰如此記載可能是要強化其戲劇性。整個事件除了引起祭司長的嫉妒與恨意外，有「**許多**」猶太人卻因著拉撒路的緣故「**信了耶穌**」（11節）。

9.2. 耶穌進耶路撒冷（十二12～19）

這一個段落以「**第二天**」（希臘文：*epaurion*，意即「次日」）作開始，所指的當然是由十二章1節所提的那天開始算起。約翰形容這天有「**一大羣**」（12節）人到來過節，因為逾越節通常都會吸引來自不同地方的猶太人上到耶路撒冷。③當這些朝聖者聽見耶穌將到耶路撒冷，就「**拿著棕樹枝出去迎接他**」（13節）。根據摩西律法，棕樹枝是用來慶祝住棚節用的（利二十三40），因此有些學者懷疑這裏的節期應是住棚節，而非逾越節。但猶太人其實也曾使用棕樹枝來迎接戰爭英雄，如馬加比把敍利亞人逐出耶路撒冷時，羣眾也曾舉起棕樹枝，亦有用來慶祝其他的節日，包括逾越節（參《馬加比一書》13.51；《馬加比二書》10.7）。

約翰習慣用這個詞彙來引入新的主題（參一29、35、43，六22），它相當於約翰的另一個用詞「這事以後」（參8.1.1.「對耶穌的懷疑與挑戰」）。

猶太人熱情的喊著說：「**讚美上帝！願上帝賜福給那位奉主的名而來的！願上帝賜福給以色列的君王！**」（13節）④「讚美上帝」（希臘文：*hôsanna*，音譯「和散那」，意即「現在賜下拯救」；參《和合本》）

這詞的背景來自詩篇一百一十八篇25節，其後演變成歡呼或讚美的詞彙。如果這是約翰所使用的另一個反諷，則這些以色列人對耶穌的呼求，是超過他們所能理解的。

許多信徒在教會中常以「忙碌」或「沒有恩賜」為藉口來逃避事奉。實際上，教會最缺乏的不是大有恩賜的人，而是甘願作「小驢」那平凡而實際的事奉。你願意作耶穌的小驢嗎？你認為自己哪方面可被主使用？

耶穌選擇騎**「驢」**(原文是「小驢」；《和合本》譯作「驢駒」)進耶路撒冷，而非戰馬、駱駝或其他的交通工具。選擇「小驢」除了表達耶穌的謙卑，也顯示他意識到自己的身分是如何被彰顯，特別是要應驗撒迦利亞書九章9節所說的預言。約翰沒有像符類福音的作者般詳述門徒尋找驢的經過，以及猶太人迎接耶穌的具體情況，因為他要強調撒迦利亞書九章9節預言是如何應驗(15節)。⑤如同猶太人對耶穌進耶路撒冷有錯誤的了解，耶穌的門徒當時也無法明白耶穌進城的意義，直至耶穌**「得了榮耀以後」**，他們**「才想起聖經的話是指著他說的」**(16節)。這節經文讓我們知道，門徒的改變是與耶穌**「得了榮耀」**——即耶穌的死、復活與高升——有關。耶穌潔淨聖殿後，約翰也曾用類似的話描述門徒(參二22)，這些經文呈現了約翰那「復活後觀點」的特色(參1.4.2.「獨特的記載觀點」)。

約翰提及法利賽人的反應之前，再一次提拉撒路復活的事件(17節)。不但如此，那些曾親眼看見拉撒路復活經過的猶太人，自發的為此事作見證。17節與18節其實提到兩羣不同的人，**「那羣人」**是指看過拉撒路復活神蹟的人；但**「許多人」**則是指住在耶路撒冷的居民。就在這一傳十，十傳百的情形下，耶路撒冷的居民便出去迎接耶穌。

正當眾人為耶穌瘋狂時，法利賽人自覺敵對耶穌是徒勞無功的，他們不禁自歎：**「全世界都跟他去了！」**(19節)這話看似誇張，但其實約翰是使用了雙關語。這話既可應用在耶穌在世之時，也可適用於耶穌復活後的歷代教會時代，因為藉著福音的傳揚，世人都跟隨耶穌了。在法利賽人眼中，**「全世界」**是指耶路撒冷所有人，但於約翰，就是指所有靈魂失喪的人；這些人是上帝所愛的對象（三16），也是耶穌來到這世界的目的。

9.3. 希臘人的來到與耶穌的「時刻」（十二20～36）

這段落出現的人物與前一段落（12～19節）不同，他們是希臘人。他們不是講希臘話的猶太人，而是改信猶太教的希臘人，又或是「敬畏上帝的人」（即未完全遵守猶太教的禮儀及割禮的外邦人，參徒十2），他們上來過節及**「禮拜」**（即參加敬拜）。約翰沒有交代他們來自何處和來見耶穌的目的，但他們的求見，多少印證了法利賽人所說：**「全世界都跟他去了！」**

這些希臘人首先接觸的，是耶穌的門徒腓力，而非耶穌本人，這可能反映他們不確定耶穌會否接待外邦人。而腓力同樣也有這種猶疑（參太十5～6），否則他不會與安得烈商量此事。希臘人的求見為耶穌的事工帶到另一個轉折點，因為**耶穌說：「人子得榮耀的時刻已經到了。」**（23節）一直以來，約翰都記載耶穌的時刻**「還沒有到」**（二4，四21、23，八20），所以猶太人無法下手加害他（七30，八20）。但希臘人的求見，成為耶穌宣布他時刻要到的開始（參十三1，十七1）。這個**「時刻」**是指耶穌的死、復活與升天，亦即是他「得榮耀」的時刻。希臘人的來到代表著耶穌的死，把外邦人與猶太人合而為一（參十16）。約翰在此並沒有提到這些希臘人至終有否見過耶穌，但卻引入耶穌說「麥子」的講論。

這裏的「耶穌說」原文可直譯為「耶穌對他們說」。這「他們」可能是指那些希臘人，又或是耶穌的門徒，甚至是包括兩者。

耶穌以一粒麥子的死來說明天國看生命的律：生是要藉著死換來的。這講論明顯是應用在耶穌身上，就是他要經過死才能得榮耀。麥子的死能**「結出許多子粒」**(24節),表示耶穌的死可使許多人得生命。這天國的律同樣可應用在門徒身上,就是凡珍惜地上生命的,必喪掉天上的生命;凡為福音犧牲地上暫時生命的,必得天上永恆的生命。(參25節)其他福音書也有說明這生命的律(參太十39;可八35;路九24)。24節與25節之間生命的律是有差別的。24節的「死」(指耶穌)可使別人得生命,但25節的犧牲(指門徒)卻使自己得生命。25節**「犧牲自己……生命的」**(原文作「憎恨自己生命」;參《和合本》),是指把上帝國度的要求放在我們生命中最優先的次序,而**「愛惜自己生命的」**是指為滿足暫時生命需求而活。

這**「犧牲」**不是指人要自我虐待或毀滅,而是指人不再固執於自己的自主權。或許人自我滿足的追求,會使人享受到許多美好的事物,但若固執於追求這些事物,至終會成為一種偶像的崇拜,更破壞了上帝與人之間的關係。只有當人願意放棄自我中心的生命形態,就能使人得以脫離自我操控的枷鎖,自由地住在永恆的光中。這種「犧牲」和「得著」的看法表面似乎是矛盾,實際上卻是保存真正生命的不二法。作主門徒的核心是愛,而愛的核心是自我犧牲。

耶穌捨己的榜樣是所有跟隨他的人應該效法的,而效法耶穌的人就是「事奉」他的人(26節)。他們被召與耶穌契合(林前一9);因此耶穌在哪裏,他的**「僕人也要在那裏」**(參可三14)。那些事奉耶穌的人既然在耶穌的「受苦」與「捨己」上有分,他們同樣也要在上帝面前被**「重用」**(希臘文:*timaô*,意即「尊重」)。

你是否禱告時,常求上帝「照祂的意思,而不是照我的意思」?耶穌禱告的榜樣如何幫助你的禱告生活?

面對將要受十字架酷刑之苦,耶穌心裏實在感到愁煩,甚至到一個地步不知該說甚麼才是。他想求父上帝使他脫離這困局,但又知道自己是為此而來的,他人性真實的一面在此流露出來。這樣的掙扎與耶穌在客西馬尼園祈求父上帝挪開這苦杯一樣（參可十四36）。然而接著他又說：「父親哪，願你榮耀你的名！」（28節）這亦與客西馬尼園禱告時的結束語「不要照我【指耶穌】的意思，只要照你【指上帝】的旨意」（可十四36）相同。此時上帝從天上發出人可以聽見的聲音來回應耶穌的禱告，說：「我已經榮耀了我的名，還要再榮耀！」這情形曾出現於耶穌受洗（太三17；可一11；路三22）和登山變像（太十七4～6；可九5～7；路九33～35）之時。旁邊的猶太人沒有一個可正確的解釋這是一個怎樣的聲音，不過從他們所說的話可見，他們顯然知道這聲音是回應耶穌的禱告（29節）。

耶穌進一步澄清這聲音的出現，不是為他自己，而是為當時的人。耶穌在此申明自己「被舉起」——釘十字架——的意義（31～33節）。十字架代表著對世界的審判，因為這世界是敵擋上帝、拒絕耶穌的；十字架也代表著宣布這世界的統治者（撒但）已被推翻，其實早在耶穌在世之時，撒但已被推翻（參路十18），只不過耶穌在十字架上受死，是一終極的成就（參啟十二11）；十字架更代表耶穌得榮耀後吸引萬人歸他的一個標記。32節的「被舉起」是雙關語，可以指耶穌被釘十字架，但也意味著耶穌的高升，因為實際上耶穌吸引萬人歸他這事，是發生在他復活與高升之後，而非在他被釘十字架之時。

但是猶太人不能明白永存的基督與被舉起的人子的關係（34節）。耶穌沒有回答他們的問題，因為他一生的事工已證明他是「人子」，可惜猶太人卻拒絕耶穌（參一11）。耶穌此時發出一個警告：「光在你們中間為時不多了，你們該趁著還有光的時候繼續行走，免得黑暗追上你們」，以及一個邀請：「趁著你們還有光的時候要信從光，好使你們成為光明的人。」耶穌說完這些話，就「離開他們，隱藏起來」（35～37節）。

9.4. 耶穌公開事工的尾聲(十二37～50)

神蹟是否會使人更容易信耶穌?人因神蹟而信主,對他信仰有何利與弊?

約翰接著對猶太人的不信加插了一段註釋(37～43節),他描述猶太人雖然曾目睹耶穌**「行過許多神蹟,他們還是不信他」**(37節),這節經文可算是這段註釋的摘要。約翰把「神蹟」與「相信」連接起來,表示神蹟有引導人相信耶穌的效用。雖然憑眼見的信心不是最值得嘉許的信心(二十29),但總比不信的好。這些猶太人信心的景況猶如摩西在舊約時代對以色列人所說的話一樣:「你們看見上主所降那嚴重的災禍和他所行浩大的神蹟奇事。但是到今天,他還沒有讓你們確實明白你們的經歷有甚麼意義。」(申二十九3～4)

「主的權力」原文作「主的膀臂」(參《和合本》),是指上帝藉耶穌所行的神蹟,將上帝的大能與作為顯明出來。

如同保羅在羅馬書引用舊約經文般(十16),約翰亦在舊約預言⑥中找到猶太人不信的原因。猶太人之所以不信,是因為沒有人**「信……所傳的信息」**,而**「主的權力向誰彰顯呢」**(38節;參賽五十三1)?約翰又引用舊約經文說明猶太人不能信的原因:事實上是上帝叫他們的眼瞎了,使他們的心剛硬(39節;參賽六10)。

「耶穌」原文是「他」。這個「他」對以賽亞而言,是指耶和華,但對約翰而言,是指耶穌。所以譯作「耶穌」也是對的。

約翰又說明他引用以賽亞書的用意。先知以賽亞是因為**「看見了耶穌的榮耀」**,所以說出這番話(41節)。這「榮耀」明顯是指以賽亞在聖殿裏所看到的異象(賽六章)。但是,以賽亞所看到的,是耶和華的榮耀;約翰在此所說的卻是耶穌的榮耀,這榮耀正是父獨生子的榮耀(一14)。在創世之前,耶穌早已經與父上帝一同享有這榮耀(十七5)。耶穌與父上帝**「原為一」**(十30),所以約翰把以賽亞論及耶和華的話,應用在耶穌身上是十分恰當的。如此,約翰所指**「治好」**(40節,「醫治」)這事情是從耶穌而來的。

雖然有猶太人不相信耶穌,但他們當中卻有不少領袖相信耶穌(42

節）。這些「**領袖**」可能是指猶太議會中的成員（如尼哥德慕，參三1；七50）。不過他們「**不敢公開承認**」自己的信仰。約翰直截了當的指出其原因是：他們怕「**被趕出會堂**」，這樣會失去宗教上的地位，他們又怕得不到「**人的讚許**」，這樣會使他們失去社會上的地位（42～43節）。其實，跟隨耶穌時常都要付出極大的代價。但跟從他所得著的福分，卻是遠遠超過所付出的代價（參太十九29～30）。

約翰評論完猶太人，又返回記載耶穌的講論。耶穌是在哪一個場合「**高聲呼喊**」（44節）是不得而知，因為不久之前，他仍「**隱藏起來**」（36節）。耶穌在此總結他在世上工作，又為福音的信息作撮要（44～50節）。這段落主要由「**信**」、「**看見**」、「**差我來的**（父上帝）」這3個主題編織而成。此外，這段落也強調父上帝與祂兒子（耶穌）的關係。相信耶穌就等於相信上帝（44節）；人看見耶穌就等於看見上帝（45節）；耶穌不是憑自己說話，而是憑著父上帝所命令他的說話（49節）；耶穌所講的話，正是照著父親對他說的（50節）。

在此耶穌再次提及「光」這主題（46節；參八12），以此再說明他到世上來的目的。耶穌又以負面的角度來強調他的工作，就是凡聽了他信息卻又不遵守，而且拒絕他和他信息的人，將來必按他所說的而受審判（47～48節）。

耶穌說「**我不審判**」，只因為他來是為「拯救」，而不是為「審判」（參三17）。但是，他所說的話卻又能帶來審判，其最主要原因是這些話是來自父上帝。況且，耶穌所說的話是出自父上帝的「**命令**」，這「**命令**」就是永生（50節）。不接受命令的，就是不接受永生，審判就在此開始。因此，這命令就與舊約的律法有相同的效用，原因是「……必須切實遵行我【指上帝】今天向你們頒佈的這些命令……這些誡命不是空話，而是你們的生命……」（申三十二46～47）。

釋經短註

① 以現代容積制計算，「一瓶」(希臘文：*litra*，「力揣」，是羅馬制容積一個單位)相等於300多克，大概少於一磅(327.45克)。不少英文譯本都譯作 "a pound"「一磅」(*King James Version, Revised Standard Version, New American Standard Bible*)。而中文譯本的譯法卻有分別。《和合本》：「一斤」、《呂振中》：「一磅」(加註解「三二七．四五克蘭姆」)、《新譯本》：「半公斤」。這些譯本譯出其重量，但《現修》與《當代聖經》則譯作「一瓶」而已。

② 5節「三百塊銀子」原文為300個得拿利(denarii)。1個得拿利相當於當時一個工人一天的工資(參太二十2)；若猶太人一星期只工作6天，300個得拿利大約為一年的薪酬，所以*New International Version* 譯本作 "a year's wages"「一年工資」。

③ 根據猶太歷史學家約瑟夫記載，耶路撒冷陷落(公元70年)之前，上來過逾越節的人數超過250萬人，但許多聖經學者認為這樣的描述有誇大之嫌。近代學者耶利米亞斯(Jerimias)卻認為，若包括耶路撒冷撒本城的人，過節的人大約有10萬。無論如何，此時的耶路撒冷擠滿了大批的羣眾是無庸置疑的。

④ 13節「奉主的名而來……以色列的君王」原文「奉主名來的」是等同於「以色列王」。這裏是由兩節舊約經文組合而成(詩一一八25～26；亞九9)。拿但業曾稱呼耶穌為「以色列的王」(一49)；五餅二魚的神蹟後，以色列人曾強迫耶穌作王，但耶穌卻退到山上。猶太人顯然並不知道稱耶穌是「以色列的王」背後真正的意義。耶穌這位「以色列的王」並不像他們所想像如此政治化，他是一位受苦並要死在十字架上的王(十九19)。

⑤ 15節的一句短語「錫安城的兒女們哪」(希臘文：*thugatêr ziôn*)原文可直譯為「錫安的女子」。這「女子」原文是單數名詞，但《現修》把它譯作複數，因為這是舊約的表達方式(參賽三16，四4；耶十四16)，為要表明這是指錫安城和其中的居民(參太二十一5)，而不是單指一個人。舊約聖經常常用這名字來指耶路撒冷(賽五十二2，六十二11；耶四31，六23；哀二4、8、13)。在這些經文中，《現修》將「錫安的兒女」譯作：耶路撒冷、耶路撒冷的居民、錫安的人民、錫安的城牆。

⑥ 39至40節所引用這段舊約經文也曾出現於新約不同書卷，以解釋猶太人的不信。保羅在講道時曾引用同一段經文(徒二十八26～27)，來說明猶太人不接受他所傳的福音之原因。另外，他在羅馬書提到以色列人與上帝的關係時，也引用相類似的經文(羅十一8；參賽二十九10)。人的不信除了應驗舊約的預言外，人也須為自己的不信負責任(約十二37)。由此可見，約翰把人不信的原因放在上帝的主權和人的責任這兩個平衡點之上。

溫習問題

1. 馬利亞以香油膏耶穌的動機與目的何在？（1～11節）
2. 為甚麼猶大批評馬利亞膏耶穌的行動？他的批評如何反映他的狀況？（4～6節）
3. 祭司長殺拉撒路的原因何在？（10～11節）
4. 耶穌選擇騎小驢進耶路撒冷有何重要意義？（12～14節）
5. 為甚麼那些問道的希臘人不能直接找耶穌，而是先接觸耶穌的門徒？（20～21節）
6. 甚麼原因引發耶穌說「人子得榮耀的時刻到了」這句話？（23節）
7. 耶穌提到「吸引萬人來歸我」是在甚麼時候發生的？（32節）
8. 為甚麼猶太人「要求神蹟」（參林前一22），可是卻又不信耶穌所行的神蹟？（37節）
9. 為甚麼有些猶太人的領袖不敢公開承認自己「信」了耶穌？（42～43節）
10. 為甚麼耶穌不審判那些不遵守他信息的人？（47節）但另方面他的話卻又要審判不信的人（48節）？

第三篇

耶穌對門徒的事工

（十三1至十七26）

十三章是「榮耀之書」（十三1～二十31）的開始，而在第三篇裏（十三～十七章），耶穌講論的對象全是他的門徒——真正相信耶穌的人。這部分記載耶穌的**「時刻」**來到；並且在與門徒私下相處中，他向門徒解釋他回到父那裏去的時刻，是要藉著被捉拿、被釘十字架、復活與升天達成。耶穌最後與門徒的談話佔了5章的篇幅（十三31～十七26），由耶穌在最後的晚餐裏洗門徒的腳開始（十三1～20），接著就是預言猶大的背叛（十三21～30），隨後的是一個長達3章的「離別講論」（十三31～十六33），以及耶穌的禱告（十七1～26）。耶穌的諄諄教誨，顯示出他是何等關心門徒怎樣去面對他離去之後的景況。

第十章

最後的晚餐

（十三1至30）

- 耶穌為門徒洗腳
- 耶穌預言猶大的背叛

經文

耶穌為門徒洗腳

13 1逾越節前，耶穌知道他離開這世界、回父親那裏去的時刻
到了。他一向愛世上屬於他自己的人，他始終如一地愛他們。
2耶穌和他的門徒在吃晚飯的時候，魔鬼已經控制了加略人西門
的兒子猶大的心，使他決意出賣耶穌。3耶穌知道父親已經把一切
的權力交給他；他知道自己是從上帝那裏來的，又要回到上帝那裏
去。4他從席位上起來，脱了外衣，拿一條毛巾束在腰間，5然後倒
水在盆裏，開始替門徒們洗腳，又用毛巾擦乾。6他來到西門·彼
得跟前的時候，彼得説：「主啊，你替我洗腳嗎？」
7耶穌回答：「我所做的，你現在不知道，日後你就會明白。」
8彼得説：「我決不讓你洗我的腳！」
耶穌説：「如果我不洗你的腳，你跟我就沒有關係了。」
9西門·彼得説：「主啊，這樣的話，不只我的腳，連我的手和
頭也洗吧！」
10耶穌説：「洗過澡的人全身都乾淨了，只需要洗腳①。你們是
乾淨的，但不是每一個人都乾淨。」(11耶穌已經知道誰要出賣他，
所以説「不是每一個人都乾淨」。)
12耶穌洗完了他們的腳，穿上外衣，然後又回到自己的座位。他
問門徒們：「我剛才替你們做的，你們明白嗎？13你們尊我為師，為
主，這是對的，因為我本來就是。14我是你們的主，你們的老師，
我尚且替你們洗腳，你們也應該彼此洗腳。15我為你們立了榜樣，
是要你們照著我替你們做的去做。16我鄭重地告訴你們，奴僕不比
主人大，奉差遣的也不比差遣他的人重要。17既然明白這事，你們
若能夠實行是多麼的有福啊！
18「我這話不是指你們全體説的；我認識我所揀選的人。只是聖

---

①有些古卷沒有「只需要洗腳」。

經上所說『那跟我一起吃飯的人竟用腳踢我』這話必須實現。[19]我在事情還沒有發生以前告訴你們，為要使你們在事情發生的時候信我就是那『自有永有』的。[20]我鄭重地告訴你們，凡接待我所差遣的，就是接待我；凡接待我的，就是接待差遣我的那一位。」

耶穌預言將被出賣

[21]耶穌說了這話，心裏非常傷痛，就宣佈：「我鄭重地告訴你們，你們當中有一個人要出賣我。」

[22]門徒面面相覷，不曉得他是指著誰說的。[23]門徒中有耶穌所鍾愛的一個人，他坐在耶穌身邊。[24]西門・彼得向他示意，說：「問問他指的是誰。」

[25]於是那門徒挨近耶穌，問他：「主啊，是誰？」

[26]耶穌回答：「我蘸一塊餅給誰，誰就是了。」說了這話，他拿一塊餅蘸一蘸，給了加略人西門的兒子猶大。[27]猶大一接過餅，撒但就附著他。耶穌對他說：「你要做的，快去做吧！」[28]在座的人都不明白耶穌對他說這話的意思。[29]因為猶大是管錢的，有的門徒以為耶穌吩咐他去買過節要用的東西，或是要他帶點東西去分給窮人。

[30]猶大吃了那塊餅，立刻出去。那時候正是黑夜。

耶穌公開事工的記述已在十二章結束。餘下的是耶穌單獨與門徒相處的時間，作者也用了很長的篇幅記載他們相處的最後一刻。符類福音在這部分多集中記載耶穌設立聖餐，然而約翰卻沒有提到這點，而把注意力放在耶穌洗門徒的腳及解釋其意義。耶穌洗門徒的腳具有象徵性意義。它一方面象徵耶穌將來會藉十字架的救贖洗淨門徒的罪（一29，十九34）；另一方面，耶穌藉洗腳和他死在十字架上這兩個行動，來表達他的謙卑與愛。耶穌愛屬他自己的人（十三1），在此表露無遺。

十三章與逾越節的晚餐

猶太人的逾越節是在尼散月（即羅馬曆法的3、4月）舉行，尼散月14日稱為「預備日」（是宰殺逾越節羔羊之日），當天晚上（即第十五日），猶太人便吃逾越節的晚餐。1世紀的猶太人以每天日落（即晚上6時）至第二天日落計算為之一日，因此猶太人每個家庭會在下午（尼散月14日）宰殺羔羊，然後在晚上（尼散月15日）吃逾越節晚餐。對猶太人來說，這兩件事是發生在兩日。符類福音記載尼散月14日是從星期三日落至星期四日落。彼得是在星期四早上奉命去預備逾越節的晚餐（參路二十二7～13），所以尼散月15日就是從星期四日落至星期五日落，耶穌也就是在星期四晚上被捉拿，並在第二天（星期五）被釘在十字架上，這兩件事都是發生同一日。耶穌的身體是在星期五日落前被取下，星期五晚上便是安息日（可十五42）。

約翰聲稱耶穌是在「逾越節的預備日」被釘在十字架上（十九14、31），這就產生了問題。某些學者根據約翰福音的內文（1～2、29節，十八28，十九14、31），認為約翰所指的「預備日」其實是逾越節的預備日。若真是如此，約翰所記載逾越節的日子比符類福音的遲了一天舉行。因此，星期五日落前才是尼散月14日（預備日），而耶穌在星期四晚上（即尼散月14日）與門徒共進的晚餐，就不能稱為逾越節的晚餐。

這兩者的差異如何協調呢？或許試從另一角度看，「逾越節的預備日」這短語很可能不是按字面解釋。若是如此，這預備日可以是指安息日的預備日，因為當時的「預備日」是與安息日有關（十九31），這點可從馬可福音「⋯⋯那天是預備日，就是安息日的前一天」(十五42)得到支持。因此約翰的「預備日」是指「在逾越節那周的安息日的預備日」，即星期四黃昏到星期五黃昏就是安息日的預備日，這日同時亦是逾越節。由於當時的逾越節剛好接近安息日，所以這日顯得相當特別。

況且，我們無法從典外文獻裏找到資料記載「尼散月十四日是逾越節的預備日」。約翰所指的逾越節晚餐，確實與符類福音的相同，其原因有3：一、律法規定朝聖者必須在耶路撒冷吃逾越節的晚餐，這一點耶穌也作了(十二12、20)；二、律法規定朝聖者吃完逾越節晚餐後是不得離開耶路撒冷地區，因此耶穌在餐後去了客西馬尼園(十八1)，而不是伯大尼；三、逾越節晚餐有賙濟窮人的活動，所以當猶大在席中途離開，其他門徒都以為他是要去送捐款(十三29)。從以上種種原因顯示，約翰的記載確實是逾越節的晚餐。

因此，4卷福音書之間並無衝突，當時所發生的事情應該是：星期四晚上是尼散月15日的開始，也是耶穌與門徒共進逾越節晚餐之時；星期五下午耶穌被釘在十字架上，那時也是安息日的預備日，到了晚上就是安息日。

10.1. 耶穌為門徒洗腳(十三1～17)

這段落記載了耶穌一個很特別的教導，因為耶穌除了用言語，也以身作則來讓門徒明白謙卑服事這教導的真義。1至3節包含4個重要的約翰神學議題：一、耶穌意識到**「時刻」**的來臨(參十二23)；二、他貫徹始終的愛屬自己的人(十三1)；三、父上帝把一切的權力交給耶穌(三35)；四、耶穌從上帝那裏來，又要回到上帝那裏去(十六28)。但須注意的是，這些主題不是以驚天動地的方式呈現，而是以極為謙卑的行動——洗門徒的腳——表明出來(十三4～5)。他用行為印證「服事」這真理(參路二十二27)，這正是保羅所描述的耶穌：「他自願放棄一切，取了奴僕的本質」(腓二7)。

10.1.1. 耶穌洗腳的榜樣（1～11節）

1節的「**逾越節**」與十二章1節的「**逾越節**」相互呼應並且彼此關聯，但這個詞同時也引入耶穌即將面臨死亡這主題（參十八28，十九14）。「**時刻**」一詞，從十二章20至23節得知，希臘人對耶穌的求見引起耶穌宣布他的「**時刻**」要到。這「**時刻**」既是耶穌得榮耀的時候，也是他「**離開這世界、回父親那裏去**」的時候。

耶穌故然即將「**離開這世界**」，但約翰清楚的指出，他的離去並不減損他對「**世上屬於他自己的人**」有「**始終如一**」的愛。這「**屬於他自己的人**」是指一切相信他、接受祂的人（一12），因此這些人全都屬於他（十27～29）。「**始終如一**」（希臘文：*telos*；《和合本》譯作「到底」）這詞是約翰所用另一個雙關語，它既可指「極致的」或「完全的」，亦可指「生命的目的」。耶穌愛屬他的人極致的表現，就是為他們死在十字架上，以成就他生在世上的目的。約翰在此是預告耶穌將要在十字架上捨命。

約翰描述耶穌「**知道**」（1節）自己的時候，① 再次指出耶穌對事情有全盤的了解：他「**知道**」他的權柄（是父上帝交給他的）、來源（他來自上帝）與最後去的目的地（他要回到父上帝那裏）（3節）。即使如此，他沒有炫耀自己的地位與能力，而是為門徒洗腳（4～5節）。在猶太人眼中，洗腳的工作極為低賤，甚至猶太人的奴僕也不需要作，而留給外邦奴僕的。不過，猶太拉比亦有記載，猶太人也習慣讓妻子洗自己的腳，或是兒女為父母，甚至學生為他們的拉比洗腳。

耶穌像平常人一般站起來，但他「**脫了外衣，拿一條毛巾束在腰間**」，這動作令人眼前為之一亮。「**外衣**」這名詞是複數，表示耶穌把上衫全都除掉，只剩下一條裏腰布，這是一個奴僕的裝扮。這「**毛巾**」

不是浴巾，而是一塊長的亞麻布，長度除了足以繞在耶穌的腰際，也可用來擦門徒的腳。此時所有門徒都瞪著眼，望著耶穌把水倒在盆裏，然後逐個逐個地洗他們的腳，再用毛巾擦乾。

這是一個安靜而尷尬的時刻，沒有人敢表達任何意見，直到洗彼得的腳。我們不肯定彼得是否最後一個被洗腳的，但當耶穌洗門徒的腳時，他在屏息觀察，直至輪到他才忍不住說：**「主啊！你替我洗腳嗎？」**(6節)這話說出了所有門徒的困惑，也表明他的婉拒。這樣的拒絕與他在凱撒利亞．腓立比攔阻耶穌去受難一般(可八32～33)，雖然是出自對耶穌的關心，卻是對耶穌的行動缺乏了解。

彼得的拒絕不是出自謙卑，而是用了人世俗尊卑大小的觀念來看耶穌的服事，這使耶穌的服事顯得多餘，不合體統。但從屬靈的角度看，真正的謙卑是接受耶穌的恩賜。

耶穌指出彼得之所以疑惑，是因為他不明白內中意義而已，但**「日後」**(指耶穌復活得榮耀之後)他定會明白。然而彼得卻自以為明白一切，堅持不讓耶穌洗他的腳，不讓他的夫子作這卑微的事。不過耶穌回答：**「如果我不洗你的腳，你跟我就沒有關係了。」**(8節)這卻令他震驚。耶穌的洗腳不只是一個榜樣，也具象徵性意義，凡接受耶穌救恩的，才是真實的謙卑。因此，彼得接受耶穌的洗腳，是代表他接受耶穌的救恩；相反，不接受耶穌洗腳的(如猶大)，就是拒絕救恩的人。

「沒有關係」的救贖性意義

「沒有關係」(8節；希臘文：*ouk meros*；《和合本》譯作「無分」)。在《七十士譯本》，「分」這詞常用來指猶太人所得的產業，特別是在應許之地的權利(民二十16，《現修》譯作「邊境」；書二18，《現修》譯作「土地」)。在新約，這詞演變為具末世性的用字，如在上帝國度裏所得到的地位與福分（啟二十6，二十一8，二十二19）。沒有「分」就是沒有產業，但約翰福音是指因與耶穌無關，而致沒有屬天的產業。因此，這詞具有救贖性的意義，因為耶穌的死是門徒得到天國那一「分」的必要條件，他們所承繼的國度由耶穌犧牲的死所保守著。同樣，每一個基督徒也都因耶穌基督的救贖，而得著屬天的那一分。

彼得當然不願與耶穌沒有關係，所以他請求耶穌不但替他洗腳，也替他洗身（9節）。他顯然不明白耶穌這行動真正意義。耶穌指出洗了腳就等於洗了身，全身亦已乾淨。耶穌的行為象徵他將來在十字架為門徒捨命，使他們罪得潔淨（10節）。但是猶大並不在此福分內，即使耶穌也洗過他的腳，因為他出賣了那救贖他的耶穌（10～11節）。

10.1.2. 耶穌對洗腳意義的解釋（12～17節）

13節「為師」、「為主」的次序，在14節卻寫成「主」、「老師」。如此次序的倒轉原因不詳，它可能要強調耶穌「為主」之尊，卻立下謙卑的榜樣。

洗完門徒的腳，耶穌穿上衣服返回原位，開始解釋洗腳的意義。他以「榜樣」的角度來說明這意義。耶穌是他們的**老師**、他們的**主**，尚且為他們洗腳，他們也要效法耶穌，彼此洗腳（13～15節）。耶穌雖未從救贖的角度解釋洗腳的意義，但是兩者都是以愛為出發點（參1節）。在此，「彼此洗腳」是耶穌頒布給門徒的命令，這命令看似沒甚麼偉大，但是，任何偉大的工作都包含著「服事別人」；不但如此，凡跟從耶穌的人，如果不服事人，就不可能這麼貼近的跟著耶穌走。

在教會生活中你如何實踐「彼此洗腳」的教訓？實踐這個教訓容易嗎？為甚麼？

耶穌此時以奴僕和主人角色的比較來說明「彼此洗腳」的必要性。主人（差遣人的）尚且放下身分而卑微的服事，奴僕（被差遣的）又怎能免於這樣的服事（16節）？耶穌稱呼那些明白這事而行的人為「有福」，這正符合他過去一貫的教導(太七21～23，二十三1～3)。

10.2. 耶穌預言猶大的背叛(十三18～30)

雖然門徒與耶穌共享親密的團契，但有一個陰影尾隨在後，就是猶大出賣耶穌的計劃也同時在進行著。猶大與耶穌共進晚餐，又被耶穌洗腳，然而他執意出賣耶穌，使他與耶穌的救贖無分。無論他出賣耶穌的理由是甚麼，他作了最壞的選擇，並且也成了撒但的奴僕。由此可見，即使留在耶穌身邊，甚至被潔淨和領受主的餐，亦不能保證可以得救和進入上帝的國，只有謙卑倚靠並跟隨耶穌的才可。耶穌預言猶大出賣他，是給猶大一個警告，為要給他一次回轉的機會，可惜猶大沒有把握這個機會，最後進入黑暗中，與真光永遠隔絕。

10.2.1. 耶穌預告猶大將要出賣他(18～20節)

行完洗腳這榜樣之後，耶穌接下來所說的話，是門徒所意料不到的，因為他即將預告有門徒要出賣他。在此之前，約翰福音已多次提示猶大出賣耶穌(六70～71，十二4，十三10、18)，但只是以一種籠統的方式來表達；但在本段落，約翰卻具體記載事件。耶穌先暗示有人出賣他，然後再直接宣布這個叛徒即將要作的事(18、21節)。在講論洗腳的意義時，耶穌已表明他們當中不是每一個人都是乾淨、都可以領受上帝的福氣的(10、**18節**)，而所暗示的這人就是猶大，他早已被排斥在福音之外，無法得著耶穌在十架赦罪之恩。

18節「這話」，原文是複數的「這些話」，即耶穌在洗腳後講論的整段說話(7～17節)。

耶穌再說他認識他**「所揀選的人」**(18節)，這並不意味著他沒有揀選猶大，因為他確實呼召了12個人，只是其中一個是屬魔鬼的(六70)，所以猶大也是耶穌所揀選的。猶大被揀選的確存在一個目的，就是要「應驗」舊約聖經的話。這事過後，彼得也曾說：「聖靈藉著大衛的口在聖經上預言有關猶大帶人逮捕耶穌的事是必須實現的。」(徒一16)這預言正就是耶穌所說有人與他一同吃飯，卻用腳踢他(18節；參**詩四十一9**)這種引用舊約的方式，主要是藉著大衛個人痛苦的遭遇，作為預表耶穌目前的處境。

耶穌引用詩篇四十一篇9節並非要解釋預言，乃是運用對應預言(prophecy by parallelism)的手法。猶太拉比普遍將詩篇四十一章9節的處境解釋為亞希多弗對大衛的背叛(撒下十五～十七章)。

耶穌將他被出賣的事預先說出來，為要提醒門徒當面對這事之時，仍信他是**「自有永有」**——「自有永有」原文的意思是「我是」(19節；參1.4.1.「高基督論」)，否則，當他被出賣和受難之時，門徒的信心勢必崩潰並且四處逃散，當然更不會等候耶穌復活後向他們集體顯現。

耶穌在20節所說**「凡接待我所*差遣*的，就是接待我；凡接待我的，就是接待<u>差遣</u>我的那一位」**與其他福音書相近(太十40；可九37；路十16)。這節經文共出現兩次**「差遣」**這詞，目的為要強調被差遣的等同於差遣人的，因此接待被差遣的就等於接待那差遣他的。由此看來，若耶穌是上帝的代言人，門徒就是耶穌的代言人。門徒若與耶穌有親密的關係，就等同於與上帝有親密的關係；換言之，人只有在耶穌基督裏才能遇見上帝。

10.2.2. 憂愁的耶穌、困惑的門徒、背叛的猶大(21～30節)

耶穌正式**「宣佈」**(希臘文：*emarturêsen*，意即「見證」)他們之中有一個人要出賣他(21節),他當時「**心裏非常傷痛**」(參詩四十二6)。「**傷痛**」這動詞與耶穌面臨那「**時刻**」之時所用「**愁煩**」的相同(十二27)。耶穌當然能夠完全掌握周邊的環境(參3節),但他有百分百人性,在面對即將來臨的事,他在感情上並非無動於衷的。

耶穌的宣告當然使門徒震驚,他們「**面面相覷,不曉得他是指著誰說的**」(22節)。猶大顯然把自己掩飾得很好,因此沒有人懷疑是他,甚至他離席時,其他的門徒只是以為他是為耶穌辦事(29節)。在此,「**耶穌所鍾愛的一個人**」首次出現(23節;參十九26,二十2,二十一7、20、24、25)。他「**坐在耶穌身邊**」(即「斜靠在桌邊挨近耶穌的胸懷」)。猶太人舉行特別筵席之時,是採用羅馬的坐席方式,所用的**桌子**是U-型。他們不像我們般挺身而坐,而是躺臥著斜靠在一矮桌上,一隻手放在桌上用以支撐身體,另一隻手則取食物。由此可知,「**耶穌所鍾愛的一個人**」是坐在耶穌的右側,以背挨近耶穌的懷。這景象就好像耶穌就是「**與父親最親密的那一位**」般(一18;《和合本》譯作「在父懷裏的獨生子」)。

「不曉得」(希臘文:aporeô,意即「困惑」)。《現修》將它譯為「不知道該怎麼辦」(徒二十五20)、「疑慮不定」(路二十四4)、「疑慮」(林後四8)、「困惑不安」(加四20)等。

達文西所繪「最後晚餐」的,耶穌與門徒是坐在長桌前,而耶穌是坐在正中間。這不是當時真正情景,其差距何等大!

這位耶穌所鍾愛的門徒,在彼得示意之下,便「**挨近耶穌**」,問他說:「**主啊,是誰?**」耶穌說:「**我蘸一塊餅給誰,誰就是了。**」接著耶穌就拿餅給猶大。耶穌再說:「**你要做的,快去做吧!**」(24~27節)這話極具意義。耶穌所行的一切,顯然只有「**耶穌所鍾愛的一個人**」聽見。耶穌這樣行不但表示對猶大的愛,也催使猶大要立刻作出一個重要決定,就是立刻悔改,否則就背上叛逆耶穌之罪。換句話說,耶穌是給猶大最後悔改的機會。但不幸的是,猶大選擇了讓「**撒但附著他**」(《和合本》譯作「撒但就入了他的心」),並且「**立刻出去**」(27、30節),

「到他該去的地方」(徒一25)，這地方就是「黑暗」之處(參太八12，二十二13，二十五30)，即約翰所指的「黑夜」。

猶大身列於十二使徒，喻指教會也混雜著真信徒與假信徒，惟有耶穌才能辨認人生命的狀況。然而在審判日子來臨前，上帝的計劃是不會因著惡人而遭受破壞，撒但的使者(林後十二7)即使作梗，但聖靈的工作仍會實現。猶大出賣了耶穌，但在這最黑暗的時刻，耶穌仍可彰顯他的主權，因為猶大的事是發生在他主權之下(27節)。今天，黑暗——撒但——的勢力雖在掌權，但耶穌仍是教會的主(啟二1)，他鑒察一切，使教會朝向上帝計劃的方向而行，黎明總有一天會來到！

釋經短註

① 「席位上」(4節)(希臘文：*deipnon*；2節，《現修》譯作「吃晚飯」)這詞實指一天之內任何一餐飯。《現修》譯作「宴會」(太二十三6；可六21，十二39；路十四16，二十46)、「晚餐」(路十四12)、「宴」(啟十九9、17)等，較特別的譯法是「聖餐」(林前十一20；《和合本》譯作「〔主的〕晚餐」)或「吃的東西」(林前十一21；《和合本》譯作「飯」)。

溫習問題

1 耶穌的「時刻」是指甚麼時刻？（1節）

2. 耶穌如何對「世上屬於他自己的人」表現「始終如一」的愛？（1節）

3. 耶穌「回到父親那裏去」與「父親把一切的權力交給他」之間有何關係？（1、3節）

4. 耶穌替門徒洗腳，是要教導門徒甚麼屬靈功課？（8、12～17節）

5. 為何彼得起初會拒絕耶穌為他洗腳，可是其後卻要求耶穌洗他的手和頭？這兩者之間有何關係？（6～8節）

6. 耶穌所説「你跟我就沒有關係」具有哪種屬靈意義？（8節）

7. 被耶穌洗過腳的人就一定「乾淨」嗎？「乾淨」是甚麼意思？（參10節）

8. 耶穌在門徒面前清楚的宣告門徒中有人要出賣他，其目的何在？（21節）

9. 耶穌為何「心裏非常傷痛」？他不是預知一切事的發生嗎？他的預知為何不能減少他的傷痛？（21節）

10. 當猶大聽到耶穌宣布有門徒要出賣耶穌時，他當時可能有甚麼感受？他執意要出賣耶穌與撒但的作為有何關係？（27節）

第十一章

離別講論

（十三31至十六33）

- 耶穌賜新命令與預言彼得否認他
- 耶穌的安慰與他是道路
- 耶穌的離去與聖靈的賜下
- 聖靈的工作與耶穌賜下平安
- 葡萄樹的講論
- 世人的逼迫與耶穌的離去
- 禱告、信心與平安

經文

新的命令

13 31猶大出去後，耶穌說：「現在人子已經得到榮耀了；上帝的
榮耀也在人子身上顯明了。32既然上帝的榮耀藉著人子顯明，
他自己也要顯明人子的榮耀，而且要立刻榮耀他。33孩子們，我和
你們在一起的時間不多了。你們將尋找我；但是我現在要告訴你們，
正如我告訴過猶太人的領袖：『我去的地方，你們不能去。』34我給
你們一條新命令：要彼此相愛。我怎樣愛你們，你們也要怎樣彼此
相愛。35如果你們彼此相愛，世人就知道你們是我的門徒。」

耶穌預言彼得不認主

36西門・彼得問耶穌：「主啊，你到哪裏去？」

耶穌回答：「我所要去的地方，你現在不能跟我去，但是後來你會跟我去的。」

37彼得說：「主啊，為甚麼現在我不能跟你去呢？我願意為你捨命！」

38耶穌說：「你願意為我捨命嗎？我鄭重地告訴你，雞叫以前，
你會三次不認我。」

耶穌是道路、真理、生命

14 1耶穌又對他們說：「你們心裏不要愁煩；要信上帝①，也要
信我。2在我父親家裏有許多住的地方，我去是為你們預備地
方；若不是這樣，我就不說這話。②3我去為你們預備地方以後，要
再回來，接你們到我那裏去，為要使你們跟我同在一個地方。4我要

---

①「要信上帝」或譯「信上帝」。

②「在我父親家裏有許多住的地方，……我就不說這話。」或譯「在我父親家裏有許多住的地方，要不是這樣，我怎麼會告訴你們說我去是為你們預備地方呢？」

去的地方，那條路你們是知道的。」

5多馬對他說：「主啊，我們不知道你要到哪裏去，怎麼會知道
那條路呢？」

6耶穌說：「我就是道路、真理、生命；要不是藉著我，沒有人
能到父親那裏去。7你們既然認識我，也會認識我父親的③。從此你
們認識他，而且已經看見他了。」

8腓力對耶穌說：「主啊，把父親顯示給我們，我們就滿足了。」

9耶穌回答：「腓力，我和你們在一起這麼久了，你還不認識我
嗎？誰看見我就是看見父親。為甚麼你還說『把父親顯示給我們』呢？
10我在父親的生命裏，父親在我的生命裏，你不信嗎？我對你們說
的話不是出於我自己，而是在我生命裏的父親親自做他的工作。11
你們要信我，我在父親的生命裏，父親在我的生命裏；如果不信這
話，也要因我的工作而信我。12我鄭重地告訴你們，信我的人也會
做我所做的事，甚至要做更大的，因為我到父親那裏去。13你們奉
我的名，無論求甚麼，我一定成全，為要使父親的榮耀藉著兒子顯
示出來。14你們奉我的名，無論向我求甚麼，我一定成全。」

應許聖靈的幫助

15「你們若愛我，就要遵守我的命令。16我要祈求父親，他就賜給
你們另一位慰助者，永遠與你們同在。17他就是真理的靈。世人不
接受他；因為他們看不到他，也不認識他。但是你們認識他；因為
他在你們的生命裏，常與你們同在。

18「我不撇下你們為孤兒；我要再回到你們這裏來。19過些時候，
世人再也看不見我；但是你們會看見我，而且因為我活著，你們也
要活著。20那一天來到的時候，你們就會知道我在我父親的生命裏，
而你們在我的生命裏，像我在你們的生命裏一樣。

---

③「你們既然認識我，也會認識我父親的」另有些古卷作「如果你們認識我，你們就會認識我父親」。

[21]「凡接受我命令並且遵守的，就是愛我的人。愛我的，我父親必定愛他；我也愛他，並且向他顯明我自己。」

[22]猶大(不是加略人猶大)問：「主啊，為甚麼只向我們顯明，而不向世人顯明呢？」

[23]耶穌回答：「愛我的人都會遵守我的話。我父親必定愛他，而且我父親和我要到他那裏去，與他同在。[24]不愛我的人就不遵守我的話。你們所聽到的話不是出於我，而是出於那差遣我來的父親。

[25]「我還與你們同在的時候，已經把這些話告訴你們了。[26]但是那慰助者，就是父親因著我的名要差來的聖靈，會把一切的事指示你們，並且使你們記起我對你們所說的一切話。

[27]「我留下平安給你們，我把我的平安賜給你們。我所給你們的，跟世人所給的不同。你們心裏不要愁煩，也不要害怕。[28]你們聽見我說過『我去了，但是還要回來』。你們若愛我，就會因著我回到父親那裏去而歡喜，因為他比我大。[29]我在這些事發生以前先告訴了你們，為要使你們在事情發生的時候能夠信。[30]我現在不能再和你們多講，因為這世界的統治者就要來了。他對我是無能為力的；[31]但為了要世人知道我愛我的父親，所以我遵行他所命令的一切。

「起來，我們走吧！」

耶穌是真葡萄樹

15 [1]「我是真葡萄樹；我父親是園丁。[2]所有連接著我而不結果實的枝子，他就剪掉；能結果實的枝子，他就修剪，使它結更多的果實。[3]我對你們所講的信息已經使你們潔淨了。[4]你們要常跟我連結，我就常跟你們連結。要是不跟我連結，你們就不能結出果實，正像枝子不跟葡萄樹連接就不能結果實一樣。

[5]「我是葡萄樹；你們是枝子。那常跟我連結，而我也常跟他連結的，必定結很多果實；因為沒有我，你們就甚麼也不能做。[6]那不跟我連結的人要被扔掉，像枯乾的枝子被扔掉，讓人撿去投在火裏焚燒。[7]如果你們常跟我連結，而我的話也常存在你們裏面，

你們無論要甚麼，求，就會得著。8我父親將因你們結很多果實而
得到榮耀，而你們也因此成為我的門徒。9正如父親愛我，我愛你
們；你們要常生活在我的愛中。10你們若遵守我的命令，你們會
常生活在我的愛中，正像我遵守我父親的命令，而常在他的愛中
一樣。

11「我告訴你們這些事，為要使你們得到我的喜樂，讓你們的喜
樂滿溢。12你們要彼此相愛，像我愛你們一樣；這是我的命令。13人
為朋友犧牲自己的性命，人間的愛沒有比這更偉大的了。14你們若
遵守我的命令，就是我的朋友。15我不再把你們當作僕人，因為僕
人不知道主人所做的事。我把你們當作朋友，因為我已經把從我父
親那裏所聽到的一切都告訴了你們。16不是你們揀選了我，而是我
揀選了你們，並且指派你們去結那常存的果實。你們奉我的名，無
論向父親求甚麼，他一定賜給你們。17你們要彼此相愛；這就是我
給你們的命令。」

世人的憎恨

18「如果世人憎恨你們，你們該曉得，他們已先憎恨了我。19如果
你們屬於這世界，世人一定愛那屬於他們自己的。可是，我從這世
界中把你們揀選了出來，你們不屬於它；因此世人憎恨你們。20你
們要記住我對你們說過的話：『奴僕不比主人大。』如果他們迫害過
我，他們也會迫害你們；如果他們遵從我的話，他們也會遵從你們
的話。21為了我的緣故，他們要對你們做這一切事，因為他們不認
識差遣我來的那位。22我若沒有來向他們講解過，他們就沒有罪；
如今，他們的罪是無可推諉的了。23憎恨我的，也憎恨我的父親。
24如果我沒有在他們當中做了那從來沒有人做過的事，他們就沒有
罪。事實上，他們已經看見我所做的，卻還憎恨我，也憎恨我的父
親。25但是，這無非要應驗他們的法律書上所寫的：『他們無緣無故
地憎恨我！』

26「但是，那出自父親的慰助者要來；他就是真理的靈。我從父
親那裏差他來的時候，他要為我作證。27同樣，你們也要為我作證，
因為你們從開始就跟我在一起。」

16 1「我把這些事告訴了你們，為要使你們的信心不至於動搖。
2他們要把你們趕出會堂；而且時刻就要到了，那殺害你們的
人還以為做這種事是在事奉上帝。3其實，他們這樣做是因為他們既不
認識父親，也不認識我。4我告訴你們這些事，為要讓你們在這時刻
來臨時記得我曾經對你們說過了。」

聖靈的工作

「我當初沒有告訴你們這些事，是因為我一直與你們在一起。
5現在我要回到那位差我來的那裏去，你們當中沒有人問我『你要到
哪裏去？』6可是，因為我把這些事告訴了你們，你們心裏竟充滿憂
愁。7然而，我實在告訴你們，我去，對你們是有益的；我不去，
那慰助者就不會到你們這裏來；我去了，就差他來。8他來的時候，
他要向世人證明，他們對於罪，對於義，對於上帝審判的觀念都錯
了。9他們對罪的觀念錯了，因為他們不信我；10他們對義的觀念錯
了，因為我往父親那裏去，你們再也看不見我；11他們對審判的觀
念錯了，因為這世界的王已經受了審判。

12「我還有許多事要告訴你們，可是你們現在擔負不了。13等到賜
真理的聖靈來了，他要指引你們進到一切的真理中。他不憑著自己
說話，而是把他所聽到的告訴你們，並且要說出將來的事。14他要
榮耀我，因為他要把我所要說的告訴你們。15我父親所有的一切都
是我的，所以我說，聖靈要把我所要說的告訴你們。」

憂愁變成喜樂

16「過一會兒，你們就看不見我了；然而，再過一會兒，你們還
要看見我。」

17門徒當中有幾個人彼此說：「他告訴我們『過一會兒，你們就

看不見我了；然而，再過一會兒，你們還要看見我』；又說『因為我要到父親那裏去』；這些話是甚麼意思呢？」[18]也有人問：「他所說的『過一會兒』是指甚麼呢？我們不曉得他在說些甚麼！」

[19]耶穌知道他們想問的，就對他們說：「我說『過一會兒，你們看不見我了；然而，再過一會兒，你們還要看見我』；你們彼此在討論這句話嗎？[20]我鄭重地告訴你們，你們要痛哭哀號，世人卻要歡樂；你們要憂愁，可是你們的憂愁將變成喜樂。[21]女人快要生產的時候憂愁，因為受苦的時刻到了；但是生了嬰兒後就忘掉了痛苦，因為高興有嬰兒出生到世上來。[22]你們也是這樣：現在你們有憂愁，但是我要再見到你們，你們心裏就會充滿喜樂；你們的喜樂是沒有人能奪走的。

[23]「在那一天，你們不向我求甚麼。我鄭重地告訴你們，你們奉我的名，無論向父親求甚麼，他一定賜給你們④。[24]直到現在，你們並沒有奉我的名求過甚麼；你們求，就得到，好讓你們的喜樂滿溢。」

勝過世界

[25]「我用比喻把這些事向你們說了。可是時刻就到，我不再使用比喻，卻要明明地把父親的事告訴你們。[26]在那一天，你們要奉我的名祈求；我並不是說我要替你們向父親求，[27]因為父親自己愛你們。他愛你們；因為你們愛我，並且信我是從上帝那裏來的。[28]我從父親那裏來到這世界；現在我要離開這世界，回到父親那裏去。」

[29]門徒對他說：「你看，現在你是明明地講論，並沒有用甚麼比喻。[30]我們已經曉得，你無所不知，不需要有人向你發問。因此，我們信你是從上帝那裏來的。」

[31]耶穌說：「現在你們信了嗎？[32]時刻到了，現在已經是了，你們都要分散，各人回自己的地方去，只留下我自己一個人。其實，我

④「你們奉我的名，無論向父親求甚麼，他一定賜給你們」另有些古卷作「如果你們向父親求，他會因著我的名而賜給你們」。

不是自己一個人，因為有父親與我同在。
33我把這件事告訴你們，是要使你們因跟我連結而有平安。在世上，你們有苦難；但是你們要勇敢，我已經勝過了世界！」

猶大離席後，耶穌便開始另一段講論，稱為「離別講論」。①有些學者認為，這「離別講論」與摩西離世前對以色列人的講論（申三十二45～三十三29）頗相似，因為在這講論裏耶穌引述申命記許多的經文。這類的講論也經常出現在聖經裏，舊約方面，有雅各為他的子孫祝福（創四十七29～四十九33）、約書亞向以色列百姓説臨別的話（書二十二～二十四章）、撒母耳對以色列人所説的話（撒上十二章）、大衛臨終前的話（代上二十八～二十九章）等。新約方面，除了保羅在米利都對以弗所教會長老的講話（徒二十17～38）外，彼得後書及提摩太後書分別被視為彼得及保羅的離別講道。耶穌的「離別講論」與以上所提的有一個很大的分別，就是耶穌即使離去，卻藉著聖靈繼續與門徒同在，並且在末日的時候他將再回來。

在這個長達3章的講論中，表面上耶穌在論及彼此相愛（十三34～35，十五12）、聖靈的賜下及其工作（十四16～17、26，十五26，十六7～15）、葡萄樹與枝子（十五1～8）、預言門徒將來要受逼迫（十五18～25，十六1～4）等主題，實際上他是要透過這些主題給門徒一個保證和安慰，使門徒得以面對耶穌的死和他們的受逼迫。

11.1. 耶穌賜新命令與預言彼得否認他（十三31～38）

猶大的離席（31節）成為重要的時間參考點。猶大出賣耶穌，表示耶穌開始走向各各他的道路。耶穌所説「現在人子已經得到榮耀了」（31節）是重複先前所説的話（十二23）。他的表達令人困惑：到底耶穌得榮耀的時候是指甚麼時候呢？其實，當那些希臘人來見耶穌之時，便是他得榮耀的起始點，而猶大的背叛，就啟動了耶穌得榮耀的行程。這行程包括耶穌要被舉起來、被埋葬、復活、升天回到父上帝那裏。

這整個過程吸引了「萬人」(指猶太人與外邦人)歸向他，這是他被高升、得榮耀的事。

當耶穌得榮耀之時，上帝的榮耀也在人子身上**「顯明」**出來。因為上帝的榮耀，是由人子成全上帝所託付給他的工作而來(參十七4)。上帝除了在人子身上得榮耀，祂也**「顯明人子的榮耀」**(十三32)。如此，父在子身上得榮耀，子也在父身上得榮耀。父得榮耀是**「立刻」**的(32節)，並不需要等到末日之時才發生。總結而言，父得榮耀是因子順服祂救贖計劃(死亡、復活、升天)；子得榮耀是藉著遵行父旨意，透過死與復活，再回到父那裏去，享受創世以先，他與父同有的榮耀(十七5)。

在約翰壹書「孩子們」使用了7次(二1、12、28，三7、18，四4，五21；另參加四19)。

由於耶穌即將**「得榮耀」**，因此他開始預備門徒的心。耶穌稱門徒為**「孩子們」**，這是惟一在約翰福音出現的稱呼。這個充滿愛意與關切的稱呼，在耶穌即將離別的時刻特別顯得有意思。耶穌說他與門徒在一起**「時間不多了」**，又說他所去的地方是他們不能去的(33節)。耶穌曾經對猶太人說過同樣的話(參七33，八21)，猶太人也感困惑，現在門徒也有同樣的反應。就門徒目前的狀況，他們是無法明白耶穌的死、復活及升天的意義。

論到教會復興，大多都集中處理外在的、形式的、策略的事工。但耶穌卻提醒我們，彼此相愛才是基本元素。若教會真的實踐後此相愛，你認為教會將帶來怎樣的改變？

因著這離去，耶穌立時向門徒頒布一個新的命令：要彼此相愛。把愛當作一個「命令」，是可追溯至舊約(利十九17～18、33)。在舊約時代，以色列人蒙上帝拯救並在西奈山下與祂立約，上帝也頒布律法給他們。因著上帝的拯救與揀選，他們是有責任按著律法與典章行事。同樣的，門徒是耶穌所揀選(1節，十五16)和拯救的，他們也須遵守「彼此相愛」這命令，並且藉此讓別人認出他們就是耶穌的門徒(35

節）。如果不能認識耶穌的愛與救贖（參31～32節），門徒的彼此相愛是沒有意義的。約翰在此明顯是以「約」的角度記載這愛的命令。

值得注意的是：耶穌要求門徒要像他愛他們般去彼此相愛（34節）。若從救贖的角度看，門徒是不能模仿耶穌對他們的愛，因為耶穌以捨命愛他們，並帶有救贖的果效。但是，耶穌仍要如此要求他們，為要帶出一個「愛」的至高榜樣，就是門徒彼此相愛到一個地步，是要為對方犧牲一切，甚至自己的生命（13、15節；約壹三16）。

從彼得的回應反映了他並沒有留心耶穌所說的「命令」，而集中在耶穌的離去（36節），耶穌亦與他繼續討論「離去」這課題。耶穌指出彼得暫時是不能去耶穌要去的地方，因為他不能跟耶穌一同死，而他亦不能與耶穌一起成全救贖的計劃。不過，彼得後來定必跟耶穌去，因為他將來要以死榮耀上帝（參二十一18～19）。

按彼得的性格，聽完這番話後他當然是心有不甘，他口出狂言，說：**「我願意為你捨命！」**（37節）這話與耶穌所說**「好牧人願意為羊捨命」**（十11）的措詞相似。彼得的狂言完全顯出他的無知，他不但不知道耶穌要去哪裏，更不認識自己是一個怎麼樣的人。這是約翰所用反諷的一種表達。耶穌很快回答，說彼得將會3次否認他（38節）。不過，耶穌復活後，彼得因著上帝的恩典與大能而徹底改變，結果他不但成為一個好牧人（參彼前五1～4），也藉著捨命榮耀上帝。他真的跟耶穌去了（二十一19）！

彼得的豪語（37節）讓我們了解到他並不認識自己靈性上的破敗與自私，或許要透過一些經歷才將他的破敗暴露出來，從而拆毀他內心的驕傲、使他認識自己真實的景況，這才能成為他重建生命的開端。往後的彼得是嶄新的、隨時預備為耶穌死的。在上帝的巧手之下，人的失敗豈不能帶來起死回生的轉寰？

11.2. 耶穌的安慰與他是道路（十四1～14）

當你憂愁時，有否經歷上帝的安慰？祂怎樣安慰你？

預言彼得3次否認他後（十三38），耶穌就著他「離去」這課題（33、36節），轉過來安慰其他的門徒，勸解他們**「心裏不要愁煩」**（1節；《和合本》譯作「憂愁」）。耶穌明白門徒當前的處境，面對即將發生在他身上的事，即使是彼得也會跌倒，何況是其他的門徒呢？所以耶穌的安慰非常實際。耶穌在不同的場合也曾有類似憂愁的表現：當他走向拉撒路的墳墓時（十一33）、即將要面對十字架時（十二27）和提及猶大的出賣他時（十三21）。

要能夠**「不要愁煩」**，在乎是否對耶穌有信心，因為信耶穌的人，就是信上帝的（1節下）。在面對即將發生的事，似乎相信耶穌比相信上帝更困難；但若明白耶穌是彰顯父上帝，就不能只信上帝而不信耶穌。門徒所以能夠「信耶穌」（1節），是因為他要為門徒預備地方（2、3節）。②

有云「條條大路通羅馬」，所以有人認為任何宗教都可以接觸到上帝。你怎樣回應這說法？

那麼，究竟耶穌要到哪裏去為門徒預備地方？他怎樣去那地方？耶穌說門徒是「知道」（希臘文：*oidate*，意即「認識」）那條路（4節）。當然，門徒不甚了解耶穌所說的，所以多馬即時回應說他不知道耶穌往哪裏去，也不知道**「那條路」**（5節）。他的反應與彼得之前與耶穌對話時類同（十三36）。耶穌也藉此機會進一步解釋**「那條路」**的意思。他說：**「我就是道路、真理、生命；要不是藉著我，沒有人能到父親那裏去。」**（6節）**「道路、真理、生命」**彼此是有關連，不是各自獨立存在的，而其中的核心是在「道路」。耶穌在此深入解釋「道路」的意思。耶穌曾提及他所去的地方及途徑——藉十字架回到父上帝那裏，這是門徒不能去的（十三33；參十二32）。如今，門徒便可以藉著耶穌回到父上帝那裏去，所以耶穌在此說門徒是認識那條路——耶穌自己(4節)。換言之，耶穌與門徒回到父上帝那裏去的「道路」是不同：耶穌的那條道路是十字架，而門徒的道路則是耶穌自己(6節)。至於「真理」與「生命」方面，則是用來解釋這路——耶穌——是一條怎麼樣的「道路」。耶穌是道路，因為他就是「真理」(參一14)和「生命」(參一4，三15，十一25)，人要藉著他才可以進入真理與生命裏面。

既然耶穌就是回到父那裏的道路，那麼，認識耶穌的，就是認識上帝；同樣，因為見過耶穌，**「從此」**他們就見過上帝(7節)。提到**「看見」**，腓力的興趣就來了。他希望耶穌把父上帝顯給他們看，像摩西求上帝一般(參出三十三18)，他們就**「滿足了」**。

這「從此」難以決定是指哪一個時候，可能指從耶穌受難到升天之間這段時間(參十六25)。

腓力的請求令耶穌感到難過。這顯出了門徒從不明白耶穌的教訓，也不認識耶穌本人。別人不認識他也就罷了，門徒與他同在這麼久，居然還**「不認識」**他！這裏再次顯出門徒的無知，但耶穌卻再次解釋**「誰看見我【指耶穌】就是看見父親」**，因為他把父上帝啟示出來(參一18)。對於父與子的關係，耶穌進一步解釋他與父上帝的生命是彼此連繫合一的，因著這樣的關係，耶穌一切的工作全都由在他生命裏面的父上帝作的(10節)。門徒**「如果不信」**這樣的關係，也當因耶穌所作的「工作」而信他(參五36，十37～38)。這「工作」就是耶穌所行的神蹟與所說的言論，門徒可以由此看見上帝拯救的大能是如何透過耶穌表明出來。

因著「信」耶穌所作的，信他的人也要作比耶穌**「更大」**的事，這**「更大」**的事是與耶穌**「往父親那裏去」**有關。由於耶穌的離去，**慰助者**便來到(十六7)；因此，這**「更大」**的事是指耶穌復活與升天後，聖靈便降臨並賜下能力，使門

約翰壹書出現的「中保」(二1《和合本》)與「慰助者」在原文是同一個字。

徒在福音事工興旺起來，使多人歸主。不過門徒這些「工作」仍是耶穌的，而且他們要藉著禱告方能成事（13、14節）。

11.3. 耶穌的離去與聖靈的賜下（十四15～24）

這段落以「愛」作開始，與上文所提的「新命令」（即愛的命令；參十三34）不同的是：後者所指的是彼此相愛，而前者則是指愛耶穌（15節）。凡愛耶穌的人必遵守他的命令，這是與耶穌之間第一方面的關係。約翰經常把「愛耶穌」與「遵守他的命令」兩者連在一起（參21、23節，十五14；約壹五3）。耶穌的「命令」，其實就是指他的**「話」**（參15、23節），這不單指品德上的教訓，也是指耶穌所有的教導和他從父那裏來的啟示。

23節的「話」是單數；24節的「話」是複數。

耶穌與門徒第二方面的關係是：他要求父上帝賜下一位**「慰助者」**給他們（15節）。這位慰助者來到不是用來獎勵門徒對耶穌的愛，而是耶穌工作的一部分，為要維持信徒與他的關係。這**「另一位慰助者」**是指「與耶穌有相同位格的另一位」，耶穌是慰助者，而聖靈是「另一位」慰助者。慰助者耶穌現與門徒同在，但有一日他會離開，另一位慰助者聖靈便來，延續耶穌的工作，所以慰助者是**「永遠與你們【指門徒】同在」**。

既然慰助者永遠與我們同在，為何我們禱告時，總是「求上帝與我們同在」？

耶穌稱慰助者為**「真理的靈」**（17節；參十五26，十六13）。「真理」這名詞帶所有格，就文法而言，若與「聖靈」一詞放在一起，意思是「傳遞真理的聖靈」。耶穌明顯指出世人與門徒對聖靈的反應截然不同（17節）。這「世人」帶負面含意，是指不信並敵對信徒的人（參專欄：「約翰對『世界』這詞的用法」），他們**「不接受」**、**「看不到」**、**「不認識」**聖靈；但信徒卻**「認識他」**，因為聖靈**「在你們【指**

門徒】的生命裏」，又常與他們「同在」。本節的「認識」、「在」和「同在」雖以現在時態出現，但具有未來的意義，因為這應許是在將來才會成就。

耶穌以「過些時候」(19節，十三33)來表示他很快便要離開這世界，這是指他的受難；不過，耶穌不會撇下門徒為孤兒，將來他還要「來」，但不是藉聖靈「來」到門徒當中，而是他復活向門徒顯現。所以，他離開後世人看不見他，只有他的門徒才可見到他(19節)。耶穌的復活開始了一個新的時代，而他與門徒亦有一個新的關係：他復活的生命(活著)就保證他的門徒也可得著復活的生命(活著)。換言之，門徒要藉著信心與這位生命之主連結(參十一26)，與他分享復活的生命。

耶穌復活後向門徒顯現有何重要意義？現今我們是否也需要親眼看見耶穌，才能使我們有信心？我們與門徒之間有何差別？

當「那一天【指耶穌復活後向門徒顯現】來到」，門徒就知道耶穌是在父上帝的生命裏(參7～11節)，而門徒亦會在耶穌的生命裏，像他在門徒的生命中一般(20節)。

談論完門徒與耶穌及父上帝的生命關係之後，耶穌再次說及「愛他」的主題裏(21節；參15節)，他附加兩個應許：一、凡愛耶穌的，必被父上帝和子所愛。但這愛不可視為門徒順服耶穌的命令後所得的酬庸(參十六27)。「順服」其實是愛的一種表現，如同子順服父一般(八28～29)。由此看來，耶穌與門徒之間愛的關係，也就是父上帝與門徒之間的關係。二、耶穌復活後必向門徒「顯明」自己。耶穌的顯現對充滿懷疑、懼怕、不安的門徒來說是何等大的安慰！這不只證明耶穌勝過死亡，也證明耶穌對他們所說的話全都是真的。或許這就是驅使那些膽小、無學問的門徒，在耶穌復活後能大膽的向世界傳福音的動力，亦能說明門徒有如此巨大改變之因。

猶大(不是出賣耶穌的猶大)不甚了解耶穌所說「顯明」自己的意思，

這是約翰福音裏出現第三個帶「住」(希臘文：monê)這意義的詞(參一14、33)。「住」這意義滲透於序言及「離別講論」(1～4、20、23節)中，可見「住」是這卷書其中一個重要的主題，亦是約翰注重的主題(參啟十二12，二十一3)。

故問耶穌為何只向他們，而不是向世人顯明自己(22節)。猶大可能期待一個能震撼全世界的「顯明／神顯」(參哈三3～15)。耶穌再以**「同在／同住」**這主題解釋「顯明」的真義實指父上帝和他自己要一同住在那些愛祂的信徒裏面(23節；參結三十七26～27；亞二10；啟二十一3)。因著這同住，上帝就在門徒心中顯明祂的愛，因著這愛，他們亦遵行祂的話。若愛與順服兩者皆闕如，就不能得著耶穌的啟示，這啟示正是從父而來(24節)。然而這事的成就要等到聖靈降臨之後(即耶穌復活後回到父那裏去)才可以發生。耶穌回去，不但為信他的人預備地方，他與父也永遠住在信徒的心裏。

11.4. 聖靈的工作與耶穌賜下平安(十四25～31)

與這短句有類似意思的句子在約翰福音出現共7次，全都在「離別講論」中(25節，十五11，十六1、4、6、25、33)。這裏的「這些話」是指耶穌在十四章所說安慰的話。

當耶穌說「我還與你們同在的時候，**已經把這些話告訴你們**」(25節)，是暗示他即將離去，並且指出慰助者會立時接替他的工作。**「同在」**一詞把耶穌這位慰助者的角色與工作表明出來。

耶穌指出慰助者就是那位由父因他的名而差來的**「聖靈」**(26節，參16節)，他過後又說這位慰助者是由他自己所差來的(十五26)。這兩者並無衝突，由於父上帝與子之間的關係是親密而合一的，所以「父」差遣聖靈，亦就是「子」差遣聖靈。

耶穌指出聖靈的工作有兩方面：祂指示門徒「**一切的事**」，以及讓門徒「**記起我【指耶穌】對你們【指門徒】所說的一切話**」(26節)。這兩方面的工作是互補，甚至可以指是同一件事。「指示」(希臘文：*didaskô*，意即「教導」）就是指聖靈要教導門徒的，而所教導的**「一切事」**不是指一切的真理，而是指耶穌與門徒同在之時，所作的事與所說的話之完全的意義。因此，聖靈不是將新的啟示帶給門徒，而是教導門徒明白耶穌已說過的話。

聖靈的教導也包括使門徒**「記起」**耶穌對他們所說的一切話。耶穌潔淨聖殿（二13～22）和騎驢進耶路撒冷（十二16）的記載中亦提到「記起」一詞；這兩段經文都是以「復活後觀點」手法表達（參1.4.2.「獨特的記載觀點」）。門徒在耶穌復活後便「記起」舊約聖經和耶穌所說的話；門徒起先不明白這些話的意義，但在耶穌得榮耀之後才「想起」經上的話是指著耶穌寫的。由此看來，聖靈不只是使門徒「記起」耶穌所說的一切話，亦是「教導」門徒深入明白耶穌所帶來的啟示。不過26節的應許只屬耶穌當時代的門徒，而非後世所有門徒，因為後世的門徒是從第一代的門徒所記錄下來的文字（聖經），來學習耶穌所作所說的，而不是靠**「記起」**。

26節「記起」（希臘文：hupomimnêskô）是由介詞（hupo）及動詞（mimnêskô）組成的複合詞，與另一個「記起」（二22，十二16；希臘文：mimnêskomai）同一字根。

接下來耶穌轉入一個從未提過的新主題：**「平安」**。**「平安」**是猶太人見面及離別時所用的問候／祝福語，耶穌在這離別一刻和他復活後見到門徒時（二十19、21、26）也有這樣的問候。**「平安」**在舊約聖經尤其用來指人與上帝正確的關係；新約時代也承繼舊約所沿用的意義，並且也與上帝國度的救恩有關。耶穌在此提及**「平安」**，是因為他從慰助者的角度去了解它。他看賜下**「聖靈」**相等於賜下**「平安」**，實際上這也是聖靈同在的結果。這平安是由耶穌所賜的（27節）。

信徒需要平安，是因為他們住在一個充滿仇恨、暴力、挫折、死亡的世界。這世界不能給予人平安，但是透過耶穌的死，信徒可與上帝「和好」，以致他們得著上帝所賜的平安，這平安是超過人理性所能了解的（腓四7）。

耶穌又返回論「離去」這主題(28節;參2～3、12、19、21、23節),他再提到他離去後會再回到門徒那裏(參18、21節)。門徒若真的愛耶穌,他們應當為著耶穌可以回到父那裏去而歡喜,因為這一方面表示他們可確保永遠與耶穌同住(1～3節),另外也表示父上帝比耶穌大(28節)。父上帝比耶穌大並非指本質上(參9節,十30),而是指一切都是出自於父上帝,包括祂授予子使命、祂要榮耀子,以及祂差遣耶穌(參十三16)。如今耶穌要回到父那裏去,就表示他的工作即將完成。所以,門徒要因耶穌回到父那裏去而歡喜,因為耶穌要得榮耀的時刻到了(十七4～5),並且門徒也得享這榮耀(參十七22)。

面對即將來臨的死亡,耶穌宣稱:**「為了要世人知道我愛我的父親,所以我遵行他所命令的一切。」**(31節)本節是新約惟一提到耶穌愛父上帝的經文,耶穌愛父是從他對父命令的順服中表現出來;如此,若門徒愛耶穌,也應在遵守他命令上表現出來(15、21節)。

溫習問題(11.1～11.4)在頁278。

11.5. 葡萄樹的講論(十五1～17)

舊約經常用葡萄樹來象徵以色列人(詩八十8～15;耶二21;結十五1～8,十七5～10;何十1),而上帝則是看守葡萄園的那位(賽二十七2～6)。此後,葡萄樹成為以色列的象徵,甚至也出現在馬加比王朝的一些錢幣上。

這段落是約翰福音最後一次出現「我是」的敍述。耶穌在此自喻是**「真葡萄樹」**,而父上帝是**「園丁」**。舊約聖經將葡萄樹象徵不順服的以色列人,以致受上帝的審判(賽五1～7),結果全都被丟在火裏燒掉(結十五1～8,十九10～14)。因此,當耶穌稱自己是**「真」**葡萄樹,是有意與以色列人的失敗作對比,因為他們不能結果子。

不過,耶穌以葡萄樹象徵他與信徒的關係,其意義完全不同於舊約將以色列人喻為「葡萄樹」之用法。耶穌把自己喻為真葡萄樹，而教會只是依靠葡萄樹而活的枝子，這是說明信徒在生命中結果子的重要性。人若想有結果子的生命，就不能單靠個人的恩賜或地位，而是要看他與耶穌的關係如何。這樣的對比，與保羅所用「頭與身子」的比喻相同——基督是我們的頭，我們是他的身體。兩者都說明一個事實：信徒與基督之間的連結是重要且是必要的。

門徒與耶穌的關係只出現兩種情況：不結果子的與結果子的。他們也有兩種不同的結局：被剪掉與被修剪。**「修剪」**(2節；希臘文：*katharô*，動詞)與**「潔淨」**(3節；希臘文：*katharos*，名詞)原文是同字根，只是不同詞類而已，與**「你們是乾淨的，但不是每一個人都乾淨」**(十三10)相互呼應。門徒之所以**「已經……潔淨」**(3節)，是藉著(接受)耶穌一切的教訓(參十四24、26)。③

耶穌借用枝子與葡萄樹的關係，來說明一個屬靈真理：如同枝子不能獨立存活，門徒也須依靠耶穌才能結果實(4節)。父上帝住在耶穌裏面，而聖靈亦住在信徒裏面(十四10、17)，由於父上帝、耶穌、聖靈是彼此合一，所以耶穌也住在門徒裏面，而門徒則常**「住在」**(連結在)耶穌裏面。耶穌又指出：住在他裏面目的是**「結很多果實」**(5節)，④因為**「沒有我【指耶穌】，你們【指門徒】就甚麼也不能做」**(參6.3.1.「耶穌：審判者與生命的賜予者」)。

4節又返回「住」這主題(這節共出現3次「住」，《現修》譯作「連結／接」)。從接著的論述(十五9～11)可知：人是藉著遵守耶穌的命令而住在耶穌裏面。

耶穌亦警告那些不與他連結的人是**「像枯乾的枝子被扔掉，讓人撿去投在火裏焚燒」**(6節)。這樣的警告令人想起上帝在舊約時代對以色列百姓的審判(結十五1～8)，但亦使人想到猶大(徒一18、25)和初代教會裏那些敵對者的命運(參約壹二18～19，四1～6)。在耶穌與門徒互住的關係上，耶穌是在門徒裏面(4、5節)，而耶穌的「話」

也在門徒裏面(7節)。耶穌的「話」與耶穌自己是可互換的，因為耶穌就是成了肉身的「話」(參2.1.「道的神性」)。

9節再次出現「住」這詞。住在耶穌裏，可說是「生活」在他的愛裏(9節)，亦可定義為遵守耶穌的命令(10節)。從「愛」與「順服」的關係看，門徒與耶穌的關係也反映出子與父上帝的關係。除了**「我的愛」**之外，耶穌還加上**「我的喜樂」**(11節)，因為耶穌已留下「他的平安」給門徒(十四27)。喜樂是因住在耶穌裏而有的，也是由愛與順服而出(9～10節)，但喜樂更是與耶穌的救贖工作相關(參十四28)。

耶穌又將曾頒布的「新命令」(十三34)加以詳細論述。**「彼此相愛」**這短語出現於12和17節，成為這段落的主題。耶穌愛門徒，成為門徒彼此相愛的標準。耶穌是以捨命來彰顯他的愛。他的門徒原本是跟從他的僕人，但如今他卻將他們的身分提升，待他們像**朋友**般，並且又為他們捨了自己的生命，由此證明了**「人間的愛沒有比這更偉大的了」**(13節)。門徒只要遵守耶穌的吩咐，就是他的**「朋友」**(14節)。門徒之所以被稱為耶穌的朋友而非僕人，是有兩方面：一、耶穌為他們捨命，又向他們啟示自己(15節)；二、門徒對耶穌的順服(16節)。

亞伯拉罕(代下二十7；賽四十一8；雅二23)和摩西(出三十三11)分別被稱為「上帝的朋友」。耶穌也稱拉撒路是他的朋友(十一11)。

最後，耶穌再以葡萄樹來結束這段講論。耶穌揀選門徒是要分派他們去結**「果實」**。這「果實」是指「新信徒」；由枝子所結的果實正是葡萄樹本身的果子，這些果實是可常存，並與奉耶穌的名向父禱告有關的(16節)。

11.6. 世人的逼迫與耶穌的離去(十五18～十六22)

這段落有3個重點。首先，是談及門徒將來從事宣教的工作時，會遇到不可避免的敵對。這種敵對的產生是出於種種原因，但最基本是出於門徒與耶穌的關係（十五21）。其次，是耶穌對門徒的鼓勵。向世界宣教是一項十分艱巨的工作，特別當耶穌離去後，門徒要單獨面對來自世界的逼迫。因此，耶穌為他們的宣教工作提供資源，就是差遣他所應許的「慰助者」——聖靈。聖靈來，一方面要在世人心中工作（十六7～11），另方面也在門徒身上工作（十六12～15）。最後，耶穌是會再回來。耶穌的離去不是永遠的，門徒將會再見到他，那時他們將會像分娩後的婦人一樣，由憂愁變為喜樂（十六20～22）。

11.6.1. 世人對耶穌、門徒的反應（十五18～27）

在「彼此相愛」的勸勉後，耶穌轉而把焦點放在世界對門徒的恨。18節的「如果世人憎恨你們」這假設句不是說出一個假定，而是指一個真實的景況，只是門徒還未遇到而已（18節）。作門徒的或許會對世界的逼迫與攻擊感到驚訝，實際上這是不可避免的事；約翰在他另一本著作中曾說明這一點（約壹三13）。這世界因著落在罪中，所以它的記號是「恨」，但門徒的記號是「愛」（12、17節，參十三34～35）。世界（世人）恨耶穌的門徒，主要有兩個原因：第一是世人先恨耶穌。他們恨耶穌是由於耶穌指證他們所作的事是惡的（七7）。基於門徒與耶穌有密切的關係（1～17節），因此，世界就會以同樣的態度來對待主的門徒。

你曾否因面對逼迫而感驚訝？基督徒的人際關係是否必然和諧的？生活是否必然順遂？這段經文對你面對人生的態度有何啟迪？

第二個原因是門徒不是屬於這個世界的。耶穌說「如果你們屬於這世界」，表示所假設的內容並不屬實（19節）。他們不屬這世界，並不是因為他們從未屬於過這世界，而是耶穌從世界中**揀選**了他們。門徒的屬靈生命源自上帝，因此他

「揀選」這詞早於十章出現（十36；參十三18），而十五章16節更清楚說出耶穌揀選了門徒。

們是屬於另一個世界，或更直接的說，他們是屬耶穌的（參十三1）。

耶穌所遭受的對待成為我們的提醒，我們若認同耶穌的真理，便遭逼迫，這是跟隨耶穌無法避免的後果。然而門徒應為此事而感到「歡喜快樂」（參太五12），因為他們可榮幸地與耶穌分享這受苦的經歷（參彼前二21）；況且，他們還能得天上的獎賞。

這話出現於十三章16節。馬太曾記載這段話，但情景與約翰福音的不同（太十24）。

耶穌提醒他們有關他曾說過「**奴僕不比主人大**」這話（20節；參太十24～25），意思是主人所作的，僕人也要作；主人所受的，僕人也要受。故此若有人（即拒絕福音的人）迫害耶穌，他們也會受迫害；凡遵行耶穌的話的人（接受福音的人），都會聽門徒的話，這是一個對比的關係。這樣的敘述表示了門徒在耶穌離開後，仍會繼續執行他的使命；而他們後世的門徒及教會所遭逢的兩種反應（拒絕與接受），將會與耶穌在世時所遭遇的相同。

耶穌對世界的指控，與七章28節對猶太人的指控相似。世界（世人）之所以向門徒做以上「**這一切事**」（21節），是有兩個原因：他們憎恨耶穌和他們不認識差派耶穌的上帝。當門徒奉耶穌的名傳福音時，拒絕門徒的也就是拒絕耶穌。如果世界認識耶穌的話，世界（世人）就樂意接受耶穌及他所啟示的父。

24節進一步解釋23節。耶穌之前曾與猶太人說過類似的話（九41）。若耶穌從沒有來到講解任何關於上帝的事，他們可算為沒有罪，但若他們已聽聞過，仍拒絕的話，他們便立刻被定罪，這是一個極為嚴重的後果。但是，這又不能說如果耶穌沒有來，他們就沒有罪，這只因為他們對耶穌的拒絕就相等於拒絕上帝（23節）。因此，耶穌真正的意思是：即使耶穌沒有成為人到世上來，他們只是沒有犯上拒絕耶穌、拒絕上帝的罪，但他們仍犯了背逆上帝的罪，這是普世人都要承擔的；如今，他們拒絕了耶穌，這就犯了無可赦免的罪，因為他們拒絕了那惟一能使他們得赦免的途徑——耶穌。

耶穌繼續說明這世界的罪。他們因拒絕他，也拒絕那差他來的上帝。耶穌再次強調他與父上帝親密的關係，凡拒絕耶穌的就是拒絕上帝（24節），這點應驗了舊約聖經的話：**「他們無緣無故地憎恨我」**（25節；**參詩六十九4；另參三十五19**）。無論人是否認出耶穌，耶穌所作的「事」（希臘文：*ergon*，意即「工作」），就是把父上帝**「啟示出來」**（一18），使人從耶穌身上看見父上帝（十四9）。

耶穌所引用的詩篇是彌賽亞詩。

在結束這段話之先，耶穌再次談到聖靈（26節）。承接上文（18～25節），耶穌再向門徒保證當他們面對世界的恨時，聖靈仍會在他們當中一同向世界見證上帝。

聖靈「出」自父上帝

26節與《尼西亞信經》所提到聖靈是「從父而出」有密切的關係。在尼西亞會議之後，西方教會私自將聖靈的「從父而出」改成「從父及子而出」（普遍稱為「及子論」）。這樣的修改是要強調聖靈是由父（十四26）及子（十五26）所出。東方教會聞訊後大表不滿，這就形成了其後東西方教會分裂的表面原因。實際上，東西方教會都誤解了這節經文。26節所談的，並不是指聖靈於存在論上所談及本質上是「出」於父上帝。正確的解釋是：「我從父親那裏差」與「出自父親」兩句都是表達一個相同的意義。聖靈「從父親出來」的意思就是指聖靈是「從父親那裏差」到世間為耶穌作見證，這與三位一體的本質沒有直接關係，也與聖靈是由誰（父或子）而出（eterna proceed）無關。

11.6.2. 逼迫的預言與耶穌的離去（十六1～11）

接著逼迫的主題，耶穌再詳細一點去談論世人如何逼逭門徒

1節提到的「這些事」，是指耶穌在十五章18至27節中所說的話。

（1～4節）。耶穌事先把**「這些事」**告訴門徒的原因，是要使門徒在面對逼迫時，能**「信心不至於動搖」**。「動搖」（希臘文：*skandalizô*，意即「跌／絆倒」；參《和合本》）在約翰福音六章61節也曾出現過，包含「放棄信仰」的意思。由此看來，發生在門徒身上最可怕的事不是因著耶穌的名被逼迫，而是因逼迫而信心崩潰。不少人隨著世俗的看法，以為信耶穌最終目的，是要從上帝那裏得到平順和富裕生活的祝福，亦是順服上帝應得的結果。但耶穌的看法完全不同：凡順服耶穌、為他作見證的，逼迫便跟著來！

耶穌說門徒將被人**「趕出會堂」**（2節；參九22，十二42），並且逼迫他們的人還以為自己是為上帝大發熱心。耶穌暗示門徒首先是被自己的同胞（猶太人）所害。2和4節出現的**「時刻」**，不是約翰慣常所指耶穌自己的**「時刻」**（二4，七30，八20，十二23、27），而是指門徒被逼迫的**「時刻」**。然而，門徒的**「時刻」**確實是與耶穌的**「時刻」**（他的受死、復活、高升）有密切的關係，因為耶穌升天後，世人（世界）對耶穌的敵意便從他轉移至他的門徒身上。

耶穌再次指出世人恨門徒的真正原因是他們不認識他和父上帝（3節）。耶穌曾指責猶太人不認識父上帝（七28），在此耶穌指出世人更因著不認識他而逼迫門徒。耶穌預先將這些事告訴他們，除了因為堅固他們的信心，也是提醒他們當**「時刻來臨時」**，他們會想起耶穌曾**「說過了」**這些事（4節）。耶穌在離去之前才將**「這些事」**告訴他們，因為耶穌仍然與他們**「在一起」**。

「在一起」這詞暗示了耶穌即將要離開他們，耶穌又再次陳述他的離去。耶穌提到：**「你們當中沒有人問我『你要到哪裏去？』」**（5節）這明顯與彼得及多馬的提問（十三36，十四5）有不協調，因為這兩個門徒確實曾問耶穌要往哪裏去。其實彼得與多馬所發的問題背後真正的意思與耶穌的不同。他們不是詢問耶穌要朝著甚麼方向去和他的目的地，也不想知道耶穌的離去對他們有何意義；他們是語帶抗議的質問耶穌：「為何你要離開我們？」但耶穌所指的，則是清楚的說明他要回到那位差他的那裏去(5節)。

耶穌把要離去的事告訴門徒，門徒就**「心裏充滿憂愁」**(6節；參20～22節)，不過當他們看見復活的耶穌後，憂愁就會轉為喜樂(二十20；參十四28)。耶穌強調他的離去是對門徒**「有益」**的。他若不去，慰助者就不來；他若去，就差慰助者來(7節)。這話並不是意味著耶穌與慰助者不能同時與門徒同在，讀者須從末世論的觀點來了解耶穌的話。若與七章39節併起來看，耶穌得榮耀(藉由十字架)之後，才能使上帝救恩的計劃得以成全。從上帝救贖的計劃看，只有藉耶穌的離去(死、復活、高升)，**聖靈工作的時代**(參二十22)才能開始。因此，聖靈降臨接續耶穌的工作可說是延續救恩歷史的發展。

舊約多處地方提及在上帝的國度裏，聖靈要在上帝的子民心裏曾作更新的工作(賽四十四1～5；結十一17～20，三十六24～27；珥二28～32)。

話題既轉到聖靈，耶穌便提及聖靈的3方面工作。首先，聖靈是要來向世人證明他們**「對於罪」**的觀念錯了(9節)。他們之所以錯，是因為他們拒絕相信耶穌。耶穌是世界的光(八12)，但世人卻因自己的惡選擇了黑暗，而不是光(三19)，他們就在此被定罪。當約翰總結耶穌的事工時，他強調即使耶穌行了許多的神蹟，但世人仍是不信(十二37)。

聖靈第二方面的工作是證明世人**「對於義」**的觀念錯了。耶穌曾宣稱他與父上帝原為一(十30)，但猶太人卻一再的拒絕相信此事，且說他是煽惑羣眾的(七12)、是罪人(九24)、是侮辱上帝的(十33)。但耶穌藉著回到父那裏去，得以證

這裏的「義」與保羅所用的「義」之含意不同；這裏的有「正確」或「真實」之意。

明他的宣告是正確而真實的。因此當聖靈來的時候，聖靈會證明世人對耶穌的判斷是錯的。

聖靈第三方面的工作，是證明世界「**對審判**」的觀念錯了，因為「**這世界的王已經受了審判**」(11節)。猶太人曾定耶穌的罪，但聖靈來卻要顯明，惡者(世界的王)才是被定罪的那一位。因著那惡者——世界的王魔鬼——要受審判(八44)，以致這敵對上帝的世界也要受審判(十二31)。另一方面，耶穌在十字架上的受死，可以視為耶穌與「**世界的王**」抗戰，而耶穌從死裏復活和回到父那裏去，已證明他勝過死亡和世界的王撒但。撒但的失敗不但表示他失去權力(啟十二7～9)，也說明他受到審判這事實。

12節的「許多事」是指有關耶穌所說與所作的事。

耶穌在此最後一次提到聖靈的工作與角色(12～15節；參十四16～17、26，十五26，十六7～11)，這是與門徒有關的。耶穌本來還有**許多事**要告訴門徒，但他們當時是「**擔負不了**」的。「**擔負**」一詞有「理解」之意。耶穌離開後，聖靈便延續耶穌的工作，使門徒完全了解這許多事的真正意義。門徒對耶穌的完全理解，是靠真理的聖靈的引導才能達成(13節)。

究竟聖靈要引導門徒所明白的是甚麼事呢？就是「**一切的真理**」，即耶穌曾向門徒啟示過的真理，這些真理是與耶穌的言行有關；更清楚的説，其實就是要門徒明白耶穌，因為他自己就是「真理」(一14，十四6)。因為門徒對耶穌的了解有限，故此對這真理的了解也有限，而聖靈就來幫助門徒深入了解耶穌。其中所謂的「**指引**」不只是了解上帝的真理，也包括對真理的順服(參詩二十五4～5，一四三10)。

正如耶穌所説的話，是照著父要他説的(八28，十二49，十四10)；同樣，聖靈也不是憑著自己説話，而是「**把他所聽到的告訴你們【**指門徒】」，不但如此，祂也要**「說出將來的事」**(13節)。由於「說出」原文有「宣告／宣揚」之意，所以這裏有「重述已宣告過的事」之意思；因此，**「將來的事」**不是指有關上帝國度未來或新的啟示，而是指耶穌所說所作的事之真正意義。由此看來，耶穌所談的都與對他的認識有關，故此**「許多事」**、**「一切的真理」**、**「將來的事」**都是指同一件事。作門徒最必須的條件就是要認識耶穌所說所作的；同樣，世世代代的基督徒也必須明白耶穌的言行對他們當下的意義，這正是聖靈所要作的事。

由於耶穌提到的「我父親所有的一切都是我的」(15節)，因此「把我所要說的」(14節)這句是指父上帝的啟示。上帝的啟示亦會透過聖靈傳遞給門徒(14、15節)，而使啟示(真理)像薪火相傳般傳給下一代。

如同耶穌榮耀父上帝(七18，十二28，十七4)，聖靈來也要榮耀耶穌(**14節**)。「榮耀」這詞常與耶穌的死與復活有關(十二23、27～28，十三31～32，十七1、5)，因此，當聖靈榮耀耶穌，就表示祂的啟示工作是與耶穌的救贖工作有特別的關係。聖靈來臨是繼續彰顯耶穌的工作，亦即是指祂參與耶穌的救贖工作，因此祂亦榮耀耶穌。

接著耶穌說了一番令人費解的話：**「過一會兒，你們就看不見我了；然而，再過一會兒，你們還要看見我。」**(16節)這兩次的**「過一會兒」**分別指耶穌的受死和復活後他回到門徒那裏去。舊約先知也曾用「過一會兒」這短語來指上帝對以色列人的審判(何一4)與拯救(賽十25；耶五十一33)，但在此並沒有迹象顯示耶穌借用舊約詞彙來說明他的工作。然而耶穌所說的，確實又再次引起門徒的困惑。他們的反應已證明他們不能承擔耶穌的話，正如耶穌之前提醒他們的(12節)。

「過一會兒」與「還有一點點時間」(七33)和「為時不多了」(十二35)同義。

門徒就為這不解的事議論紛紛，但耶穌是「知道」門徒的疑惑，不過他沒有按照門徒所期望的來解釋他的話。他實實在在的說出門徒將會遇到的經歷，就是他們會憂傷，但又會變回喜樂。世人與門徒對耶

先知以賽亞曾以婦人分娩的圖畫來指以色列人等待上帝所定彌賽亞國度的拯救（二十六16～19）；不過耶利米（耶十三21）、何西阿（十三13）卻使用這圖畫來描述以色列人因不順服所遭受到的痛苦。

穌的死會有兩極化的反應（歡樂對比痛哭哀號），然而，後來門徒的「**憂愁將變為喜樂**」，並且這喜樂是「**沒有人能奪走**」的（22節），因為他們將見到復活的耶穌（參二十20）。

耶穌又以**婦人分娩**前後的狀況來說明門徒將遭遇的景況。婦人分娩的「**時刻到了**」（21節），這是說明耶穌的死與復活成為末世的肇始。耶穌的復活開始了一個全新的世代，因此門徒與上帝之間也展開了全新的關係（參23～24節）。

11.7. 禱告、信心與平安（十六23～33）

「那一天」不單指耶穌復活的一天，也包括其後所開始的新世代。

新世代的來臨，就帶來禱告新的方向。當「**那一天**」來到，門徒就不須再問耶穌有關那些令人困惑的事了，因為聖靈會引導他們進入一切真理（參13、16～18節），門徒亦可奉耶穌的名直接向上帝呼求，並且又能得著所求的。⑤

雖然門徒曾求問耶穌或向上帝禱告，但他們未曾嘗試奉耶穌的名向上帝禱告。但是當嶄新的世代臨到，門徒便可以新的途徑向上帝禱告，而且「**就得到**」的（參太七7；雅四3；約壹三22）。這嶄新的世代是由「**現在**」（24節）開始。門徒可以這樣禱告，為要叫他們得到「**滿溢**」的喜樂（24節），這喜樂是耶穌之前曾應許給門徒的（十四28，十五11，十六20、22）。

新世代的來臨，也帶來耶穌與門徒新的溝通方式。「**時刻就到**」，耶穌就不再用「**比喻**」對他們說話。⑥ 到那時，耶穌就把父上帝的事「**明明地**」告訴門徒（25節）。不但如此，耶穌升天後，聖靈也會繼續向門徒啟示關於耶穌的事（參12～15節）。

耶穌強調，到了「**那一天**」門徒可直接來到父上帝面前禱告，耶穌如此說並不表示他不再為門徒祈禱，而是因為上帝愛他們的緣故，他們可以直接親近上帝（26～27節）。⑦ 至此，耶穌為他的使命作一摘要：他領受上帝的使命，從父上帝那裏來，成了肉身進入世界，最後又「**離開這世界，回到父親那裏去**」。從基督論的角度看，耶穌所說「**我從父親那裏來**」與「**回到父親那裏去**」，其目的是要成就救贖行動，恢復人與上帝之間的關係（28節）。

聽完耶穌的話，門徒有作出回答，可是他們仍不明白耶穌所說的。當他們說：「**現在你是明明地講論，並沒有用甚麼比喻**」（29節），已表示他們誤解了耶穌所指「**現在**」（24節）及「**明明**」（25節）的意思。他們以為當耶穌事工的開始，就是新的世代開始，但其實這「**現在**」和「**在那一天**」（23、26節）都是指耶穌復活後開始的新世代。

不過門徒提出了兩個正確的神學命題：「**你無所不知，不需要有人向你發問**」和「**你是從上帝那裏來的**」，只是門徒並不真正明白其中的意思；他們所說的，遠超過他們所了解及委身。因此，耶穌回應說：**「現在你們信了嗎？」**（30～31節）

從文法上來看，是難以決定這句話是問句抑或是直述句。即使是直述句，也暗示耶穌懷疑門徒所說的話。耶穌的回應只顯出他們不成熟的信心（參32節）。

面對耶穌被捉拿，耶穌曾預言彼得的跌倒（十三38），現在他預言其他門徒亦未能通過信心的考驗，他們「**都要分散，各人回自己的地方去，只留下我【指耶穌】自己一個人**」（32節）。即使門徒在生死關頭棄耶穌而去，仍有父上帝與他同在。不過耶穌說「**這件事**」（指與他們一席話）的目的是要鼓勵門徒，使他們深信因著**與耶穌的結連**而心中有平安（33節；參十四27）。信徒現時處於與耶穌結連和在世上這兩個極端的領域中，但不論苦難如何沉重，平安仍佔優勢，因為耶穌藉著十字架「**已經勝過了世界**」（十二31），並且一切在他裏面的人也能分享這得勝。

33節「跟我連結」和「在世上」這兩個領域上的對比，與「有平安」和「有苦難」這經驗上的對比是平行的。

溫習問題(11.5～11.7) 在頁279。

釋經短註

① 有些學者稱「離別講論」為「樓房講論」(upper room discourse),因為傳統認為耶穌的最後晚餐是在一個樓房(俗稱馬可樓)舉行。不過,「樓房講論」的篇幅有多長就在乎如何解釋「起來,我們走吧!」(十四31)。學者對耶穌說這話時的位置有不少爭論,原因在於耶穌說完了31節這話後,他在接著的一章又開始葡萄樹的講論,似乎耶穌並沒有真正的「走」。對於這個問題,學者提出的解決方案包括:一、十三至十七章是被後人錯編而成,因此,有學者如布特曼(Bultmann)便重編這幾章的次序:十三1～30、十七1～26、十三31～35、十六1～33、十三36～十四31。二、這只是一句俗語,表示一個普通的邀請。三、耶穌所指「起來」不是真的離開,他當時可能只是一個人站起來,為了要說出接著的一段話。四、這句子只表示一個停頓,耶穌換一換口氣再繼續說下去。五、這句子所指的是屬靈上的離開,意思是要「起來對抗魔鬼」,所以不能按字面了解「走」這字。他正準備面對敵人,而這些敵人也正向著客西馬尼園走來。六、這段經文是由兩份手抄本組成,第一份是十三章31節至十四章31節,另一份是十五章1節至十六章33節。七、若按字面了解這句子,他們確實是離開了。因此,十五章至十七章是他們離開樓房後才講論的。如此,「樓房講論」的篇幅就只有十三章31節至十四章31節。耶穌講論十五章葡萄樹與枝子時,他們正好經過當地的葡萄園,或城門上的葡萄樹雕像。之後「耶穌講完了這些話,就舉目望天」(十七1),也暗示他們正身處在屋外。以上這些見解都沒有太大支持點,但筆者認為最後一個解釋較合理。

② 「在我父親家裏有許多住的地方」(十四2)的「家裏」是指天堂,而「住的地方」或「地方」(希臘文:*topoi*)是指將來永遠居住的地方。「住的地方」(希臘文:*monai*)這詞與約翰另外一個常用字「住」(希臘文:*menô*;十五4、5、6、7、9、10)是同一字根。就字面看,耶穌是在天堂為門徒預備一個永遠的居所。但「我父親家裏」是有更深層意義,其中「家」(希臘文:*oikia*)一詞在二章16節是指耶路撒冷的「殿」(希臘文:*oikos*,與*oikia* 同義)。約翰在二章19至22節解釋這殿就是耶穌的身體。此外,八章35節提到:「奴隸在家裏沒有穩固的地位,兒子卻始終屬於家庭」(這一節的原文出現2次的「住」和1次的「家」)。因此,如果「父親的家裏」最終所指的是耶穌基督的身體,再從「住的地方」(*monai*)和「住」(*menô*)的關係看,信徒以「兒子」的身分住在父的家裏(八35),就可以用來表達他們與耶穌、父上帝間永恆的關係。在這種情形下,「住的地方」就在耶穌身上,不管他是在天上抑或在地上。所以「要再

回來，接你們到我那裏去」(十四3)就不單指耶穌第二次再臨，也包括主耶穌從死裏復活後，以榮耀的狀態來到門徒那裏，那時門徒得以與耶穌及天父合一。

③ 十五章3節原文「我對你們所講⋯⋯」這句子之前是有一個介詞(希臘文：*dia*，意即「因為／藉著」；參《和合本》)。因此這句子可直譯為「藉著(媒介)我對你們所講⋯⋯」，或作「因為(原因)我對你們所講⋯⋯」。筆者認為後者比前者合適，因它可表示門徒的潔淨是接受耶穌的話之結果。

④ 十五章4、5節提到住在耶穌裏面(與耶穌連結)才能結果實，但2節則說門徒的結果實是因父上帝把枝剌修理乾淨，可見兩者所說的是同一件事。依上下文，「果實」是指順從耶穌的教訓去作每一件事，特別是透過耶穌的名祈求所得來的果實(7、8、16節)，這些包括：遵守耶穌的命令(10節)、經歷主耶穌所賜的喜樂(11節)、彼此相愛(12節)、向世人作見證(16、27節)。

⑤ 十六章23節「奉我的名」這短語在某些抄本是置於「賜給」之後，因此這節經文可譯為「⋯⋯如果你們向父親求，他會因著我的名而賜給你們」(《現修》註解；參《和合》、《當代聖經》)；然而有些抄本則像《現修》的內文「⋯⋯你們奉我的名，無論向父親求甚麼，他一定賜給你們」(參《呂振中》、《新譯本》)。後者比前者較為合適，因為這樣的格式與約翰的寫作手法較為一致(參十四13～14，十五16，十六24、26)。不過，兩者都是表達同一個重要思想：耶穌是上帝與人之間的中保。

⑥ 25和29節的「比喻」不是指暗喻、象徵性語言，或符類福音書常用的「比喻」，而是指難以明白的說話(參8.3.1.「羊圈的比喻」)。因此，25節「這些事」，就包括先前耶穌所說的話，其中包括那些令人困惑的話(16節；參20節)和有關婦人分娩的說明(21節)。

⑦ 十六章26至27節出現上帝愛門徒(信徒)之觀念，這可視為十五章9至16節講論的延伸：門徒在愛的小圈子中，因著遵守耶穌的吩咐而被稱為耶穌的「朋友」(9～14節)，而父愛門徒是因為門徒愛耶穌，且信他是從父上帝而來的(十六27)。由此看來，這愛的圈子也包括了父上帝。

溫習問題(11.1～11.4)

1. 猶大的「出去」如何與耶穌的「得榮耀」有關？(十三30、31)
2. 耶穌給門徒的新命令有何舊約背景？(十三34)
3. 耶穌所說「住的地方」其屬靈含義為何？(十四2)
4. 耶穌在十四章6至11節如何說明他與天父上帝的關係？
5. 何謂做「更大的」事？這些事如何與耶穌「到父親那裏去」有關？(十四12)
6. 耶穌對於愛他的人有何應許？(十四21、23)
7. 依十四章所記載，慰助者主要的工作是甚麼？
8. 被差來的聖靈會將「一切事」指示門徒，這一切事是指甚麼事？(十四26)
9. 慰助者與平安之間有何關係？為何信徒在世需要平安？(十四27)
10. 如何了解耶穌所說的「因為他(天父)比我大」？(十四28)

溫習問題(11.5～11.7)

1 在耶穌自喻為葡萄樹的講論中，他所要説明的屬靈真理是甚麼？(十五1～8)

2. 為何耶穌不再稱門徒為「僕人」而是「朋友」？(十五15

3. 十五章8節的「果實」與十五章16節的「果實」有何不同？

4. 世人恨門徒(基督徒)的原因何在？(十五18～20)

5. 為甚麼耶穌要事先告訴門徒將來有逼迫臨到他們？(十六1～4)

6. 聖靈如何在罪、義與上帝審判的觀念上面，證明世人是錯的？(十六9～11)

7. 聖靈如何「指引」門徒進到一切的真理？這「將來的事」又是指甚麼事？(十六13)

8. 聖靈如何榮耀耶穌？(十六14)

9. 耶穌引用女人分娩的例子是要説明甚麼事實？(十六2[illegible])

10. 當門徒奉耶穌的名向天父禱告時，會有甚麼結果？(十六23～24)

第十二章

最後的禱告

（十七1至26）

- 耶穌為自己禱告
- 耶穌為門徒禱告
- 耶穌為未來的信徒禱告

經文

耶穌為門徒禱告

17 1耶穌講完了這些話，就舉目望天，說：「父親哪，時刻已經
到了，求你榮耀你的兒子，好使兒子也榮耀你。2你把管理全
人類的權柄給了他，好使他把永恆的生命賜給你所付託給他的人。
3認識你是惟一的真神，並且認識你所差來的耶穌基督，這就是永
恆的生命。4我已經在地上榮耀了你；我已經完成了你所付託給我
的使命。5父親哪，現在求你在你自己面前榮耀我，賜給我那創世
之前我和你一同享有的榮耀吧！

6「我已經把你顯明給那些你從世界選召出來付託給我的人。他
們原屬於你，你把他們賜給我；他們也遵守了你的話。7現在，他
們都知道，你所賜給我的，都是從你那裏來的。8我把你所給我的
信息給了他們，他們也領受了。他們確實知道我是從你那裏來的，
也信是你差遣了我。

9「我為他們祈求；我不為世人祈求，而是為你所賜給我的人祈
求，因為他們是屬於你的。10我所有的，都是你的；你所有的，也
都是我的。我的榮耀是藉著他們彰顯出來的。11我現在到你那裏去，
不再留在世上，他們卻在世上。聖父啊！求你藉著你的名，就是
你賜給我的名，保守他們①，使他們合而為一，如同你和我是合一
的。12我與他們同在的時候，我藉著你的名，就是你賜給我的名，
保守他們②。我保護他們，其中除了註定滅亡的那個人以外，沒有
一個失掉的；這正應驗了聖經的話。13現在，我到你那裏去，我還
在世上的時候說這些話，為要使他們心裏充滿我的喜樂。14我把你
的信息給了他們；世人憎恨他們，因為他們不屬於這世界，正如我

① 「求你藉著你的名，就是你賜給我的名，保守他們」另有些古卷作「求你藉著你的名的權力，保守你所賜給我的那些人」。

② 「我藉著你的名，就是你賜給我的名，保守他們」另有些古卷作「我藉著你的名的權力，保守了你所賜給我的那些人」。

不屬於這世界一樣。[15]我不求你從世上把他們帶走，但我求你使他
們脫離那邪惡者。[16]正如我不屬於世界，他們也不屬於世界。[17]求你
藉著真理使他們把自己奉獻給你；你的話就是真理。[18]正如你差遣
我進入世界，我也差遣他們進入世界。[19]為了他們的緣故，我把自
己奉獻給你，好使他們也真誠地奉獻給你。

[20]「我不但為他們祈求，也為那些因接受他們的信息而信我的人祈
求。[21]願他們都合而為一。父親哪，願他們在我們的生命裏；正如你
在我生命裏，我在你生命裏一樣。願他們都合而為一，為要使世人
信我是你所差遣的。[22]你給我的榮耀，我也給了他們，為要使他們合
而為一，像我們合而為一一樣。[23]我在他們的生命裏，而你在我的生
命裏，為要使他們完全合一，好讓世人知道你差遣我，也知道你愛
他們，像你愛我一樣。

[24]「父親哪，你已經把他們賜給我；我在哪裏，願他們也跟我同
在那裏，為要使他們看見你賜給我的榮耀；因為在創世之前，你已
經愛我了。[25]公義的父親哪，世人不認識你，但我認識你。這些人
知道你差遣了我。[26]我已經把你顯明給他們；我將繼續這樣做，為
要使你對我的愛能生長在他們的生命裏，我也在他們的生命裏。」

3卷符類福音書都提到耶穌在客西馬尼園禱告的情形，惟獨約翰福音沒有此記載，但約翰福音卻加上耶穌離別前一段很長的禱文(十七章)，這亦是耶穌禱文中被記載最長的一段。這篇禱文之後被亞歷山太的一位教父區利羅(Cyril of Alexandria，375～444年)稱為「大祭司的禱告」(High Priestly Prayer)，其後學者也沿用此名稱。

雖然約翰沒有稱耶穌為大祭司，但希伯來書的作者對他卻有如此的稱呼(來四14)。按上下文，耶穌在十四章曾應許門徒賜下**「另一位慰助者」**(16節)，這慰助者有「中保」的意思(約壹二1《和合本》，亦即代求者)。在禱告中，耶穌正以中保的身分為門徒代求。不過，把這段落稱之為「大祭司的禱告」並不太吻合經文內容，因為耶穌不只為門徒，也為自己禱告。

耶穌一生以祈禱傳道為念，此時他亦以禱告作為他在世最後一次講論的結束。為何耶穌在「離別講論」結尾前作這樣的禱告？很可能這禱告具有雙重的目的：一方面與他上十字架的使命有關。在此他需要再次來到上帝面前重新獻上自己，並肯定自己順服的決心。另一方面，耶穌要為門徒禱告，表述門徒宣教的使命，以及將來世人歸向耶穌時，都是與父、子有密切的關係。在這段落裏，耶穌先為自己禱告(1～5節)，接著為當前的門徒禱告(6～19節)，最後為未來的信徒禱告(20～26節)。

這裏的「這些話」是指十四至十六章的內容。再者，約翰所用的「舉目望天」(參十一41)，是象徵禱告的一個動作(詩一二三1；可七34)。另外，這亦可與路加福音所載收稅的人禱告的態度(路十八13)對照。

12.1. 耶穌為自己禱告(十七1～5)

當耶穌**「講完了這些話」**(1節)，就**「舉目望天」**向上帝禱告。這禱告的內容是有3方面的。首先，耶穌把他的**「時刻」**(耶穌的死、復活、高升)與**「榮耀」**相提並論，可見他的死與得榮耀不可分割；換句話說，十字架的受死是耶穌得榮耀的媒介。因此，當耶穌求父上帝**「榮耀」**他時，是指他順服父上帝的旨意，願意死在十字架上（參腓二8），這與猶太人自尋榮耀（五44）完全不同。不但如此，因為子完成父上帝所交付的救贖使命，因此子得榮耀也等於父上帝得榮耀（1節）。

此外，耶穌在上帝面前確認自己的使命。當他接受十字架的使命，就是執行從父上帝所受的權柄，為要將永生賜給世人。①**「管理全人類」**②這短語原文並無「管理」一詞，因為這裏並非指耶穌真的「管理」人類，而是指他的權柄「超越／高於」所有人，以致他能運用權柄，把永生賜給上帝所揀選的人（2節）。

耶穌對**「永恆的生命」**的定義是：認識上帝是惟一的真神並耶穌基督是由祂差來的（3節）。這**「認識」**並非知識（智性）的層面，而是藉信心接受耶穌所啟示的真理，因而進入與父、子的契合中。這種認識植根於對成為人的耶穌之認識，是客觀的；但另一方面，這亦是主觀的，因為人可與他建立個人的關係。

在結束這段禱告時，耶穌訴說自己會藉著十字架，來**「完成」**父上帝所交付的工作，又以此來榮耀父上帝（4節）。耶穌也求父使他與父上帝同享榮耀，這榮耀早在**「創世界之前」**發生的（5節）。這句話也意涵著耶穌因成為人，失去榮耀——父上帝所擁有的榮耀（參腓二6～11）。儘管如此，成為人身的耶穌仍然是千真萬確的神（參一1、14）。

12.2. 耶穌為門徒禱告（十七6～19）

「我已經把你顯明」（6節）的「你」，原文為「你的名」（參《和合本》）。猶太人把「名」等同於那人。

耶穌又為他的門徒禱告，不過這禱告仍與耶穌成為人這工作有關（**6～8節**）。耶穌其中一項工作是把父上帝顯明給祂所選召出來的人（參2節下）。「顯明」父上帝就是顯明祂的本性，亦即指耶穌要在父上帝所選召的人面前榮耀上帝，而父上帝把選召的這些人賜給耶穌，為要叫他們執行父上帝所交付給耶穌的宣教使命。

由於耶穌把父向門徒顯明，因此門徒**「現在」**便知道：凡父所賜給子的——特別是「話」（或作「道」；8節《和合本》）——都是從父那裏來的。這「話」是門徒與耶穌（八55）要一同遵守的。門徒既知道耶穌的「話」是從上帝而來（參七17），就當知道他是父所差來的。因此，耶穌的榮耀就**「藉著他們【指門徒】彰顯出來」**（10節）。

耶穌特別為門徒祈求，卻**「不為世人祈求」**（9節），並不是因為耶穌不愛世人，這剛好相反。雖然世人充滿叛逆與邪惡，這世界仍是上帝所愛的對象（參三21）；他們是耶穌（一10～12）和門徒（十七18）宣講的對象，所以上帝特別為門徒禱告，好叫他們能完成宣講的使命。從這角度看，為門徒祈求就是間接為世人祈求。

這短語可理解成一個媒介，意即「用上帝的名的能力保守他們」，或是指「因上帝的名保守他們對上帝的效忠（不離棄祂）」。兩者雖在文法上都正確，但從內容看，後者會勝於前者。

耶穌又祈求父**「藉著祂的名」**保守門徒。門徒既領受耶穌所傳講的啟示（6～8節），他們便須效忠耶穌，才能與他合而為一，如同父與子合一般。不過，合一的意義與目的應以宣教的角度來了解（21節）。在耶穌的祈禱中，除了那些**「註定滅亡」**的人之外，所有門徒皆蒙保守（12節）。

耶穌最後將門徒與「世人」作對比。門徒不屬於這世界，正如耶穌不屬於世界般（14、16節），所以世界憎恨門徒。基於他們仍是身負使命，因此耶穌沒有祈求他們可脫離世界（15節），而是祈求上帝使他們脫離那惡者——魔鬼（15節）。

耶穌也祈求上帝**「藉著真理使他們【指門徒】把自己奉獻給你【指上帝】」**（17節）。**「使他們把自己奉獻給你」**原文可譯作「使他們成聖」

（參《和合本》；**「成聖」**希臘文：*hagiazô*）。這成聖不但把自己奉獻給上帝，也是指因著「真理」（上帝的「話」）而成聖，意即當聖靈引導他們進入一切的真理時（十六13），他們就可以明白上帝的心意，以致他們就能按上帝心意達成宣教使命。

「成聖」這詞有「被分別出來」的意思，《現修》曾將它譯作「揀選」（十36）。於約翰而言，它與「宣教」有關。

從另一角度看，門徒是父上帝從「世界」分別出來賜給耶穌的（6節），因此他們就不再屬這世界（14節）。但他們不會立刻離開世界，因為他們要達成上帝交託給他們的宣教使命。在宣教工作上，耶穌被差派的方式也成為門徒被差的典範（18節）。

你認為一個基督徒怎樣才能入世而不屬世？你身處世界的目標與耶穌為門徒所設立的目標吻合嗎？你如何調整你生命的目標和方向？

為要使門徒真實的被分別出來服事上帝，耶穌也先作榜樣，將自己奉獻給上帝（19節）。按舊約獻祭的模式，「分別為聖」就是「獻祭」（參申十五19、21）。耶穌所說**「把自己奉獻給你」**，是指他自己要被分別出來，完成上帝在他身上的旨意：死在各各他山的十字架上（參十18）。耶穌的**「奉獻」**有兩方面是與門徒有關：一、是**「為了他們的緣故」**。耶穌在最後晚餐時曾有類似的表達：「我的身體，是為你們捨的……是用我為你們流出的血設立的」（路二十二19～20；林前十一24）。「為你們」這短語清楚表達耶穌死亡之意義。二、耶穌分別為聖的目的，是要使門徒**「藉真理」**成聖（17節）。耶穌分別為聖來到世間，帶來上帝的救恩，他也要求門徒作同樣的工作，使他們被分別出來，把救恩帶給世人。

12.3. 耶穌為未來的信徒禱告（十七20～26）

耶穌接著為那些因接受門徒的信息而信他的人禱告（20節）。耶穌向門徒頒布宣教的命令，也意味著門徒將來要拓展宣教工作，而且帶領多人歸他。在禱告中，耶穌祈求那些後來歸向他的人與門徒「**合而為一**」(21節)。③ 這「合一」的成就來自上帝，而不是來自人。這裏所提的「合而為一」是在人與人之間的層面(參22～23節)。

他們得以合一，是因為後來信耶穌的人的生命是與耶穌和門徒結連，尤如耶穌與父上帝結連般(23節)。耶穌這樣說包含兩個意思：一、人與人之間的合而為一，與父和子的合一相同，並且是基於父與子的合一。二、信徒間的合一是藉著住在父、子的合一內達成的。他們需要依靠父所賜的生命，並且使他們的生命成為上帝工作之所(參十五7)。信徒的「合而為一」所帶來的結果，是使世人明白上帝所作的兩件事：讓世人知道耶穌是由上帝所差派的(21、23節)，以及上帝以愛耶穌的愛去愛他們(23節)。

耶穌為我們代禱，祈望我們可經歷天父的愛。你是否認識天父對你的愛？這樣的體會與你信主的年日有關嗎？何解？

最後耶穌記念那些「**你【父上帝】已經把他們賜給我【指耶穌】**」的人(24節；參2節)。這些人就是所有接受耶穌信息的人──包括因耶穌或因門徒的信息而信的人。耶穌願意那些人看見父上帝所賜給他的「榮耀」(參二11；林後三18)，④ 這榮耀就是耶穌在「**創世之前**」與父上帝一同享有的榮耀(5節)。因著父上帝所賜給耶穌的榮耀，已表明祂對耶穌的愛；同樣的，耶穌因著愛門徒，也把榮耀賜給他們(22節)。

由於耶穌與父上帝的獨特關係(參一18)，耶穌必定認識父(25節)。因著這樣的認識，耶穌就把父上帝顯明給門徒，讓他們知道他是由父上帝所差遣的。不但如此，耶穌會繼續把父上帝啟示出來，耶穌如此行有兩個目的：一、使父上帝對耶穌的愛植根於門徒的生命裏。耶穌在世之時曾把父上帝的愛顯示給門徒(23節)，而將來亦會繼續幫助他們領受父的愛。然而，門徒若要經歷父上帝的愛，惟一的途徑是透過住在耶穌裏面才可。二、耶穌住在門徒裏面（參十四20）這個事實，與父上帝向門徒顯明祂的愛這觀念是平行的。門徒既領受父上帝的愛，耶穌也會保守他們在這個愛中（十五7～11），這就是耶穌「在他們的生命裏」之原因。

釋經短註

① 按希臘文，2節句子開始之前有「正如」（希臘文：*kathôs*；參《和合本》）這介詞，是要表達一個類比：耶穌求上帝榮耀他，為要使他可以榮耀父。這樣的情況就好像上帝將權柄給了他，為要使他把永恆的生命賜給人。如此2節的禱文是建基於1節的禱告上。

② 按希臘文，2節「全人類」應是「凡（有）血氣（的）」（參《和合本》）。猶太人常以「凡有血氣的」（參路三6；徒二17）來指「全人類」（參《現修》、《當代聖經》、《新譯本》的翻譯）。

③ 合一與順服上帝的啟示（十七6，8，20）和彼此相愛是有關連，原因是：21節的意思和結構，與十三章34節「要彼此相愛。我怎樣愛你們，你們也要怎樣彼此相愛」相同。此外，信徒「合一」的含意也可由十章16節「要合成一羣，同屬於一個牧人」，及約翰壹書「團契」（約壹一3、6、7）的經文來了解。

④ 24節中，約翰沒有說明信徒會在甚麼時候看見耶穌的榮耀，但這節經文是與十四章3節有關係。耶穌去是為門徒預備地方，以致將來他便與他們「同在一個地方」。由此看來，雖然耶穌的榮耀在他高升之時已被彰顯，但信徒要在耶穌再回來之時，才完全看見耶穌的榮耀。當下，耶穌一直保守著信徒的信心，直至將來看見耶穌的榮耀為止。

溫習問題

1. 耶穌在十字架上的受死與得榮耀有何關係？(1節)
2. 耶穌為自己禱告的內容包括甚麼？這些禱告是如何成就的？(1～5節)
3. 耶穌對「永恆的生命」之定義是甚麼？(3節)
4. 何謂「認識……真神」與「認識……耶穌基督」？(3節)
5. 為何耶穌「不為世人祈求」？是否表示他不關心世人？(9節)
6. 耶穌為門徒祈求哪些事？這些事與門徒將來的宣教使命有何關係？(9～19節)
7. 耶穌説「我把自己奉獻給你」是甚麼意思？這句話與門徒的「使他們把自己奉獻給你」有何不同？(17、19節)
8. 在20至26節的段落中，耶穌如何為未來的信徒禱告？若與耶穌為門徒的禱告的內容(9～19節)比較，兩者有何差別？
9. 信徒間的「合而為一」應如何理解？與父、子間的合而為一有何關係？(21節)
10. 信徒間的合而為一會帶來怎樣的結果？(21、23節)

第四篇

耶穌的受難與得榮耀

（十八1至二十31）

耶穌的受難是上帝計劃之一(十18)，也是他來到世上的目的。然而耶穌的死有一個目的，就是藉此「毀滅那掌握死亡權勢的魔鬼」(來二14)，並且把生命帶給那些相信的人，如同他自己所言：「一粒麥子……如果死了，就結出許多子粒來。」(十二24)不過，耶穌的故事並不是在墳墓中和門徒的哀傷中結束，而是藉著復活彰顯他勝過死亡的權勢，開始新的一頁。

第十三章

耶穌的受難與復活

（十八1至二十31）

- 耶穌的受難
- 耶穌死後發生的事件與埋葬
- 耶穌復活

經文

耶穌被捕

18 1耶穌這樣禱告後，和門徒一道出去，過了汲淪溪。那地方有
一個園子，耶穌和門徒都進去。2出賣耶穌的猶大也知道那地
方，因為耶穌常和他的門徒在那裏聚集。3猶大引了一隊羅馬兵，
會同祭司長和法利賽人所派遣的聖殿警衛隊走進園子裏。他們都帶
著武器，也拿著燈籠和火把。4耶穌知道將要發生在他身上的一切
事，所以上前問他們：「你們找誰？」

5他們回答：「拿撒勒人耶穌。」

耶穌說：「我就是。」

那時，出賣耶穌的猶大也跟他們站在一起。6耶穌一說「我就是」，
他們都倒退，跌在地上。7耶穌再一次問：「你們找誰？」

他們回答：「拿撒勒人耶穌。」

8耶穌說：「我已經告訴你們，我就是。如果你們找的是我，就
讓這些人走吧。」9耶穌這樣說，正應驗了他從前說過的話：「父親
哪，你賜給我的人，我一個也沒有失落。」

10西門・彼得帶著一把刀；他抽出刀來，向大祭司的奴僕馬勒古
砍去，砍掉他的右耳。11耶穌對彼得說：「把刀收起來！你以為我不
願意喝我父親給我的苦杯嗎？」

在亞那面前

12那一隊羅馬兵和隊長，連同猶太人的聖殿警衛拿住耶穌，綁了
起來，13先把他解送到亞那面前；亞那是當年的大祭司該亞法的岳
父。14這該亞法曾經向猶太人建議，說讓一個人替全民死是一件合
算的事。

彼得不認耶穌

15西門・彼得和另一個門徒跟著耶穌；那門徒是大祭司所熟悉的，

所以跟著耶穌進了大祭司的院子。[16]彼得留在門外。那個跟大祭司
相識的門徒再出來，對看門的女孩子說了一聲，然後帶彼得進去。
[17]看門的女孩子指著彼得，說：「你不也是那個人的門徒嗎？」

彼得說：「我不是！」

[18]當時天氣寒冷，那些僕人和警衛生了炭火，大家站著取暖；彼
得也上前，跟他們一起站著取暖。

大祭司盤問耶穌

[19]大祭司盤問耶穌有關他的門徒和他的教導等事情。[20]耶穌回答：
「我對人講話一向都是公開的。我常在會堂和聖殿裏，那些猶太人
聚會的場所，教導人，從來沒有暗地裏講甚麼。[21]你為甚麼盤問我
呢？去問那些聽過我說話的人吧，他們知道我講過甚麼。」

[22]耶穌說了這話，旁邊的一個警衛打了他一巴掌，說：「你竟敢
這樣回答大祭司！」

[23]耶穌說：「我若說錯了，你儘管指出我的錯處，若是對，你為
甚麼打我？」

[24]這時候耶穌仍然被綁著，亞那又把他解送到大祭司該亞法那
裏去。

彼得再不認耶穌

[25]這時候，西門・彼得還站著取暖。有人對他說：「你不也是那
個人的門徒嗎？」

彼得否認說：「我不是！」

[26]有一個大祭司的奴僕，是被彼得砍掉耳朵那人的親戚，說：「我
不是看見你跟那個人在園子裏嗎？」

[27]彼得又說：「不是！」就在這時候，雞叫了。

在彼拉多面前受審

[28]他們從該亞法的府邸把耶穌押到總督府。那時候天已破曉。猶

太人的領袖沒有進總督府裏面去，他們要在節期裏保持潔淨，為了
要吃逾越節的筵席。29於是彼拉多出來，問他們：「你們拿甚麼罪名
控告這個人？」

30他們回答：「如果他沒有做壞事，我們不會把他帶到你這裏來。」

31彼拉多對他們說：「你們自己把他帶走，按照你們的法律審判
他好啦。」

他們說：「可是我們沒有權判人死刑。」32這應驗了耶穌所說、
自己將怎樣死的那句話。

33彼拉多又進總督府內，叫耶穌來，問他：「你是猶太人的王嗎？」

34耶穌回答：「你問這話是出於你自己，或是聽別人談論到我呢？」

35彼拉多說：「你以為我是猶太人嗎？是你本國的人和祭司長們
把你交給我的。你做了甚麼事呢？」

36耶穌說：「我的國度不屬這世界；如果我的國度屬這世界，我
的臣民一定為我爭戰，使我不至於落在猶太人手裏。不，我的國度
不屬於這世界！」

37彼拉多說：「那麼，你是王了？」

耶穌回答：「我是王，這是你說的。我的使命是為真理作證，我
為此而生，也為此來到世上。凡是屬於真理的人一定聽我的話。」

38彼拉多問：「真理是甚麼？」

耶穌被判死刑

彼拉多又出來，對猶太人說：「我查不出這個人有甚麼罪名。39但
是你們有個慣例，要我在逾越節為你們釋放一個囚犯。你們要我為
你們釋放猶太人的王嗎？」

40他們又大喊：「不要他！我們要巴拉巴！」(巴拉巴是個暴徒。)

19 1於是，彼拉多命令把耶穌帶去，鞭打了。2兵士用荊棘編成
一頂冠冕，戴在他頭上，又給他穿上紫色的袍子。3他們上前
對他說：「猶太人的王萬歲！」然後用手掌打他。

4彼拉多又出來對羣眾說：「好！我帶他出來，讓你們知道，我

查不出他有甚麼罪名。」[5]於是耶穌出來，戴著荊棘的冠冕，穿著紫
色的袍子。彼拉多對他們說：「瞧！這個人！」

[6]那些祭司長和聖殿警衛一看見耶穌，大喊：「把他釘十字架！
把他釘十字架！」

彼拉多對他們說：「你們自己帶他去釘十字架吧。我查不出他有
甚麼罪名。」

[7]羣眾說：「我們有法律，根據那法律他是該死的，因為他自命
為上帝的兒子。」

[8]彼拉多聽見他們這樣說，更加害怕。[9]他再一次進總督府內，問
耶穌：「你究竟是從哪裏來的？」

但是耶穌沒有回答。[10]彼拉多對他說：「你不回答我嗎？你要知
道，我有權釋放你，也有權把你釘十字架。」

[11]耶穌說：「只因上帝給你這權，你才有權辦我。所以，把我交
給你那個人的罪更重了。」

[12]彼拉多聽見這話，愈想要釋放耶穌。可是羣眾叫喊說：「你釋
放他，你就不是皇上的朋友！誰自命為王，誰就是皇上的敵人。」

[13]彼拉多聽見他們說這樣的話，就帶耶穌出來，在名叫「石砌階」
(希伯來話叫加巴大)的地方開庭審問。[14]那天是逾越節的預備日，約
在正午，彼拉多對羣眾說：「瞧！你們的王。」

[15]他們就喊叫：「殺掉他！殺掉他！把他釘十字架！」

彼拉多問他們：「要我把你們的王釘在十字架上嗎？」

祭司長們回答：「只有凱撒是我們的王！」

[16]於是彼拉多把耶穌交給他們去釘十字架。

耶穌被釘十字架

他們把耶穌帶走。[17]耶穌出來，背著自己的十字架，到了「髑髏
岡」(希伯來話叫各各他。)[18]在那裏，他們把他釘在十字架上；他們
另外還釘了兩個人，一邊一個，耶穌在中間。[19]彼拉多寫了一面牌
子，叫人釘在十字架上。牌子上寫著：「拿撒勒人耶穌，猶太人的

王。」[20]許多人看見這牌子上所寫的，因為耶穌被釘十字架的地方離城不遠；而且這牌子是用希伯來、拉丁，和希臘三種文字寫的。[21]猶太人的祭司長對彼拉多說：「請不要寫『猶太人的王』，要寫『這個人自稱為猶太人的王』。」

[22]彼拉多回答：「我所寫的，不再更改！」

[23]兵士把耶穌釘十字架後，拿他的外衣分為四份，每人一份。他們又拿他的內衣；這件內衣沒有縫線，是用整塊布織成的。[24]所以，兵士彼此商量：「我們不要把它撕開，我們抽籤，看誰得著。」這正應驗了聖經上所說的：

他們分了我的外衣，
又為我的內衣抽籤。

兵士果然做了這樣的事。

[25]站在耶穌的十字架旁邊的，有耶穌的母親、他的姨母、革羅罷的妻子馬利亞，和抹大拉的馬利亞。[26]耶穌看見他的母親和他所鍾愛的門徒站在旁邊，就對他母親說：「母親，瞧，你的兒子！」

[27]接著，他又對那個門徒說：「瞧，你的母親！」從那時起，那門徒接耶穌的母親到自己的家裏住。

耶穌的死

[28]耶穌知道一切事都成就了，為要應驗聖經上的話，就說：「我口渴。」

[29]在那裏有一個壺，盛滿著酸酒；他們就拿海綿浸了酸酒，綁在牛膝草的桿子上，送到他唇邊。[30]耶穌嘗過後，說：「成了！」

於是他垂下頭，氣就斷了。

肋旁被刺

[31]那天是預備日，就要到的安息日是個大節日；猶太人的領袖為要避免安息日有屍首留在十字架上，就去要求彼拉多叫人打斷受刑者的腿，然後把屍首搬走。[32]兵士奉命去，把跟耶穌同釘十字架的

頭一個和另一個的腿打斷。[33]他們走近耶穌，看見他已經死了，就
沒有打斷他的腿。[34]但是，有一個兵士用槍刺他的肋旁，立刻有血
和水流出來。([35]這是親眼看見這事的人可靠的見證；他知道他的見
證是真實的，為要使你們也信。)[36]因為這事要應驗聖經上所說的話：
「他的骨頭連一根也不可打斷。」[37]另外有一段經文說：「他們要瞻
望自己用槍刺了的人。」

耶穌的安葬

[38]這些事過後，有一個亞利馬太人約瑟向彼拉多請求，准他把耶
穌的身體領去。(約瑟是耶穌的門徒，只因怕猶太人的領袖，不敢
公開。)彼拉多准了他的請求，約瑟就把耶穌的身體領去。

[39]那個先前曾在夜間來見耶穌的尼哥德慕跟約瑟一起去。他帶了
沒藥和沉香混合的香料，約有三十公斤。[40]兩個人用配著香料的麻
紗把耶穌的身體裹好；這是猶太人安葬的規矩。[41]在耶穌被釘十字
架的地方有一個園子，裏面有一個沒有葬過人的新墓穴。[42]因為那
天正是猶太人的預備日，那墓穴又很近，他們就把耶穌葬在那裏。

空墓

20 [1]星期日清晨，天還沒有亮，抹大拉的馬利亞往墳墓去，看見
墓門的石頭已經移開了。[2]她就跑去找西門·彼得和耶穌所鍾
愛的另一個門徒，告訴他們：「有人從墓裏把主移走了，我們不知
道他們把他放在哪裏！」

[3]彼得和那個門徒就往墓地去。[4]兩個人一起跑，但那門徒比彼得
跑得快，首先到達墓穴。[5]他俯身往裏面看，看見麻紗還在那裏，
但是他沒有進去。[6]西門·彼得跟著也趕到；他一直走進墓穴，看
見麻紗還在那裏，[7]又看見那裏耶穌的頭巾沒有跟麻紗放在一起，
是捲著，放在另一邊。[8]首先到達的那個門徒也跟著走進墓穴；他
一看見就信了。([9]他們還不明白聖經所說他必須從死裏復活那句話
的意思。)[10]於是兩個門徒回家去了。

耶穌向抹大拉的馬利亞顯現

[11]馬利亞還站在墳墓外面哭泣。她一邊哭，一邊低頭往墓裏看，
[12]看見兩個穿著白衣的天使，坐在原來安放耶穌身體的地方，一個
在頭這邊，一個在腳那邊。

[13]他們問馬利亞：「婦人，你為甚麼哭呢？」

她回答：「他們把我的主移走，我不知道他們把他放在哪裏！」

[14]說了這話，馬利亞轉身，看見耶穌站在那裏，可是還不知道他
就是耶穌。[15]耶穌問她：「婦人，你為甚麼哭呢？你在找誰？」

馬利亞以為他是管園子的人，所以對他說：「先生，如果是你把
他移走的，請告訴我，你把他放在哪裏，我好去把他移回來。」

[16]耶穌叫她：「馬利亞！」

馬利亞轉身，用希伯來話說：「拉波尼！」(意思就是「老師」。)

[17]耶穌說：「你不要拉住我，因為我還沒有上到我父親那裏。你
往我的弟兄那裏去，告訴他們：『我要上去見我的父親，也就是你
們的父親；去見我的上帝，也就是你們的上帝。』」

[18]於是，抹大拉的馬利亞去告訴門徒，說她已經看見了主，又傳
達主對她說的話。

耶穌向門徒顯現

[19]星期日晚上，耶穌的門徒聚集在一起，門緊緊地關著，因為他
們怕猶太人的領袖。那時候，耶穌顯現，站在他們當中，說：「願
你們平安！」[20]說了這話，他把自己的手和肋旁給他們看。門徒看見
了主，非常歡喜。[21]耶穌又對他們說：「願你們平安！正如父親差遣
了我，我照樣差遣你們。」[22]說完這話，他向他們吹一口氣，說：「領
受聖靈吧！[23]你們赦免誰的罪，誰的罪就得赦免；你們不赦免誰的
罪，誰的罪就不得赦免。」

耶穌和多馬

[24]當耶穌顯現時，十二使徒之一的多馬(綽號雙胞胎的)沒有跟他

們在一起。[25]所以其他的門徒把已經看見了主的事告訴多馬。

多馬對他們說：「除非我親眼看見他手上的釘痕，並用我的指頭摸那釘痕，用我的手摸他的肋旁，我絕對不信。」

[26]一星期後，門徒又在屋子裏聚集；多馬也跟他們在一起。門關
著，可是耶穌忽然顯現，站在他們當中，說：「願你們平安！」[27]然
後他對多馬說：「把你的指頭放在這裏，看看我的手吧；再伸出你的手，摸摸我的肋旁吧。不要疑惑，只要信！」

[28]多馬說：「我的主，我的上帝！」

[29]耶穌說：「你因為看見了我才信嗎？那些沒有看見而信的是多麼有福啊！」

本書的目的

[30]耶穌在他的門徒面前還行了許多神蹟，可是沒有記錄在這本書
裏。[31]本書記述的目的是要你們信①耶穌是基督，是上帝的兒子，
並且要你們因信他而獲得生命。

①「是要你們信」另有些古卷作「是要你們繼續信」。

這段落主要記載耶穌的受難（十八～十九章），以及他復活後向門徒顯現（二十1～29）。第一部分受難事件的內容，包括耶穌被捉拿（十八1～12），以及他分別在大祭司亞那（十八13～27）與羅馬總督彼拉多（十八28～十九16）面前受審，繼而被釘十字架與死（十九17～30），最後是善後工作與埋葬（十九31～42）等。

二十章的復活記載裏，耶穌分別向馬利亞及眾門徒顯現，履行他對門徒的應許：**「不撇下你們為孤兒；我要再回到你們這裏來」**（十四18）。雖然耶穌向他們顯現，但沒有一個人準備好迎接他，多馬的**「不信」**（二十25）已代表無論馬利亞或門徒，在耶穌向他們顯現之前，都不明白耶穌曾向徒們提及他死而復活之預言（十四1～3、21，十六16）。

13.1. 耶穌的受難（十八1～十九27）

十八章1節開始述説耶穌的受難，使「榮耀之書」的焦點更加凸顯。耶穌正逐步朝向他的**「時刻」**走去。這階段有3個重要的特色：一、在大部分的事件中耶穌顯示出他對整個局勢的掌握，這是此書的讀者印象深刻的；二、在受難的敍事中，有許多細節是沒有在符類福音中出現；① 三、作者著重描述猶太羣眾及領袖，過於羅馬總督，尤其在耶穌受審的過程中，猶太人的角色常凌駕於彼拉多。

表面看耶穌的受難是他個人的失敗，但實際上是他的得勝，因為耶穌藉著死「毀滅那掌握死亡權勢的魔鬼」（來二14）。兼且，耶穌受難更清楚顯明他的榮耀與身分，因他即將完成父上帝所交付他的使命。當**「時刻」**來臨，耶穌就返回父那裏去，並得以與父同享榮耀（十七5）。

13.1.1. 耶穌被捉拿(十八1～12)

1節「**耶穌這樣禱告後**」原文可譯作「耶穌說了這話」(參《和合本》),「這話」是指「離別講論」(十四～十六33)和離別的禱告(十七章)。禱告後,耶穌就與門徒「**出去**」(1節;參太二十六30;路二十二39),過了**汲淪溪**。耶穌與門徒過了汲淪溪後,便進入「**一個園子**」。路加和約翰都沒有提到這園子的名字,但馬太和馬可(太二十六36;可十四32)則稱之為「客西馬尼園」。這園子可能位於橄欖山某斜坡上。

「汲淪溪」應作「汲淪谷」,位於耶路撒冷舊城東邊,右側是橄欖山。就像中東一帶的河谷一樣,除了雨季之外,汲淪谷長年都是乾涸的。

猶大在約翰福音裏多次被形容為「**出賣耶穌的**」(2節;參十二4,十三21)。現時他也出現在**這園子**中(3節)。這種「不期而遇」是由於「**耶穌常和他的門徒在那裏聚集**」(2節),因此,猶大知道耶穌與門徒聚集的時間與地點。跟著猶大來到園子的,是「**一隊羅馬兵**」②、「**祭司長**」、「**法利賽人所派遣的聖殿警衛隊**」(3節)。這裏的羅馬軍隊,是奉羅馬總督彼拉多之命並受他指揮,與聖殿的警衛一同前往園子。我們難以理解為何彼拉多以這方式幫助猶太人的領袖,但當這麼多的朝聖者湧入耶路撒冷過逾越節時,羅馬當局一定會因可能發生的暴亂而緊張,特別是要逮捕一個受嫌疑作「**猶太人的王**」(33、39節)之人,動用軍隊就顯得必然了。最諷刺的是,他們帶著燈籠與火把來尋找世界的光,帶著武器對抗和平之子!

約翰福音僅此一次提到耶穌與門徒到客西馬尼園,但是路加福音則說「耶穌……晚上出城,在橄欖山過夜」(二十一37),表示逾越節期間,耶穌曾在橄欖山的客西馬尼園露宿。

耶穌早已知道「**發生在他身上的一切事**」,這再次暗示耶穌對事情的預知,作者在這書中也曾提過這主題(六64,十三1)。耶穌面對兵士,卻沒有逃走,反而勇敢的迎見他們,又提出問題(4～5節)。約翰沒有指出他們當中誰在回答耶穌的問題,但特別的是當耶穌回答他們問題之時，他們立刻「**倒退，跌在地上**」(6節)。這倒令人印象深刻。

猶太人為何會倒退跌在地上？

學者認為傳統解釋耶穌所說「我就是」(希臘文：*egô eimi*，即「我是」)這話時，都是帶有能力，所以，當兵丁聽見耶穌這話，就立刻跌倒在地上。但亦有聖經學者認為約翰想表達詩篇對他思想的影響(參詩二十七2，三十五4，五十六9)；因此，他記載這事件是為表達一個神學反省，過於歷史事實。但亦有另一看法是：當耶穌說出「我是」之時，是表明他的神性，如同舊約的上帝向人顯現自己之時，人惟一的反應就是仆倒在地(結一28；但十9；徒九4；啟一19)。這解釋較為不合理。他們如果覺得這是上帝的顯現，為何他們不立刻跪下，而是逮捕耶穌？並且耶穌過去曾多次在猶太人面前說過「我是」(六48，八12、58)，為何猶太人卻無動於衷？

從另一角度看，猶太人曾看過耶穌所行的事(包括神蹟)，又聽過他所說的話，在他們心中亦存著深刻的印象(七46)，他們早已對耶穌產生害怕和敬畏的心。羅馬兵丁或許也有類似的情形，他們過去也曾聽聞耶穌，使他們都有類似彼拉多「**更加害怕**」(十九8)這反應。因此，在這心理背景下，特別是在夜間的時候，當他們聽見耶穌說「我是」時，就往後跌倒在地。耶穌從未使用他的能力讓別人受傷(害)，因此，猶太人的跌倒決非因為耶穌行了神蹟，也非因認識耶穌的神性而有的反應。

耶穌再問他們找誰時，他們的回答仍是：「**拿撒勒人耶穌**」(7節)。耶穌再次確認他的身分，並要求他們放過他身邊的門徒(8節)。耶穌明顯把那些人的注意力，引到他自己身上，使他的門徒能夠平安的離開那裏。耶穌對門徒的關心表露無遺，如同牧羊人一樣顧念屬自己的羊。當留心的是：逮捕耶穌的人雖然帶著武器，但整個過程卻由手無寸鐵的耶穌發號司令。耶穌控制整個場面，甚至包括他主動將自己交付給逮捕他的人。

此時，彼得護主心切，抽刀削掉大祭司的奴僕馬勒古的右耳(10節)。彼得的行為顯示他對耶穌受難的意義茫然無知，他所帶來的麻煩，甚於為耶穌解危。彼得以屬血氣的方式為耶穌解圍，顯然得不到耶穌的支持。因為這為耶穌在成就父上帝所交付他的救贖工作，帶來攔阻，所以耶穌責備他：「你以為我不願意喝我父親給我的苦杯嗎？」耶穌主動就逮，被綁起來。12節是轉接經文，使耶穌被捉拿事件順利過渡到下一個場景(11～12節)。

你認為教會在處理事情之時，所用的原則與方法常偏向哪一方(屬世的還是屬靈的)？若你有機會參與教會的決策，這段經文如何幫助你作出正確的決定？

13.1.2. 耶穌在亞那面前的受審(十八13～27)

耶穌被捉拿後，首先被帶到亞那那裏，因為亞那是該亞法的岳父，而該亞法是「當年的大祭司」(13節)。對於該亞法，約翰回顧先前他在議會時所說的預言，就是「讓一個人替全民死是一件合算的事」(14節；參十一50)。約翰藉該亞法的話為耶穌受難這幕劇的旁白，以解釋耶穌的死和他在十字架上的名號(十九19～22)之原因。

該亞法的大祭司職位

約翰同時稱該亞法(十一49)和亞那為大祭司(十八15、16、19、22)。此外，路加也稱亞那為大祭司(徒四6)。許多學者認為路加及約翰兩人都弄錯了。但從約翰福音得知：耶穌被釘十字架的那年，是該亞法當大祭司(十一49，十八13)。因此，有些解經學者認為該亞法和亞那一同分享大祭司的職位，但這說法並沒有歷史資料支持。根據猶太歷史學家約瑟夫的記載，亞那是在公元6年開始任職大祭司，但在公元15年他的職務被羅馬總督克勞第(Claudius)廢除。其後他的5個兒子及1個孫子都曾任職大祭司，在公元17至41年間，大祭司的職位可說成為他們家族的世襲事業。這個家族是以貪婪、財富及權力著稱。

約翰與路加有記載上的衝突，可以有幾方面的解釋。其中之一是：猶太人拒絕承認由羅馬當局所委任的大祭司；因為根據律法，大祭司是終身制的（民二十五25）。另一個可能性是：即使有大祭司離開他的職位，人們仍然保留他的稱銜，以表示對他的尊敬。從路加及約翰對這稱銜的使用，可以反映當時大祭司真正權力所在：雖然亞那在職分上不再是大祭司，但他仍然在其女婿背後操權。這說法是最有可能的，這亦是因何耶穌在被捕後，在被送到公會之前，立刻被帶到亞那的面前。

約翰亦記載彼得的一些事情。與彼得在一起的，是一個**「大祭司所熟悉的」**的門徒。③ 這門徒先進入大祭司院子，而彼得卻**「留在門外」**。後來，他出來帶彼得進入院內，「那門徒」亦曾與看門的使女說話，可見他熟悉院中許多人。彼得進去後，約翰便記載彼得如何應驗耶穌所預言他會3次不認耶穌（十三38）。彼得現正面對考驗。

當他進入院子，有一個看門的女孩子認出他是彼得。按希臘文的文法，這女孩子的提問是期待一個否定的答案，彼得很自然亦輕易的說：**「我不是！」**若將17節與5、8節比較，約翰這樣表達可能是與耶穌所說「我是」作一個對比。耶穌是義無反顧的承認，彼得則毫無保留的否認，這與他之前豪邁的認信及行動不相稱（十三37，十八10）。這是彼得第一次不認耶穌。

這「有人」是複數。他們可能是大祭司的僕人或差役（18節）。

當耶穌在亞那的住處被審問時，彼得站在院內**「取暖」**。忽然**「有人」**認出彼得是耶穌其中一個門徒。如同第一次提問般，它是期待一個否定的答案，而彼得也很快的說：**「我不是！」**這是彼得第二次否認耶穌。

不久又有一個人指證彼得是與耶穌一黨的。約翰在此特別指出，這人是馬勒古的親戚（26節；參10節）。他與前兩者不同，他不是提問，而是指證彼得就是與耶穌一黨。按原文，約翰沒有記載彼得所說的話，只說他否認耶穌(27節；《和合本》譯作「彼得又不承認」)。

此時，雞叫的聲音劃破天際，在聲音的迴盪中彼得的頭腦逐漸清醒起來。約翰不像其他3卷福音書般記載彼得否認耶穌後的情緒反應及想起耶穌的預言，甚至感懊悔(參太二十六74～75；可十四71～72；路二十二61～62)，原因是約翰的重點在於證明耶穌的預言應驗了。不過，耶穌復活後再次挽回彼得，使他生命得著更新，而且不但彼得，凡在耶穌裏的永遠有希望。

當彼得不認耶穌的同時，耶穌亦正在被稱為「大祭司」的亞那面前受審。約翰交替記載耶穌的受審及彼得的不認主(15～18、19～24、25～27)，為要凸顯一個對比：當耶穌在敵人面前堅持自己的身分之時，彼得卻一而再的否認耶穌！審判的內容主要針對**「他的門徒」**和**「他的教導」**這兩方面(19節)。亞那首先問有關耶穌門徒的事，他顯然對耶穌的門徒甚感興趣。他想知道耶穌的影響力有多大，跟隨他的人有多少；對亞那而言，這比耶穌的教導是否對錯更重要。但耶穌只回答亞那第二個問題(20～21節)。如同在園子裏，他引開那些捉拿他的人對門徒之注意力(8節)，耶穌這樣作是為保護他的門徒。

對於耶穌的回答，旁邊站著的差役比亞那的反應更快，他們**「打了他一巴掌」**，指責他的無禮(22節)。差役如此反應是因為他們認為耶穌是僭越上帝，認為這是不合摩西律法的(參出二十二28)。但耶穌卻**反駁**自己是無辜的。

耶穌對他們指控的反應與八章相同：「你們中間誰能指證我有罪呢？」(八46)

耶穌明白根據摩西律法，指證人的罪是需要證人的(23節；參申十七6，十九15)；他的說話意味著他要求亞那遵照律法所定的要求來審訊——有證人出席的公平審訊。亞那沒有法子，便將耶穌**「解送到大祭司該亞法那裏去」**(24節)。

13.1.3. 耶穌在彼拉多面前受審(十八28～十九16)

約翰沒有詳細記載耶穌在該亞法及議會前的審訊，只提及他到過那裏，然後他由一班人押到彼拉多的總督府裏。約翰沒有指出誰押耶穌，可能是聖殿警衛和議會部分的成員(參31節)；如此，他們才能直接向彼拉多呈遞控告耶穌的案件。因為當天仍是逾越節，猶太人的領袖要在守節期間**「保持潔淨」**(希臘文：*miainô*，意即「避免沾染污穢」)，所以沒有進入總督府。④ 彼拉多也遷就他們而走到府外與他們對話，這暗示了他們當中有些人具相當影響力。約翰在這裏又呈現一個反諷：猶太人為了守逾越節，於是小心翼翼的避免觸犯逾越節的規矩；但另一方面，他們卻急著把耶穌置諸死地，但想不到死的人正是逾越節的真義。

那些猶太人領袖在彼拉多面前控告耶穌**「做壞事」**(30節)。實際上，猶太人一直控告耶穌的是神學上的問題(參十九7)，而非政治性問題。但宗教問題是不能判耶穌死刑；所以，他們以**「做壞事」**這籠統的罪名來控告耶穌。

彼拉多知道他們的指控與犯罪無關，僅只是猶太人宗教上的爭論而已，因此他想交回猶太人自行處理(31節)。但是猶太人堅持要由羅馬政府審理此案，因為他們要處死耶穌。⑤ 約翰在此加上一個註解，指出所發生的一切事，正應驗耶穌先前所預言**「自己將要怎樣死」**(32節；參十二33，這兩節所用的措詞相同)。

彼拉多被迫要去盤問耶穌是否就是**「猶太人的王」**。這是約翰第一次提到的罪名，這可能是猶太人把耶穌呈給彼拉多時要控告的罪名。耶穌不但不回答彼拉多，更反問究竟作出這控訴的是彼拉多，抑或是猶太人(33～34節)。若控訴是出自彼拉多自己的推測，耶穌就成為一個政治犯。彼拉多回應時特別指出：**「是你本國的人和祭司長們把你**

交給我的」，又問耶穌：「**你做了甚麼事呢？**」似乎彼拉多不知道控訴的內容(35節)。此時耶穌肯定的回答他確實正建立一個「國度」。若真是如此，猶太人的控訴便是對的，因為他們已承認了他是彌賽亞王。此時耶穌反客為主，轉換了審判的話題。

耶穌向彼拉多澄清他的國度是與羅馬的不同，這國度「**不屬這世界**」，否則，他的子民一定為他「**爭戰**」(36節)。他之所以如此容易就逮，是因為他的臣民不是靠世上的刀劍立國的。

彼拉多當然不明白耶穌的話，所以問：「**那麼，你是王了？**」耶穌亦毫無隱瞞的說：「你說我是王，你說的是。我為這事而出生，為這事來到世界，好給真理作見證；凡屬真理的就聽我的聲音。」(37節《呂振中》；原文次序與《現修》不同)耶穌的使命就是「**為真理作證……也為此來到世上。**」屬真理的人會聽耶穌的話，如同羊聽牧羊人的聲音，這是屬上帝的人的特質(八47，十3、16、27)。被耶穌引導著，彼拉多問何謂真理(38節下)，不過他沒有等著耶穌的回答就轉身走了，這證明他不願意聽耶穌說下去。

保羅提過「耶穌基督在龐修．彼拉多面前作證……」(提前六13)，這與約翰的意思頗為相合，因為兩者同時使用「作證」這詞。

審問過後，仍無證據顯示耶穌是有罪的。於是彼拉多試圖釋放耶穌，他對猶太人說：「**我查不出這個人有甚麼罪名。**」(38節)他顯然滿意與耶穌的對話。彼拉多設法子釋放耶穌並令羣眾散去，所以他提出一個在逾越節釋放囚犯的「慣例」(39節)，⑥並提議釋放耶穌，藉此釋放他。

然而總督府外的猶太人卻寧願釋放巴拉巴也不放耶穌。約翰形容巴拉巴是「**暴徒**」。猶太歷史學家約瑟夫好幾次使用「暴徒／強盜」這詞，以形容當時的恐怖分子、游擊隊員。馬可形容巴拉巴為「跟一些在暴亂中殺人的叛徒」(可十五7)。結果，殺人的被釋放，無罪的卻被收押。

約翰的讀者，定能看出這是另一個反諷。

為了討好猶太人，彼拉多只好**「把耶穌帶去，鞭打了」**（十九1）。路加描述鞭打耶穌的目的是要釋放他（路二十三15～16）。彼拉多可能認為這樣行多少可舒緩猶太人的恨意，祈望消除他們欲置耶穌於死地的念頭（十八31）。

紫色或朱紅色（太二十七28）都是富有人（路十六19）或皇室所常用的顏色。

耶穌不但被鞭打，還受兵士的戲弄，他們**「用荊棘編成一頂冠冕，戴在他頭上，又給他穿上紫色的袍子。他們上前對他說：『猶太人的王萬歲！』然後用手掌打他」**（十九2～3）。用荊棘編作冠冕，雖然會增加耶穌的痛苦，但他們這樣行不是為此，而是想模仿當時羅馬王所戴放射狀的冠冕。在許多羅馬錢幣的君王圖像中，其頭上冠冕都是如此。除了冠冕與袍子外，兵士也嘲諷耶穌說**「猶太人的王萬歲」**，這也是模仿向羅馬皇帝呼叫「凱撒萬歲」的歡呼。此外，對凱撒的屈膝甚至親吻手背以表效忠的做法，現則轉為以手掌打耶穌的臉。

鞭打耶穌之後，彼拉多便向府外的羣眾說他查不出耶穌的罪名，再次祈望他們可釋放耶穌，他將耶穌押出來示眾。耶穌戴著荊棘的冠冕和穿著紫色袍，他滿身傷痕與狼狽，就像一個小丑般。彼拉多以侮辱的語氣說：**「瞧！這個人！」**

彼拉多若拒絕定耶穌的罪，案子就不能了結，祭司長與差役卻大聲呼喊說要把耶穌釘在十字架上。羣眾的敵意已提升到失控的地步（十八6）。不過，彼拉多仍堅持耶穌沒有罪，這是他第三次為耶穌申辯。當彼拉多說：**「你們自己帶他去釘十字架吧」**，並不意味著他把審判權交給猶太人議會，猶太人與彼拉多雙方都知道這是不可能的。彼拉多只是以嘲弄的口吻拒絕猶太人的請求，藉此表達他不滿猶太人不接受他的判決。

雖然彼拉多三番宣告耶穌無罪，猶太人仍堅持要控告耶穌，於是屈枉他**「自命為上帝的兒子」**這宗教上的罪(7節)。按猶太人的律法，褻瀆上帝是該死的罪(利二十四16)。耶穌確實是上帝的兒子，他並沒有犯褻瀆上帝的罪！在這樣的情形下，誰才是「該死的」呢？讀者對這樣的反諷是絕不可輕忽的。

聽到猶太人對耶穌加上的新指控，彼拉多就**「更加害怕」**(8節)。「上帝的兒子」的罪名顯然比「做壞事」(30節)更困擾他。彼拉多可能就像一般迷信的羅馬人(參徒十四11)，對鬼神這神祕的事存幾分的畏懼，更何況他剛鞭打了這位「上帝的兒子」。彼拉多的表現，較像一個羅馬帝國神祕宗教的信徒，甚於是一個執法的總督。

對於耶穌新的身分，彼拉多覺得有需要再次查問耶穌。他質問耶穌的來源(9節)。耶穌的靜默更使彼拉多不安，他就運用他的生殺大權來脅迫耶穌說真話。

耶穌怎樣看權柄的來源(參羅十三1)？你能否從聖經中學到面對掌權者時應有的態度？

耶穌完全不受威脅，他指出：彼拉多的權柄都是來自「上帝」，而且把他交給彼拉多的人是犯了重罪。⑦ 聽完這話後，彼拉多愈想要釋放耶穌，不過他敵不過外邊羣眾的壓力。猶太人提到彼拉多重視權力這弱點，指責他若釋放耶穌，他就是與凱撒為敵。在這裏另一個反諷出現了。猶太人搖身一變，比彼拉多更忠於凱撒(11～12節)。

迫於無奈，彼拉多改變初衷，將耶穌帶到**「石砌階」**(指以石頭鋪的路)，開庭宣判耶穌的罪行。彼拉多以嘲諷的口吻介紹耶穌是猶太人的王。猶太人聲嘶力竭的喊著除掉耶穌，在混亂中祭司長背叛了自己，承認凱撒是他們的王。為了置耶穌於死地，祭司長自己犯了褻瀆上帝的罪。因為於猶太人而言，自古以來以色列人都視上帝是他們真正的王(參撒上八7)。最後，懦弱的彼拉多被猶太人的氣勢與挑戰所勝，把耶穌定了死罪。雖然約翰沒有提及彼拉多對耶穌的宣判，但因為他把耶穌交給羣眾去把他釘死，這就說明他的判決了（16節）。

• 圖右下乃石砌階處，是彼拉多審判耶穌之處

13.1.4. 耶穌被釘十字架與死亡（十九17～30）

約翰描述耶穌背負十字架到各各他，與其他3卷福音書並不完全相同。其中沒有提及婦女為耶穌號咷痛哭（路二十三27），也沒有古利奈人西門被迫背負耶穌十字架的段落（太二十七32；可十五21；路二十三26）。約翰只把焦點放在耶穌身上，以強調耶穌是獨自邁向十字架與榮耀的道路。

十字架的形狀

耶穌所背負上山的「十字架」(17節)實際上是一根橫木，直木的部分則早已豎立在刑場上。十字架通常有四種形狀：交叉形(X的形狀)、單桿形(I的形狀，犯人雙手被綁在頭部的上方)、丁字形，以及基督徒所最熟悉的十字形。耶穌被釘的十字架可能是後兩者其中之一。若屬於後兩者，當死囚背著橫木到達刑場後，兩手便被綁或釘在橫木上，然後橫木連人一起被舉起掛在直木的凹槽上加以固定，通常犯人腳下會置一塊踏板。

約翰沒花太多篇幅來描述耶穌如何被釘在十字架上，但若與符類福音比較，當提到與耶穌同釘的那兩個人之位置，⑧ 約翰採用「**耶穌在中間**」這短語(參太二十七38；可十五27；路二十三33)，為要凸顯耶穌是王這身分。彼拉多吩咐人在耶穌的十字架上所寫的罪名是「**拿撒勒人耶穌，猶太人的王**」(19節)。按當時的習慣，死囚赴刑場時，脖子上會掛著一個寫上其罪名的牌子，不然就是由另一人拿著寫上他罪名的牌子走在前面。當犯人被釘在十字架之際，就把這牌子釘在犯人的上方。

耶穌的十字架上的牌子的字，是由3種語言寫成(20節)，為要使猶太人(希伯來文)、羅馬人(拉丁文)及全羅馬帝國的人(希臘文；代表全世界)都可以看懂。被猶太人所拒絕的耶穌，現在卻由彼拉多向全世界宣告他是猶太人的王。祭司長當然意識到這牌子的意義，因此要求彼拉多將牌子上的字改為「**這個人自稱為猶太人的王**」，但遭拒絕(21～22節)。此時又來一個十足的反諷：一位對真理一無所知的外邦人彼拉多，竟在不自覺中宣告了耶穌的真實身分；但作為獨一真神的選民以色列，理當更敏銳於真理，卻拒絕那位帶來真理的耶穌！

• 位於耶路撒冷舊城以北的髑髏崗

鏡頭現時轉向十字架下發生的兩件事，它們彼此成強烈的對比。首先是兵士均分耶穌的衣物，這是當時的一種習慣。約翰福音是4卷福音書裏惟一記載在十字架下的兵士的人數，他們共有4個人（參23節**「分為四份，每人一份」**），通常執法的兵士是以4個人為一小隊。兵士分了耶穌的「外衣」（包括外袍、腰帶、鞋子、頭套）後，再用抽籤方式來決定誰可獲得整件的內衣，因為這件內衣**「沒有縫線，是用整塊布織成的」**（23節），不能撕為4份。他們的行為應驗了舊約的話：「他們分了我的外衣，又為我的內衣抽籤」（詩二十二18）。

與兵士無憐憫的行為形成強烈對比的另一件事，是那些陪在耶穌十字架旁邊的人，當中有幾名婦女和耶穌所愛的門徒。面對自己即將離世，耶穌仍有一件事放心不下，就是如何照顧他的生身母親馬利亞。就在十字架上，耶穌將他的母親交託給**「他所鍾愛的門徒」**（26～27節）。

有多少個婦女在十字架旁邊？

有學者認為可能有3個婦女在十字架旁邊：耶穌的母親馬利亞、他的姨母馬利亞、抹大拉的馬利亞。按原文，「他的姨母」與「革羅罷的妻子馬利亞」之間是沒有連接詞，所以這兩個短語屬同位語，應譯作「他母親的姊妹就是革羅罷的妻子馬利亞」。這樣的可能性不高，因為一個家庭不可能同時有兩個成員採用同一個名字。

因此，在十字架旁邊應有4個婦女，就是耶穌的母親、他的姨母、革羅罷的妻子馬利亞、抹大拉的馬利亞。約翰可能是刻意將4個婦女與4個兵士並列一起作對比。另外，耶穌的姨母就是撒羅米（參可十五40），亦是西庇太的兩個兒子雅各、約翰（即本書作者）的母親（太二十七56）。但作者沒有提及撒羅米這名字，原因是按約翰的習慣，他在書中從不提自己或家人的名字，所以他不提撒羅米也是合理的。因著耶穌與約翰有表兄弟的關係，耶穌把他的母親交託給「他所鍾愛的門徒」（26～27節）。

耶穌所說的「我口渴」帶強烈反諷的意味。他是賜下活水的一位（四14），但如今卻渴了。

按約翰的記載，耶穌所交代的最後一件事就是吩咐約翰照顧他的母親。他知道各樣的事已經成了，為要應驗聖經的話「……我渴了，他們給我酸醋」（詩六十九21），他就說：**「我口渴。」**（28節）

「酸酒」是一種由酤混合大量水的飲料，比一般的酒還要便宜，通常為社會草根階層的人飲用，包括軍人甚至奴隸，用以解渴。耶穌所嘗的酸酒可能就是兵士隨身攜帶的飲料。他嘗了酸酒後，就說：**「成了！」**這表示他在世上所作的工已經完成了。之後，耶穌就低下頭，**「氣就斷了」**（30節；《和合本》譯作「將靈魂交付上帝」）。約翰以「交付」（希臘文：*paradidômi*）一詞貫穿整個受難的故事：猶大「出賣」（十八2、5；這詞原文與「交付」相同）耶穌；耶穌被「交付」給亞那、該亞法與彼拉多，接著彼拉多把耶穌「交付」給兵士；最後耶穌把他的靈魂「交付」給上帝。不過，須注意的是，在這一連串「交付」的過程中，耶穌是甘心如此的，如同他所說：「**沒有人能奪走我的生命，是我自願犧牲的**」（十18）。

13.2. 耶穌死後發生的事件與埋葬（十九31～42）

約翰刻意安排耶穌死後出現的人物，包括彼拉多與猶太人領袖的對話（31節）、兵士作的事（32～37節）、約瑟與尼哥德慕作的事（38～42節）。這樣的敍述次序與前一段落（19～27節）相同。總言之，耶穌為王的主題是從十字架延伸至他的埋葬。

13.2.1 兵丁驗證耶穌的死（31～37節）

耶穌是在預備日被釘十字架（參專欄：「十三章與逾越節的晚餐」），亦即那日黃昏是猶太人的安息日（星期五黃昏）。約翰特別註明「**安息日是個大節日**」（31節）。這安息日被稱為「**大節日**」，是因為它接著是逾越節。約翰刻意對照祭司預備安息日的日子，與耶穌這位安息日的主被殺及救贖之工作。

十字架的苦刑

當犯人被釘十架時，雙手雙腳都是被綁或釘在十字架的橫木及直木上，以固定位置──耶穌的手腳都一同被釘在十字架上，而非被綁著的（參路二十四39）。當犯人的兩手被固定在橫木上，整個身體自然便向下墜，令致胸部挺起向外，胸腔因而受壓導致呼吸困難。犯人為了呼吸，須以腳撐著下面的踏板使身體抬高，舒緩胸部的壓力得以順利呼吸。但這時犯人整個身體的重量，都落在腳的釘子上，所以當他要挺起腳時，腳的部位便產生劇痛，他很快又要將腳回復原來位置。如此的一起一落，再加上釘十架前的折磨與烈日的曝曬，體力就會消耗，直至再無力挺起身體時，他便窒息而死。

羅馬人習慣把十字架上的屍首留在其上數天，使野獸或禿鷹啃食他們的屍體。但根據猶太人的律法（申二十一22～23），被治死的人的屍首不可留在木頭上過夜，免得地被玷污。因此猶太人的領袖求彼拉多**「打斷受刑者的腿」**，使犯人不再撐起身體呼吸，以加速死亡。羅馬人通常以木槌打斷犯人的腿，這看來是相當殘酷，但某程度是減低犯人的痛楚，這反而顯得人道。不過，猶太人如此的要求，不只因著律法對處理屍體的要求，也想藉著損毀耶穌的身體來證明他是被詛咒的。他們想極力詆毀耶穌。

彼拉多批准猶太人的要求，於是兵士先把耶穌兩邊的犯人的腿打斷，可見那兩個人當時還活著。但因為發現耶穌已經死了，**「就沒有打斷他的腿」**（32～33節）。約翰沒有交代耶穌為何這麼早死，可能他把重點放在耶穌如何應驗舊約聖經的預言。

有一個兵士拿槍刺耶穌的肋旁，**「立刻」**就有血和水流出來（34節）。⑨ 他們不自覺成為了耶穌死亡的見證人。約翰在此亦加上註解，指出有**「親眼看見這事的人」（35節）**，為此作見證。這人應該是**「耶穌所鍾愛的門徒」**約翰（26、27節；參十三23，二十一20），亦即這卷書的作者（參二十一24）。他的見證是真的，並且他知道自己所說的也是真的，**「為要使你們【讀者】也信」**。

35節與二十章31節約翰寫作目的「並且要你們因信他」是平行的。

約翰再次申明耶穌死的過程，如何應驗舊約聖經所預言：**「他的骨頭連一根也不可打斷」**（33、36節；參出十二46；民九12）與**「他們**

要瞻望自己用槍所刺了的人」(34、37節;參亞十二10)。關於前者,約翰強調耶穌的死成全了逾越節與末世盼望的意義;至於後者,則強調人要「**瞻望**」上帝的救恩,以及所得的報應。

13.2.2. 耶穌被埋葬(38~42節)

有亞利馬太人約瑟來要求彼拉多讓他領走耶穌的身體。根據羅馬的律法,除了叛亂犯之外,被處決的犯人之屍首通常是交給犯人的至親或朋友埋葬。若彼拉多願意把耶穌的身體交給約瑟,已表明他不承認耶穌是亂黨。埋葬耶穌的約瑟是一個財主,也是猶太議會的成員。他備受尊敬,亦是一位虔誠的信徒,是「盼望上帝主權的實現」的人;他的行為「良善正直」;他後來也相信了耶穌,只因怕猶太人而不敢公開承認而已(38節,參十二42~43;另參太二十七57;可十五43;路二十三50~51)。

三十公斤原文為一百「力揣」(希臘文:litra;參第九章釋經短註①),大概相等於30公斤(《新譯本》譯作「約有三十二公斤」)。

另外,尼哥德慕(參三1~9,七50)亦與約瑟一同埋葬耶穌。他「**帶著沒藥和沉香混合的香料,約有三十公斤**」(39節)。「沒藥」是一種帶香氣的樹脂,「沉香」則是檀香木。將兩者磨成粉狀混合在一起時,便可發出香氣(參詩四十五8;箴七17;歌四14)。埋葬死人時,猶太人通常把這些香料抹在屍首上,以抑制屍體腐化時所發出的惡臭。尼哥德慕帶來30公斤的香料,看來都相當大量啊!

他們照著猶太人安葬的規矩,把耶穌的身體用細麻布加上香料裹好,安放在「**一個沒有葬過人的新墓穴**」(41節),原因是猶太人為了避免污染那專為埋葬自己親人的墳墓,他們會安排另一個地方來埋葬那些被處決的犯人,所以葬耶穌的園子是一個新墓穴。這看似是自然發生的事，但約翰卻以此為耶穌從空墳墓裏復活鋪路。由於預備日將近，他們所選的墳墓必須要就近刑場，這樣才可迅速處理安葬事宜，所以耶穌就葬在刑場附近的一個園子。這墓穴是「從巖石鑿成的」(參太二十七60；可十五46；路二十三53)，又屬於約瑟「自己的」(太二十七60)。耶穌的整個葬禮很自然成為一個像昔日以色列諸君王的葬禮般(參王下二十一18、26；代下十六14)。耶穌那王的身分在此完全表露出來。

約瑟與尼哥德慕安葬耶穌，會令他們失去在猶太人社會及宗教上的地位，他們會遭受其他議會會員的攻擊與排擠，但他們沒有顧及這些，仍作了此事。這代表他們與猶太領袖階層已決裂，也意味著他們從祕密成為耶穌門徒轉而公開承認他們的身分。由於他們碰過屍首，他們就成為「不潔」，因此也就無法守安息日。然而耶穌就是安息日的主，因著他們的信仰表白，他們其實過了一個真正的安息日。

因何約瑟與尼哥德慕願意冒著失去名聲的風險來埋葬耶穌？名譽、金錢、地位對你而言，是否較上帝的真理優先？你需要重新調整你人生的目標與價值觀嗎？

溫習問題(13.1.～13.2.) 在頁331。

13.3. 耶穌復活(二十1～31)

如果約翰的記載在十九章結束，則耶穌就與世俗其他宗教領袖沒有兩樣，他所留下來的只有遺物可供追思；那麼，我們就真的像保羅所說：「如果我們信基督的人只在今生有希望，我們就比世界上任何人更可憐了。」(林前十五19)但福音之所以稱之為福音，是因為它與復活的耶穌所帶來的救恩有關。這世間最好的消息是來自空墳墓。

因著耶穌的復活，他成了世上獨一無二的人。耶穌的復活具有極重要的神學意義，因為他的復活不但成就聖經和他自己所預言的(太十六21，十七9；林前十五4)，也證明他的神性，以及成為信徒復活的保證(林前十五20、23)。新約聖經傳講的基督是曾經死過，如今又活著的基督；而不是曾經活過，如今死了的基督。

13.3.1. 第一批探墓者(1～10節)

星期日的清晨，抹大拉的馬利亞來到耶穌的墳墓那裏。當時是「清晨」，而且「天還沒有亮」。符類福音書卻形容當時「太陽剛出來」(參可十六2；路二十四1)。對這個時差的出現可以有兩種解釋。首先：馬利亞與其他婦女來到墓前的時間不同。馬利亞比她們先去那裏，即天還黑的時候，其他婦女則出太陽的時候才去，最後她們在墓前會合。其二是：若以約翰善於使用「光明」與「黑暗(夜)」(三2，六17，十三30)的象徵性語言來看這段經文，「黑暗」成了一個雙關語。從神學意義上，馬利亞當時對復活的意義仍存「黑暗」的狀態中。

到底有多少個探墓者？

對於首批探墓者的人數，4卷福音書的記載都有出入：馬太是兩個(二十八1)；馬可有3個(十六1)；路加則超過3個(二十四10)；惟獨約翰指出只有抹大拉的馬利亞一人。有聖經學者認為，馬利亞可能曾經兩次探墓。符類福音所記載的，是馬利亞第一次的探墓，當時她是與其他婦女結伴同行，但約翰福音所記載的，則是她第二次單獨的探墓。但更可能的情形是：約翰要把焦點放在馬利亞身上；因為是馬利亞首先去找彼得與主所愛的門徒(二十2)，並且是她首先告訴門徒，說她看見復活的主(二十18)。

當馬利亞來到墳墓看見墓門的石頭被移走，立時大吃一驚。約翰沒有交代馬利亞有否進入墳內，但她最直接的反應是跑去見彼得和**「耶穌所鍾愛的另一個門徒」**(2節)。馬利亞如此行，並不表示彼得是門徒之首，這可能是因為馬利亞知道在甚麼地方可以找到門徒。從馬利亞的說話中，反映出她很主觀的覺得耶穌的屍首是被移走，她把這事定義為由盜墓者(或敵人)的；這也可反映當時經常有盜墓的事情發生(參太二十八13～15)。

為何當馬利亞看到墓門的石頭被移開時，不會立刻想到是耶穌復活？你對上帝的作為，是否抱負面的猜測？馬利亞的反應對你的信仰有何反省之處？

雖然路加記載只有彼得先跑到墳墓去(二十四12、34)，但約翰則清楚指出是彼得與**「另一個門徒」**一起往墳墓那裏，並且**「那門徒比彼得跑得快，首先到達墓穴」**(3～4節)。有學者認為那門徒比彼得跑得快，原因是他比彼得年輕，但經文本身沒有指出「那門徒」的年紀，而且年紀輕未一定比年長的跑得快。約翰這樣的陳說只表示「那門徒」同樣是這事件的見證人。

約翰福音中兩位人物的對比

由十三章開始，耶穌所鍾愛的門徒與彼得兩人形成明顯的對比：耶穌所鍾愛的門徒挨近耶穌的懷裏，而彼得則要求他問耶穌誰是出賣耶穌的人(十三23～25)；「那門徒」先到大祭司的院子，然後由他帶彼得進入院子(十八15～16)；兩個人一起來到耶穌的墓前，耶穌所鍾愛的門徒先「信」這事(二十8)；在提比哩亞湖邊，耶穌所鍾愛的門徒先認出耶穌來，其後彼得才跳進海去迎接耶穌(二十一7～8)；最後，耶穌只說出彼得要怎樣死來榮耀上帝，卻沒有說出耶穌所愛的門徒將來如何(二十一20～23)。這一切的對比，可能是要顯明耶穌所鍾愛的門徒的特殊角色，亦是一個典型門徒的代表。

「那門徒」先到墳墓，但沒有進去，只是俯身墓內，看見麻紗；直至彼得趕到後，他們才一同進入墓內。那時他們看見的是另一番情景：**「耶穌的頭巾沒有跟麻紗放在一起，是捲著，放在另一邊」**(7節)，這情景表示耶穌的身體並非被盜墓者所偷，而是已經復活了，因為盜墓者作案時，是不會只把麻紗卸下而偷去身體。作者清楚記述這事，為要指出是彼得與「那門徒」一同見證這事，這點是十分重要，因為猶太人不會相信婦女的見證。根據舊約聖經，要有「兩個人【男人】」的見證才能生效(申十九15)。這樣的記述確定了「那門徒」作為見證人的地位，以及他寫作資料來源的真實，這同時亦具護教學上的目的：表示耶穌身體的遺失並不是因盜墓者所為，而是他真的復活了。

「那門徒」進去，**「一看見就信了」**。這短語可説是為29節**「沒有看見而信的」**之主題鋪路。但是，究竟他信甚麼？是馬利亞的話——耶穌的身體被偷走，抑或信耶穌復活了？如果是後者，為何「那門徒」沒有像馬利亞般，將耶穌復活的事告訴其他門徒，卻像其他的門徒般懼怕，甚至躲起來(19節)？9節**「他們還不明白聖經所説他必須從死裏復活那句話的意思」**，是否暗示他還不知道耶穌從死裏復活是聖經所預言的？換言之，是否直至他親眼看見耶穌復活，他才真正明白過來(參二19～22，十二16)？雖然經文本身沒有闡明這「信」的內容，但約翰記載這故事為要凸顯那些**「沒有看見而信」**的人。約翰描述許多人雖然看見，但卻不相信(參六30，九38～41)；然而，能夠沒有看見而仍相信卻更為重要(參四50，九35～36)。⑩

之後彼得和「那門徒」便返回自己的住處。聖經沒有提到他們有否討論過這件事，或與其他的門徒分享這特別的經歷，但這件事對他們一定造成很大的衝擊。對「那門徒」而言，他必定在等候著進一步的事情發生，以印證他心裏所存的「信心」。

13.3.2. 耶穌向馬利亞顯現(11～18節)

有關耶穌復活後第一次向馬利亞的顯現，除了約翰之外，就只有馬太記載此事(太二十八9～10)；嚴格而言，**馬可福音**亦不算有這記載。在保羅列出耶穌復活後向人顯現的名單中，從沒提及任何婦女的名字(林前十五5～9)。抹大拉的馬利亞究竟甚麼時候再到耶穌的墓前(11節)？是她單獨前往，抑或與彼得和「那門徒」一道來？約翰沒有交代這事。但肯定的是她真的再次來到墓前，這可能是她關心耶穌的身體使然。

雖然馬可福音十六章9至11節提到耶穌向抹大拉的馬利亞顯現，但從經文鑒別學的角度看，十六章9至18節被視為教會後期附加的結尾。

對於猶太人而言，屍首得到應有的埋葬是重要的，因此舊約時代掃羅王死後，當非利士人將他的屍體釘在伯·珊的城牆上時，基比雅列的勇士冒險將掃羅及其兒子的屍體取下來，帶回雅比，用火燒了、葬了(撒上三十一8～13)。

馬利亞在墓外**「哭泣」**(11節；這詞特指舉喪的哭號，曾在拉撒路復活故事中出現3次〔十一31、33出現兩次〕)，顯然是為了耶穌身體的失蹤，而非因耶穌的死。她一面哭，一邊回首望著空的墓穴。此時，她看見**「兩個穿着白衣的天使，坐在原來安放耶穌身體的地方，一個在頭這邊，一個在腳那邊」**(12節)。天使所穿的「白衣」，象徵著屬天的世界。他們的出現代表了耶穌的身體之所以不見了，是因上帝大能干預的結果。

馬太與馬可(太二十八2～3；可十六5「一個青年」)提到只有一個天使出現；而路加與約翰相同，是有兩個(路二十四4)。這樣的差異與福音書作者寫作的重點有關。

天使沒有立刻宣告耶穌復活的事，反而問馬利亞為何在哭。他的提問不是要探究她哭的原因，似乎要說：「耶穌既已復活了，妳為何要哭得像他沒有復活一般？」馬利亞當然申訴說耶穌的身體不見了，所以她哭起來。約翰沒有記載天使有否回答她，但卻把場景轉移。

馬利亞說完話，可能察覺後面有人，又或天使向她暗示她背後有人站著。因此，她轉過身來，看見耶穌站在那裏，但她認不出他來。⑪ 除了馬利亞以外，以馬忤斯路上的兩個門徒(路二十四16)、屋內的門徒(路二十四36～39)，以及提比哩亞湖邊打魚的幾位門徒(二十一5～6)對復活的耶穌都有這樣的反應。

為何馬利亞不相信耶穌復活，而相信有人把耶穌的屍體移走？環境的變化會否令你感到上帝的應許沒有兑現？馬利亞的表現對你有何提醒？

耶穌再問馬利亞為何哭，不過加上一句：**「你在找誰？」**因為耶穌知道她在尋找人。馬利亞仍不知是耶穌，以為他是管園子的，更誤以為他**「移走」**(希臘文：*bastazô*，意即「攜帶」)了耶穌的身體(14～15節)。按馬利亞的體能，她絕對無法把一個男人的屍體帶走，更何況屍體尚裹著30公斤的「沒藥和沉香」(參十九39)，但她迫切的心，使她脱口說出這句話。

耶穌改口直呼她的名字**「馬利亞」**，而不是**「婦人」**(15、16節)。因著這名字，她立刻認出耶穌，亦衝口稱他為**「拉波尼」**(希臘文：*rhabbouni*，音譯自希伯來文「我的老師」)，又想走去**「拉住」**(希臘文：*aptô*，意即「拉住、摸、擁抱」)他。按上下文，馬利亞可能真的想去「擁抱」耶穌。馬利亞這樣的行為極為自然，她藉著「擁抱」表達她的喜樂和對耶穌的愛，但耶穌不許她這樣。馬太曾描述當一羣婦女遇見復活的耶穌時，也有類似表現，但耶穌沒有拒絕(太二十八9)；所以，耶穌不是因男女授受不親而拒絕馬利亞，只是另有原因而已。

「不要拉住我」與耶穌的工作

為甚麼耶穌說「**不要拉住我**」？這與「**因為我還沒有上到我父親那裏**」有何關係？首先，從耶穌容許多馬用指頭「摸」他的手、他的肋旁(24～28節)，表示耶穌是准許人觸摸他的身體，只是兩者意義不同。從耶穌要求馬利亞向門徒轉告他的一番話得知，耶穌想解釋他的升天是一個「過程」，這與使徒行傳一章9節所描述的不同。耶穌不許馬利亞「拉住」他，因為她這樣的緊抱，表示她恐怕耶穌可能下一刻就消失，其實他還未升到天上去，仍會在地上於馬利亞相聚。至於多馬，耶穌在升天前，仍須處理他信心的問題。因此，多馬的「摸」，是重要也是必須的。

其次，耶穌所說「我還沒有上到我父親那裏」是與「我要上去見我的父親」有關（17節）。耶穌在世上的工作無疑即將完成，但他整體的工仍未完成，除非他回到父那裏去，因為他要實現向門徒所應許的一切。這些應許包括：他為門徒預備地方（十四2）、門徒作更大的事（十四12）、門徒的禱告蒙應允（十四13，十六23～24）、門徒要經歷上帝的愛（十四23），以及聖靈的賜下（十六13～16）。

耶穌所說：「……我的父親，也就是你們的父親……我的上帝，也就是你們的上帝。」（17節；參路一16）這表示他要將他自己和父上帝與門徒連結在起來。耶穌要求馬利亞回去傳遞他已復活的信息，她不但向門徒傳達耶穌的話，也提到她看見了耶穌（18節）。約翰沒有記載門徒的反應，但路加卻記載他們看婦女的話為「胡說八道」（路二十四9～11；參可十六11）。門徒這種不憑信心卻憑眼見的情形，正是耶穌接著要嚴肅處理的（二十19～29）。

13.3.3. 耶穌向門徒顯現（19～29節）

耶穌於復活那天晚上——即「星期日晚上」（19節；參1節）——向門徒顯現。日後這天成為基督教教會傳統中的「主日」（參啟一10）。約翰沒有指出門徒當時聚集在哪裏，也沒有提到有多少人在那裏（參24～25節）。但耶穌卻知道他們的所在，並且即使房子的門「緊緊地關著」（因怕猶太人的領袖），也能夠毫無困難的走到他們中間。這凸顯了耶穌奇迹性地進入房子。

耶穌復活的身體

約翰沒有交代耶穌是如何進入屋內，但他向人顯現的方式肯定是超乎常理。即使如此，也不能形容他是穿牆過壁而入。約翰絕非把耶穌復活的身體描述成非物質的或是無法觸摸的(27節；參路二十四39；約壹一1)。復活的耶穌仍擁有一個物質的身體，但卻是不朽壞、榮耀的身體(參林前十五42～44)。因此他可以被擁抱(二十17)、被觸摸(27節)，也可以嚥下食物(路二十四41～43)。

耶穌顯現時第一句話就是：**「願你們平安！」**(19節；參21、26節)這是猶太人傳統的問候語。但對門徒而言，若出自耶穌的口就極有意義，因為他成就了他所應許的：**「我留下平安給你們，我把我的平安賜給你們」**(十四27)。說完這話，耶穌就**「把自己的手和肋旁給他們看」**(路加特別強調耶穌連腳也顯示給門徒看；參路二十四39)。門徒要透過耶穌在十字架上所受的釘痕，來印證站在他們面前的耶穌就是他們的主。當看見一切後，他們就**「非常歡喜」**(參十六21～22)。

安慰與堅固門徒之後，耶穌就要差遣他們：**「正如父親差遣了我，我照樣差遣你們。」**(21節；參十七18)他對他們吹一口氣，說：**「領受聖靈吧！」**耶穌這樣的差遣也涉及到罪的**「赦免」**與**「不赦免」**(23節)，這與馬太福音提到的「禁止」與「准許」(太十六19，十八18)不同。約翰福音的耶穌是在一個差遣的場景中，而馬太則指教會施行的管教上。約翰所指**「罪就得赦免」**與**「罪就不得赦免」**都是以被動語態動詞表達，表示至終赦免人的是上帝，而不是門徒。門徒的責任只在於傳赦罪的福音，而上帝則按著人對福音的反應，執行「赦免」與「不赦免」的工作。

耶穌向門徒吹一口氣與門徒領受聖靈

表面看，22節與使徒行傳所記載的有衝突，因為根據路加的記載，使徒是在五旬節才領受聖靈(徒二1～3)。聖經學者對這個問題有各種不同的解釋，其中有認為耶穌在約翰福音並沒有真正賜下聖靈，他只是象徵式的將聖靈賜下。這說法曾在君士坦丁堡第二次會議(Councils of Constantinople，公元553年)被定義為異端的說法。另一個解釋是：兩者的差異是反映兩個作者不同的神學觀點與不同的表達方式，其實路加與約翰所描述的是同一件事，同是指聖靈是由復活的耶穌所賜下。因此，約翰並非基於時間的角度來記載此事，他所要強調的是：聖靈不只是從父上帝而來，也由子所差(十四26，十五26)。因此，聖靈的賜下可以視為同時發生在復活的主日與五旬節。這解釋似乎忽略了約翰真實事件的記載。

還有一個可能較為容易接納的解釋，就是主張約翰與路加所記載的是兩件不同的事。耶穌的賜下聖靈如同他的升天一樣，是一個複雜的過程，不能一次過去完成。約翰是補充記載其他3卷福音書所沒有提到的部分，這部分是在門徒處於準備宣教工作初步階段之時。聖靈對門徒的準備可從多馬事件看出。當耶穌向門徒吹一口氣時，多馬並不在場。但多馬能夠認信耶穌是「我的主，我的上帝！」就反映出是聖靈的工作。這意味著不單在場的門徒，甚至所有憑信心的人，聖靈都以嶄新的方式臨到他們身上。由此推斷，門徒與上帝之間的關係雖已到一個新的局面，但若與五旬節相比，他們尚未能積極去作見證。事實上，宣教的使命雖已發出，但仍未能真正展開工作，直至五旬節才可正式開展，因為那時所有門徒無論在心理上或心志上都已經預備妥當。

耶穌第一次向門徒顯現時，多馬並不在其中，而當門徒熱切地與他分享耶穌向他們顯現的經過時，他的反應卻是出奇的冷淡與充滿懷疑。他所祈望的是觸摸耶穌有釘痕的地方，因為這是惟一可證明他是耶穌的證據(25節)。對多馬而言，視覺的證據是不夠的，他還需要觸覺的佐證才行。

一星期後（即接著的一個主日），門徒又聚集在屋內，約翰特別指出多馬也在當中，以此埋下耶穌特意向多馬顯現的伏筆。門徒照樣把門關上，表示他們仍然懼怕猶太人。如同第一次的顯現，耶穌的出現都是出人意料之外，他仍以問安「**願你們平安！**」作為他第一句的話。耶穌的出現明顯的是為多馬，因此問安之後他立刻與多馬説話，要多馬摸他有釘痕的手與肋旁，並且補充説：「**不要疑惑，只要信！**」（27節）

耶穌這話的原文其實是一敍述句（即説明一件事實）而不是提問句（即帶有責備的意思）。參《和合本》的譯文。

約翰沒有説明多馬有否真的去摸耶穌，只説多馬作出一個衷心的認信：「**我的主，我的上帝！**」⑫ 再從耶穌所説「**你因為看見了我才信嗎？**」（29節）可見多馬是看見耶穌的手及肋旁，才滿意且信了。多馬對耶穌的認信，成為耶穌復活事件的高潮，他的復活已證明他就是上帝，這與「**道是上帝**」（一1）前後呼應（參可十五39）！

13.3.4. 福音書寫作目的（30～31節）

在結尾時約翰特別指出，耶穌「**在他的門徒面前**」（30節）還行了許多神蹟，表示門徒就是這些神蹟的見證人。當然，約翰所指的除了是記載在「神蹟之書」（一19～十二50）的神蹟外，也包括耶穌的復活與向門徒的顯現。不過，並非所有的神蹟都記錄下來，因為他的記載是有選擇性和目的。

約翰亦指出他寫此卷書的目的是要人「**信耶穌是基督，是上帝的兒子**」，並且要「**因信他而獲得生命**」（31節）。許多學者都同意，這節經文可説是以最精簡的方式把約翰神學勾勒出來。「**基督**」是「**上帝的兒子**」之同義詞。而信耶穌的結果與目的，就是得著上帝所賜的救恩——永恆的生命（參三15、16、36）。

溫習問題(13.3.) 在頁332。

釋經短註

① 只出現於約翰福音的細節：當耶穌表白自己的身分時，羅馬兵士就跌在地上(十八5～6)；耶穌與亞那對話(十八19～24)；耶穌與彼拉多對話(十八33～38)；約翰強調耶穌的十字架上面那牌子所寫的字(十九19～21)；對處理耶穌的外衣之描述(十九23～24)；耶穌將其母親交託給他所愛的門徒(十九25～27)；耶穌死後，羅馬兵士試圖打斷耶穌的腿(十九31～33)；耶穌的肋旁被槍所刺(十九34)；尼哥德慕加入約瑟埋葬耶穌的工作(十九39)。

② 3節「一隊羅馬兵」，大概是指600至1000人。指揮官通稱為千夫長(12節；參《和合本》)。所以這裏不可能是整隊兵去捉拿耶穌；因此有學者認為，約翰所指其實只是一旅支隊而已，大概有200人。不過，「隊」這詞未必表示整隊人都執行這任務，很可能是指隊中負責逮捕耶穌行動的兵士。

③ 傳統認為「那門徒」是指「主所愛的門徒」約翰，但這個解釋遭到一些聖經學者的反對，因為約翰是個「沒有受過甚麼教育的平常人」(徒四13)，大祭司亞那不可能認識他。但是聖經內證卻將「主所愛的門徒」指向約翰(參二十2、3、4、8)。此外，他與彼得有密切關係(十三25，二十2～10，二十一7、20～23)。不但如此，按照約翰一貫的寫作風格，他從不提自己的名字；但是，即使約翰不提自己的名字，當時的讀者仍可認出「那門徒」就是他。

④ 不能確定28節的「污穢」是指律法上哪一項事。使徒行傳也曾提及類似的情況：「按照我們的規矩，猶太人是不許跟異族人密切來往的」(徒十28)，但這節經文沒有說明污穢的性質。猶太人相信外邦人是把屍體埋在他們的房子下面，所以若進入他們的房子就成為不潔。根據舊約，猶太人若染此污穢，就不潔淨7天，而「不能吃逾越節的筵席」(民九6～12)。

⑤ 據31節的記載，約翰只反映一個歷史事實。有學者認為：當時的羅馬人確實不會把任何處極刑的權柄交給非羅馬人，因為這會造成暴亂。至於司提反被石頭打死之事(徒七章)，可算是一個由暴民引起不幸的事件，而非猶太人行使處決犯人的權柄。

⑥ 聖經以外的文獻，都沒有記載過地方官可以在逾越節時釋放囚犯這事。猶太歷史學家約瑟夫亦未提及此事，所以它的來源是無法考究，只能推斷這是彼拉多個人暫時的處理方法，而非普遍實行於羅馬帝國境內。

⑦ 解經家對於11節「把我交給你那個人的罪更重了」之「那個人」的身分有不同的解釋，

包括：猶大（十二4，十八5）、亞那（十八24）、猶太人的領袖，又或猶太整個民族。但從說話的內容、地位及「那個人」這單數名詞看，這人較可能是指「當年的大祭司該亞法」（十一49，十八13）。

⑧ 馬太與馬可（太二十七38；可十五27）稱這兩個被釘的人為「暴徒」，而約翰也曾用這詞（十八40）來指巴拉巴；因此有學者推測，與耶穌同釘十架的兩個人可能是巴拉巴的同伴。不過，大部分釋經學者對這樣的說法持保留的態度。

⑨ 許多醫學專家試圖從不同角度解釋耶穌死的現象；此外，也有不少聖經學者以象徵方式解釋「血與水」，或以約翰所說「耶穌基督到世上是藉著洗禮的水和犧牲的血」（約壹五6）來解釋「血和水」的意義。但是約翰所強調的，是作為一個人，耶穌的死亡是真真實實、不容置疑的。

⑩ 約翰在9節所加的註解：「因為他們還不明白……」使人感到困惑，因為8節的主語「那門徒」是單數名詞，但是9節卻出現「他們」（原文這句子之前有「因為」；參《和合本》）這複數代名詞。某些學者認為「他們」是指彼得和馬利亞，但從上下文看，較可能是指「那門徒」和彼得兩人的信心；他們一方面是有信心，但另一方面卻不明白聖經所說如何應驗在耶穌身上。他們的情況，有如以馬忤斯的那兩個門徒（路二十四25～27）。這裏的「聖經」是單數名詞，因此，有些聖經學者認為，是指某一段舊約經文（如：利二十三11；詩十六10；何六2），但亦有可能約翰像保羅用字的方式，是指整本舊約聖經（參林前十五4）。

⑪ 馬利亞認不出耶穌，是因為耶穌帶著復活的身體（林前十五35）？是因為她的眼淚遮住視線？是因當時的光線太暗？是她主觀地認為那人就是管園子的？儘管不少人因出於好奇心作了不少猜測，但約翰顯然沒有興趣討論此事。

⑫ 多馬在28節所說「我的主，我的上帝」這句的「主」與「上帝」都是主格名詞，而非呼叫格。因此不是用來讚美上帝，而是以信心向耶穌的宣告：「你就是我的主，你就是我的上帝」。如此，「主」與「上帝」的神學意義是類似的。這樣的用法就像舊約聖經對雅威的稱呼：「以色列人哪，你們要留心聽！上主是我們的上帝；惟有他是上主。」（申六4；參詩三十五23）

溫習問題(13.1.～13.2.)

1. 為何彼拉多派遣羅馬軍隊與聖殿警衛一起去逮捕耶穌？(十八3)
2. 為甚麼當那些逮捕耶穌的人一聽到耶穌說「我就是」時，他們就「倒退，跌在地上」？(十八6)
3. 彼得可以在園子抽刀砍掉馬勒古的右耳，但在大祭司的院子內卻3次否認耶穌。這其間的轉變是否與彼得的性格有關？(十八10、15～27)
4. 耶穌如何在客西馬尼園及亞那面前，表現出他對門徒的保護？(十八8、20～21)
5. 猶太人在彼拉多面前控告耶穌甚麼罪名？彼拉多對這些罪名如何作出結論？(十八30、33，十九9)
6. 彼拉多鞭打耶穌的原因何在？這行動能否達到他所要的目的？(十九1)
7. 彼拉多原先是要釋放耶穌，但為何後來卻在「石砌階」宣判耶穌的死罪？(十九13)
8. 為何釘在十字架上的牌子是用3種語言寫成？(十九20)
9. 當耶穌被兵士以槍刺到肋旁時，是有「血和水」流出來。這樣的記載說明甚麼？(十九34)
10. 約翰提到耶穌的屍首是被安葬在「一個沒有人葬過的新墓穴」，這句話是有甚麼伏筆？(十九42)

溫習問題(13.3)

1. 在約翰福音的記載中，為何只有抹大拉的馬利亞獨自一人來探視耶穌的墳墓？(1節)
2. 當「耶穌所鍾愛的另一個門徒」與彼得一同進入到耶穌的空墳後，他「一看見就信了」。「一看見就信了」這句話要說明甚麼？(8節)
3. 馬利亞為何再次出現在耶穌的墓前？(11節)
4. 如果單憑彼得、「耶穌所鍾愛的另一個門徒」與馬利亞的見證，其他的門徒是否相信耶穌已復活？何解？(5～10、18節)
5. 為甚麼耶穌會對馬利亞說「不要拉住我」？這話與「因為我還沒有上到我父親那裏」有何關係？(17節)
6. 耶穌第一次向門徒顯現時，主要的目的何在？(19～23節)
7. 耶穌復活後的差遣門徒，與罪的「赦免」及「不赦免」之間有何關係？(21～23節)
8. 多馬拒絕相信耶穌復活的理由何在？他所要求的證據對他有何重要性？(25節)
9. 耶穌第二次向門徒顯現的目的為何？(26～29節)
10. 約翰福音的寫作目的是甚麼？耶穌向門徒顯現的事件如何與這目的連上關係？(31節)

第五篇

（三十一1至25）

結語

約翰有一種寫作風格，就是在他寫完書卷結束語後（二十30～31；參約壹五13；啟二十二5），往往都會加插一段獨立的內容，才結束整書卷（二十一章；參約壹五14～21；啟二十二6～21）。這種特殊的結束方式並非表示，那段獨立的內容是後人加上的。此卷書二十一章便是這情況。

從書卷內容看，二十一章談論的主題和用詞，與整卷書的內容互相呼應，這已足夠表明約翰是整卷約翰福音的執筆人：

- 地名與人名重復出現：提比哩亞湖（六1，二十一1）、雙胞胎的多馬（十一16，二十一2）、沒有名字的門徒（一37～40，二十一2）；
- 使命的託付（十五16，二十一15～17）；
- 餅與魚作為食物（六6，二十一13）；
- 將約翰與彼得作對比（二十1～10，二十一7、20～22）。

第十四章

耶穌在提比哩亞湖顯現與後記（二十一1至25）

- 耶穌第三次向門徒顯現
- 耶穌與彼得的對話及後記
- 作者最後的補充

經文

向七個門徒顯現

21 1這些事以後，耶穌再一次在提比哩亞湖邊向門徒顯現。這次
顯現的經過是這樣的：2當時，西門・彼得、綽號雙胞胎的多
馬、加利利的迦拿人拿但業、西庇太的兩個兒子，和另外兩個門徒
都在一起。3西門・彼得對他們說：「我打魚去。」

大家說：「我們跟你一道去。」於是他們出去，上了船；可是整
夜沒有捕到甚麼。4太陽剛出來的時候，耶穌站在水邊，可是門徒
不知道他就是耶穌。5耶穌對他們說：「朋友，你們捕到了魚沒有？」

他們回答：「沒有。」

6耶穌說：「把網撒向船的右邊，那邊有魚。」他們就撒網下去，
可是拉不上來，因為網著了太多的魚。

7耶穌所鍾愛的那門徒對彼得說：「是主！」西門・彼得一聽說是
主，連忙拿一件外衣披在身上(他那時赤著身子)，跳進水裏。8其
餘的門徒搖著小船靠岸，把一整網的魚拖了上來。當時他們離岸不
遠，約有一百公尺的距離。9他們上了岸，看見一堆炭火，上面有
魚和餅。10耶穌對他們說：「把你們剛打的魚拿幾條來。」

11西門・彼得到船上去，把網拖到岸上；網裏都是大魚，一共有
一百五十三條。雖然有這麼多魚，網卻沒有破。12耶穌對他們說：
「你們來吃早飯吧。」沒有一個門徒敢問他「你是誰」，因為他們都
知道他是主。13耶穌就走過去，拿餅分給他們，也照樣把魚分了。

14這是耶穌從死裏復活以後，第三次向門徒顯現。

耶穌和彼得

15他們吃過以後，耶穌問西門・彼得：「約翰的兒子西門，你愛
我勝過這些嗎？」

他回答：「主啊，是的，你知道我愛你。」

耶穌說：「你餵養我的小羊。」16耶穌第二次問：「約翰的兒子西

門，你愛我嗎？」

他回答：「主啊，是的，你知道我愛你。」

耶穌對他說：「你牧養我的羊。」[17]耶穌第三次再問：「約翰的兒子西門，你愛我嗎？」

彼得因為耶穌一連三次問他「你愛我嗎」就難過起來，對耶穌說：「主啊，你無所不知，你知道我愛你。」

耶穌說：「你餵養我的羊。[18]我鄭重地告訴你，你年輕的時候，自己束上腰帶，隨意往來；但年老的時候，你要伸出手來，別人要把你綁著，帶你到不願意去的地方。」[19]（耶穌說這話是指明彼得將怎樣死，來榮耀上帝。）接著，耶穌又對他說：「你跟從我吧！」

耶穌和其他的門徒

[20]彼得轉身，看見耶穌所鍾愛的那門徒跟在後面（那門徒曾在那晚吃飯的時候挨近耶穌，問他「主啊，要出賣你的是誰」。）。[21]彼得看見他，就問耶穌：「主啊，這個人將來怎樣？」

[22]耶穌回答：「如果我要他活著等到我來，也不關你的事。你只管跟從我吧！」

[23]於是，這話流傳在跟從耶穌的人當中，說那個門徒不會死。其實，耶穌並沒有說他不會死，而是說「如果我要他活著等到我來，也不關你的事」。

[24]這個人就是為這些事作見證的那門徒；他把這些事記錄下來。我們知道他的見證都是真的。

結語

[25]耶穌還做了許多別的事，要是一一記錄下來，我想整個世界也容納不下那麼多的書。

約翰福音在二十一章才正式結束①，這章記載耶穌行的最後一個神蹟。這神蹟顯示耶穌的權柄在復活前後是沒有兩樣的。這一章也敘述彼得如何被耶穌挽回。耶穌溫柔的把彼得帶回他的愛中，又將餵養羣羊的責任託付給彼得，彼得在教會的角色也因此被確立。約翰最後也澄清教會中間盛傳的謠言：耶穌會在約翰活著的時候再來。這些謠言若在他離世前未加以制止，將會危害教會對耶穌的信心，因此他就加上末後的一段(22～23節)來闢謠。

14.1. 耶穌第三次向門徒顯現(二十一1～14)

1節開頭有「這些事以後」這短語，目的不是要指出一個特定的時間，而是作為記載事件次序上的關係，亦是參考點(參五1，六1，七1)。

耶穌第三次向門徒顯現② 的地方是「**提比哩亞湖**」(**1節**)。在海邊出現的門徒共有7位：彼得、多馬、拿但業、西庇太的兩個兒子(雅各與約翰)，及兩個沒有名字的門徒。約翰在此沒有表明他有意以這7人來代表所有的門徒(或教會)。不過，從約翰在這書沒有使用「七」作為象徵性數字——甚至這裏也沒有提到「七」字，可見這個可能性不大。彼得對其他門徒說：「**我打魚去。**」這是不能解釋為他們背棄了耶穌的託付，或在絕望中漫無目的去活動。這解釋是難以置信的，特別是他們曾見過復活的耶穌兩次(二十19、26)。他們可能是奉命要在加利利與耶穌會合(可十四28，十六7)。在等待當中，他們會遇到經濟上的需要；因此，暫時以打魚維生。更重要的，如果這些門徒真的想退去，當耶穌在海邊遇到他們時，定必堅固門徒，而不是單單挽回彼得。

「船」這詞原文是一個帶冠詞的名詞，表示這船是專用來打魚的，然而我們不能從這詞看出這「船」的大小。

彼得的提議立刻贏得其他門徒的認同，於是他們跟他上**船**打魚去了(3節)。「**整夜**」一詞反映他們打魚的時間是在夜間，這可能是因當時的加利利人習慣在夜間捕魚(參路五5)，主要原因是，夜間的魚穫比白天的多。

天剛亮的時候，耶穌站在岸邊，但門徒卻不能認出他來(4節)，這情形與耶穌在墓園向馬利亞的顯現(二十14)類似。③ 耶穌稱呼門徒為**「朋友」**(希臘文：*paidion*，「孩子們」；參《當代聖經》、《新譯本》)，又問及他們捕到魚沒有。這個明知故問的問題，是要凸顯門徒在沒有耶穌同在時的景況——迷惘。耶穌吩咐他們**「把網撒向船的右邊」**，因為那裏有魚。門徒的反應實在令人難以理解，他們當中有些是專業漁夫，但竟聽從一個陌生人的建議**「撒網下去」**(6節)。有些學者觀察到，門徒每每打魚之時，都有耶穌的幫助(參路五4～6)。

門徒按照耶穌的指示撒網，結果整個網滿了魚，甚至連網也拉不上來。因為這事，令到**「耶穌所鍾愛的那門徒」**意識到站在岸邊的陌生人是耶穌。在此，「那門徒」與彼得作了一個對比，他比彼得早一點發現耶穌。「那門徒」顯然較彼得有屬靈的洞察力，以致能夠從神蹟裏看出是主，而非因他的視力較好。

你能從生活或事奉裏所發生的事情「看到」耶穌的作為嗎？這種屬靈的洞察力是如何培養的？

然而，當彼得知道是主，他亦不甘後人，立刻**「跳進水裏」**，或許是想迎接耶穌(7節)。④ 其他6個門徒把船划至岸邊處理魚穫。他們離岸其實只有約**「一百公尺」**。門徒上岸後，就看見岸邊有炭火，並且還有魚和餅。門徒再一次經歷耶穌的服事，成為耶穌先前所説**「你們也應該彼此洗腳」**(十三14)的最好榜樣。

「一百公尺」原文是「兩百肘」(「肘」希臘文：pêchus；參《和合本》)。一肘約有0.462公尺，兩百肘大概90多公尺，所以《現修》有此譯法。

耶穌吩咐門徒從網中取幾條魚來(10節)。已在岸上的彼得立刻把網拖到岸上取魚。作者形容門徒看見3件事：一、網內載著的全是**「大魚」**；二、網內有153條魚⑤；三、網沒有破。似乎耶穌不是要門徒去取魚，而是要他們注意他所行的神蹟。

早餐已預備好，耶穌邀請門徒共享這豐富的早餐。⑥門徒的反應只有不安和羞澀，亦沒有人敢問耶穌一句說話。約翰形容這是耶穌從死裏復活後向門徒顯現的「第三次」(二十19、26)，顯然他沒有把耶穌向馬利亞的顯現(二十14～17)計算在內，因為她不是門徒。

14.2. 耶穌與彼得的對話及後記(二十一15～23)

用完早餐後，耶穌可能與彼得在海邊散步，與他單獨說話。作者經常稱呼彼得為「西門・彼得」(參六8，十三6、9、36，二十6，二十一7、11)，但耶穌卻曾兩次稱彼得為「約翰的兒子西門」。除這裏外，另一次是在耶穌替彼得改名時(一42)。耶穌這樣行，為要使他記起改名的事，叫他知道自己是一個不一樣的人(參3.2.1「兩個門徒的見證」)。

14.2.1. 耶穌將工作託付彼得(15～19節)

耶穌直接了當的問彼得：「你愛我勝過這些嗎？」「這些」是指其他的門徒對耶穌的愛，所以這句話的意思是：「你愛我，超過其他門徒對我的愛嗎？」彼得昔日曾信誓旦旦的說，他要為耶穌「捨命」(十三37)，並且聲言決不跌倒(太二十六33；可十四29)。在這背景下，耶穌期望彼得反省：當你否認我3次之後，是否仍能對我這麼說：「你是我最愛的那一位嗎？」

彼得沒有直接回答「是的，我愛你勝過這些(門徒對耶穌的愛)」，他歷經先前的失敗後，已認識自己的軟弱與驕傲，如今他面對著耶穌是一無所誇，只能說：「主啊，是的，你知道我愛你。」耶穌連續3次問彼得，是對應彼得3次不認他。耶穌不是指責，而是醫治；這些提問如光一般照亮在彼得內心的陰霾與羞愧。因著他的悔改，使他經歷耶穌的愛與赦免。就在這份肯定中，他從幽暗中跳出來，並再次得著跟隨耶穌的力量。人若沒有先經過耶穌的破碎，是不能把耶穌的教導聽入心中，也離門徒之路極為遙遠。彼得的這番經歷，亦是他承擔未來工作時一個痛苦卻必要的屬靈手術。

耶穌每次的提問，總是附加一個託付，就是要求他「**牧養／餵養**」他的「**小羊／羊**」。既託付使命，耶穌接著便預言彼得將來所要面臨的情況，就是到他年老之時，他的「**伸出手來**」，要被人綁去他自己「**不願意去的地方**」（18節）。耶穌這樣說不是指他年老時會變得無助，而是指彼得將來要如何為耶穌殉道，因為作者也為耶穌的話作了註解：這是「**指明彼得將怎樣死，來榮耀上帝**」最後，耶穌說：「**你跟從我吧！**」這就是指彼得要至死不渝的跟從耶穌（19節）。

這短語未必解釋為暗示彼得要死在十字架上。

約翰使用的同義詞

15至17節出現3組同義詞。第一組是「愛」這兩個動詞。在這3節中，耶穌前兩次所用的「愛」這詞的希臘文是*agapaô*，最後一次則是*phileô*；而彼得3次的回答都使用*phileô*這詞。由於受到虞格仁（Nygreen）的《歷代基督教愛觀的研究：愛佳泊與愛樂實》（*Agape och Eros*）一書之影響，許多人認為這兩個詞有不同的意義：*agapaô*是指最高層次的、神聖的、犧牲的愛；而*phileô*則是指朋友的、較低層次的愛。因此，耶穌前兩次以最高層次的愛，來呼喚彼得以同樣的愛來愛他，可惜彼得無能為力，只能以較低層次的愛來愛耶穌。最後，耶穌遷就彼得的軟弱，以較低層次的愛來詢問彼得對他的愛，彼得也就以他所能達到的愛來回答耶穌。

這樣的解釋忽略了約翰使用這兩個詞的習慣。這兩個詞其實可以用來表達上帝對人的愛(三16〔*agapaô*〕//十六27〔*phileô*〕)、父對子的愛(三35〔*agapaô*〕//五20〔*phileô*〕)、耶穌對人的愛(十一3〔*phileô*〕//十一5〔*agapaô*〕)、人對耶穌的愛(八42〔*agapaô*〕//十六27〔*phileô*〕)、人對人的愛(十三34〔*agapaô*〕//十五19〔*phileô*〕)。換句話說，這兩個詞是一個可互換的同義詞。此外，耶穌可能用亞蘭文與彼得說話，而亞蘭文(或希伯來文)的「愛」字，可同時翻譯成希臘文的*agapaô* 和*phileô*。不但如此，若真的將這兩詞分等級，就意味著耶穌被彼得的軟弱所擊敗，但我們從未在聖經中看到耶穌會因遷就人的軟弱而降低自己的標準。

第二組的同義詞是「餵養」(15、17節；希臘文；*baskô*)與「牧養」(16節；希臘文：*poimainô*)的使用。有些人認為「餵養」與「牧養」的意義不同，但是從上下文看，這也是約翰以不同的詞來表達相同觀念而已。

第三組的同義詞是：小羊(15節；希臘文：*arnion*)與羊(16、17節；希臘文：*probaton*)的使用。其實這兩個詞在希臘文都不同。有人認為這是指教會裏的兩羣人(信徒、長老)；也有人認為，這兩個詞是指教會中會友的年齡由小到大，或是屬靈的信心由幼稚到成熟。但是，再次的，我們並無證據支持這樣的解釋，最恰當的解釋是：這是約翰的修辭法，以不同的詞來表達同一個的含意。

14.2.2.「主所愛的門徒」之將來(20～23節)

為何彼得會在意主所愛的門徒的「將來」?在你過去事奉的經驗中，是否也曾與其他弟兄姊妹作比較或競爭?你是如何勝過?

當耶穌與彼得談話時，「耶穌所鍾愛的那門徒」定必跟在其後。約翰沒有記載他到底跟了多久，但他沒多久便被彼得發現(20節)，彼得就心生比較，說：「主啊！這個人將來怎樣?」(21節)耶穌就直率的說：「他……不關你的事，你只管跟從我吧！」(23節)或許彼得心中仍有許多事情使他分心，所以耶穌要讓他知道，他所關注的應該是耶穌與他的關係，而不是別人的事，免得這成為他領受上帝託付的攔阻。

耶穌這番話，顯然引起其他弟兄們的猜測，特別是「如果我要他活著等到我來」這句的意義，這句甚至被詮釋為「耶穌所鍾愛的那門徒」

不會死。從這個現象來看，讓我們確定一個事實，就是「那門徒」不是虛構出來的人。約翰在這裏又作了一個註解，來澄清弟兄們的誤解，就是耶穌不是說他不會死，而是說即使他真的能活著等到耶穌的回來，也與彼得無關。

14.3. 作者最後的補充（二十一24～25）

最後，約翰以見證人的權威與可靠性為約翰福音的結尾，表示寫此書的人是一切事件的見證人，並且指出**「我們」**的見證都是真的（24節）。約翰在結語亦清楚指出，這書所用的材料是有選擇性的。他沒有將耶穌所說、所作的一切全都記錄下來，約翰誇張的說若真的如此，**「整個世界也容納不下那麼多的書」**（25節）。不過這樣的結尾提醒讀者：對於耶穌的認識，不管有多少，都是一部分且是有限的。然而就約翰所提供的資料，已足夠使一個人信耶穌是基督，是上帝的兒子，並且可以因他的名得生命（參31節）。

「我們」這主語是複數，可能是指約翰一個人，這樣的用法在新約經常出現（參一14；約壹一4）。

釋經短註

① 由於約翰在二十章3至31節已交代他寫作的目的，因此有些學者懷疑二十一章是後人加插的。不過從本章所用的詞彙與前面二十章的類似(例如：提比哩亞湖、西門·彼得、拿但業、多馬等)；此外，14節提到這是耶穌第三次向門徒顯現，以及所有抄本都一致支持它的原始性，使我們相信二十一章屬原作者約翰所寫的一部分。

② 第1節「顯現」(希臘文：*phaneroô*)這詞，曾多次出現於約翰福音(一31「認識」，二11「顯示」，三21，十七6「顯明」，九3「彰顯」)，只是當耶穌復活後，即使他出現於門徒面前，約翰都沒有使用這詞(參二十14、19、26)，可見它是耶穌復活後第一次出現。

③ 約翰沒有交代門徒不能認出耶穌的原因。有學者認為二十一章是由另一位作者所寫，他沒有留意耶穌在前一章已向門徒顯現，所以產生前後不一致。然而，按當時情形，更可能是因為那時是「太陽剛出來」，還未有足夠光線看清楚人的整個面貌，況且這麼多人站在岸邊，實在難以認出誰站在那裏。

④ 第7節彼得「赤著身子」並非指彼得真的一絲不掛，他的下身至少穿著纏腰布。在猶太人社會裏，公開場所赤著身子是不能接受的(參創九22～27)，即使打魚時也如此。此外，在猶太人的宗教習俗裏，兩個人見面互相問候前是要先穿上衣服，所以當彼得跳進水前，要「拿一件外衣披在身上」以備上岸時穿著。

⑤ 自古至今不少聖經學者對魚的數目作出不同的解釋。其中大多以象徵性的解釋。如：12的平方(表示12個使徒)再加上3(表示三位一體)的平方的總和是153。但這種解釋過於想像，亦難以令人信服。雖然約翰擅長使用象徵性語言，但這只限於他寫啟示文學時用的，而不適用於約翰福音。這數目很可能只顯示他是一個見證人，以致能夠交代這些細節。

⑥ 有釋經學者將哥林多前書十一章23至26節與岸上的早餐比較，認為它具聖餐的意涵。它們相似是因為由耶穌親自主持與分派食物，但兩者亦有明顯的分別。這裏是用餅與魚，而主的餐是用餅與杯。不過按內文，約翰的焦點是在耶穌的復活，而非施行主的餐。

溫習問題

1. 在提比哩亞湖邊，為何彼得會向其他6個門徒提議去打魚？（2～3節）
2. 為何「耶穌所鍾愛的門徒」能夠從所捕到魚一事中即時認出岸上的人就是耶穌，是否說明他有好眼力？（7節）
3. 約翰指出捕到的魚共有153條，其目的何在？（11節）
4. 在耶穌與彼得的私下對話裏，為何耶穌要先問及彼得對他的愛，才託付牧養羊羣的責任？（15～17節）
5. 耶穌與彼得所使用的兩個「愛」的同義詞裏，是否具有不同的意義？（參專欄「約翰使用的同義詞」）
6. 為何耶穌要求彼得牧養他的羊之前，要先問他是否愛他？（參15～17節）
7. 耶穌為何阻止彼得理會「耶穌所鍾愛的門徒」之將來？（22節）
8. 約翰為何說若有人試圖記載耶穌的事蹟，「整個世界也容納不下這麼多的書」？（25節）

謝

承蒙真理華人文字事工提供研究資源，支持許寶瑩姊妹審閱工作。

謹此致謝。

《現代中文譯本修訂版》

《現代中文譯本》是由聯合聖經公會在1979年出版、1995年完成修訂的。舊約以基托爾氏（Kittel）的希伯來文聖經第三版為根據，新約以聯合聖經公會審訂的希臘文新約第四版為根據。此譯本以「功能對等」的翻譯理論為基礎，力求忠實、靈活，和有效地把原文的意思，以更貼切、流暢、淺明的現代中文表達出來，相信能讓信徒和非信徒在閱讀時更容易明白上帝的話語。

其他出版

讓您多方、多向，更完整地研讀聖經

憑祢恩言——實用基督徒生活手冊 郭鴻標、黃錫木 主編／HK$108

聖經通識手冊 羅慶才、黃錫木 主編／HK$188